Naßmacher / Politikwissenschaft I

Werner-Studien-Reihe

Prof. Dr. Karl-Heinz Naßmacher

Politikwissenschaft I
Politische Systeme und politische Soziologie

2., neubearbeitete und erweiterte Auflage

Werner-Verlag

Erste Auflage 1970
Zweite Auflage 1973

Sonderauflage

für die Landeszentrale für politische Bildung Nordrhein-Westfalen

DK 321/324
© Werner-Verlag GmbH · Düsseldorf 1973
Printed in Germany
Eine r+l Publikation

Alle Rechte, auch das der Übersetzung in fremde Sprachen, vorbehalten.
Ohne ausdrückliche Genehmigung des Verlages ist es auch nicht gestattet, dieses Buch
oder Teile daraus auf fotomechanischem Wege (Fotokopie, Mikrokopie) zu vervielfältigen.

Gesamtherstellung: Sieg-Post Druckerei, Wissen/Sieg
Archiv-Nr.: 562/2 — 2. 73
Best.-Nr.: ISBN 3 8041 2706 1

Vorwort zur zweiten Auflage

Einführungen stehen stets vor der Aufgabe, sowohl Studienhinweise als auch eine inhaltliche Darstellung bisheriger Forschungsergebnisse anzubieten. Das hier in einer überarbeiteten und erweiterten Fassung erneut vorgelegte Buch soll keine technischen Studienhinweise, wohl aber eine Studienhilfe für jüngere Semester geben. Diese Studienhilfe kann kein umfassendes Lehrbuch sein. Vielmehr wurde versucht, einen Überblick über Grundpositionen und Einzelergebnisse verschiedener Lehrmeinungen in der deutschen Politikwissenschaft zu formulieren. Der vorliegende Band umfaßt den Bereich der „inneren Politik" im weitesten Sinne. Eine Darstellung der internationalen Beziehungen und der politischen Ideengeschichte ist Gegenstand des in Bearbeitung befindlichen zweiten Bandes.

Für den Gebrauch des Buches einige technische Anmerkungen: Literaturhinweise zu jedem Kapitel finden sich am Schluß des Bandes. Definierte Begriffe sind im Text kursiv gesetzt; kursiv gesetzte Seitenzahlen im Register weisen auf die Fundstellen solcher Begriffsbestimmungen hin.

Das erfreulich große Interesse der Leser hat in relativ kurzer Zeit eine Neuauflage erforderlich und damit eine Neubearbeitung möglich gemacht. Hiltrud Naßmacher hat am Zustandekommen dieser Auflage genauso entscheidenden Anteil wie bei der ursprünglichen Fassung. Ihr möchte ich an dieser Stelle ebenso danken wie allen Freunden und Kollegen, die mir in Gesprächen zahlreiche Denkanstöße gaben. Auch in Zukunft hoffe ich von den Lesern auf die verbliebenen Schwächen und Fehler hingewiesen zu werden.

Solingen, im Dezember 1972

Karl-Heinz Naßmacher

Inhaltsverzeichnis

Kapitel I: Grundfragen   1
A. Fragestellungen der Politikwissenschaft   2
   1. Politikwissenschaft als empirische Wissenschaft   2
   2. Politikwissenschaft als praktische Wissenschaft   4
   3. Politikwissenschaft als kritische Wissenschaft   7
B. Abgrenzung der Politikwissenschaft   10
C. Gliederung der Politikwissenschaft   12

Erster Teil: Politische Systeme

Kapitel II: Typen politischer Herrschaft   15
A. Die vorherrschende Unterscheidung von Regierungssystemen   16
   1. Demokratie und Diktatur als Grundtypen   16
   2. Zwischenformen und ihre Probleme   19
   3. Einzeltypen zu den beiden Grundformen   21
B. Abweichende Versuche der Typenbildung   22
   1. Modelle öffentlicher Herrschaft   22
   2. Politische Systeme und politische Kultur   24

Kapitel III: Grundelemente der Demokratie   27
A. Verfassung   27
B. Repräsentation   30
C. Gewaltenteilung   33
   1. Institutionelle Gewaltenteilung   33
   2. Föderative Gewaltenteilung   34
   3. Zeitliche Gewaltenteilung   36
D. Wahlverfahren   37
   1. Grundtypen von Wahlverfahren   38
   2. Wirkungen von Wahlverfahren   39

Kapitel IV: Demokratie als System politischer Institutionen 42
A. Systeme mit zeitlicher Gewaltenteilung 42
   1. Kabinettsregierung (Großbritannien) 43
   2. Parlamentarische Regierung (Bundesrepublik Deutschland) 47
B. Systeme mit institutioneller Gewaltenteilung 51
   1. Präsidiale Regierung (USA) 51
   2. Direktoriale Regierung (Schweiz) 56

Kapitel V: Demokratie als politischer Entscheidungsprozeß 60
A. Konkurrenzmodell 60
   1. Ausübung politischer Macht 61
   2. Ungewißheit und Information 62
   3. Ideologie und Wahlverhalten 65
B. Konkordanzmodell 67
   1. Techniken der Konfliktregelung 68
   2. Kompromißfähigkeit und Lernkapazität 71

Kapitel VI: Diktatur als System politischer Herrschaft 74
A. Totalitäre Diktatur 74
   1. Merkmale totalitärer Systeme 74
   2. Ideologie 75
   3. Einheitspartei 76
   4. Nachrichtenmonopol 78
   5. Geheimpolizei 79
B. Kritik am Totalitarismusmodell 80
   1. Fragwürdigkeit der Grundannahmen 81
   2. Wandel totalitär verfaßter Gesellschaften 84
C. Autoritäre Diktatur 86

Zweiter Teil: Politische Soziologie

Kapitel VII: Wahlen und öffentliche Meinung 91
A. Öffentliche Meinung 91
   1. Begriff der öffentlichen Meinung 92
   2. Aufgaben der Massenmedien 93
   3. Rolle der Meinungsforschung 98
B. Wahlen 99
   1. Gegenstand und Methoden der Wahlforschung 100
   2. Thesen über das Wahlverfahren 102

Kapitel VIII: Parteien als Instrumente demokratischer Regierungsweise   108
A. Begriffsbestimmung   108
    1. Parteiprogramme   109
    2. Parteitypen   110
B. Parteien und Regierungssystem   112
    1. Parteiensysteme   112
    2. Funktionen der Parteien   114
C. Parteien als soziale Gruppen   116
    1. Parteiorganisation   116
    2. Parteifinanzierung   120

Kapitel IX: Verbände und Verwaltung – Gefahren für die Demokratie?   123
A. Verbände   123
    1. Begriffsbestimmung   123
    2. Techniken der Einflußnahme   126
    3. Kontrolle des Verbandseinflusses   129
B. Verwaltung   131
    1. Politische Aufgaben der Verwaltung   131
    2. Verwaltung als Bürokratie oder Technokratie   133
    3. Strukturen der Verwaltung: Organisation und Personal   135

Kapitel X: Planung und Partizipation – Möglichkeiten der Demokratisierung!   139
A. Planung   139
    1. Aufgaben und Möglichkeiten der Planung   140
    2. Planung in der Demokratie   141
B. Partizipation   144
    1. Politische Teilnahme als Element des Demokratiebegriffs   145
    2. Modelle demokratischer Beteiligung   147
    3. Planung und Partizipation in demokratischen Organisationen   151

Antworten zu den Kontrollfragen   154

Literaturhinweise   161

Personen- und Sachregister   165

Kapitel I: Grundfragen

Die Entwicklung der Wissenschaften findet ihren Ausdruck nicht nur in einem wachsenden Umfang der Erkenntnisse, sondern auch in einer immer stärkeren Spezialisierung der Wissenschaftler. Diese Tendenz bestimmt das Verhältnis der verschiedenen Wissenschaften zueinander, zeigt sich aber auch innerhalb der einzelnen wissenschaftlichen Disziplinen. Damit verbunden ist ein Prozeß gegenseitiger Entfremdung zwischen den Forschern der verschiedenen Richtungen.

Die unterschiedlichen Forschungsansätze und Fragestellungen finden ihren Ausdruck in entsprechenden Theorien. Zwischen den Anhängern der einzelnen Forschungsrichtungen bestehen erhebliche Unterschiede, die allerdings bis heute keine weiterführende wissenschaftliche Auseinandersetzung, sondern höchstens gegenseitige Polemiken ausgelöst haben. Diesen allgemeinen Sachverhalt sollte jeder erkennen, der einen Überblick über die bisherigen Ergebnisse einer Wissenschaft – in diesem Falle also der Politikwissenschaft – anstrebt. Hier finden die gegensätzlichen Lehrmeinungen zuweilen sogar ihren Ausdruck in unterschiedlichen Bezeichnungen des Faches selbst.

Die ältere Bezeichnung *„Politische Wissenschaften"* vermittelt den Eindruck, es handele sich um die Zusammenfassung von Ergebnissen verschiedener Einzelwissenschaften. Heute wird dieser Begriff, der auch im ausländischen Sprachgebrauch vorkommt („political studies" oder „sciences politiques"), in Deutschland nur noch von Rechts- und Geschichtswissenschaftlern verwendet, die der Politikwissenschaft kein eigenes Erkenntnisobjekt zubilligen. Die Bezeichnungen *„Wissenschaftliche Politik"* oder *„politische Wissenschaft"* sind ebenfalls Ausdruck eines wissenschaftlichen Programms – allerdings der Fachvertreter selbst. Ausgehend von einem eigenen Erkenntnisziel (Praxis oder Kritik im Bereich des Politischen – s. Kap. I, A, 2 bzw. 3) werden sie von manchen Autoren bestimmter Richtungen bevorzugt. Die aus der Wiederaufbauzeit des Faches in Deutschland stammende Bezeichnung *„Wissenschaft von der Politik"* findet sich heute nur noch als Bezeichnung von vor längerer Zeit eingerichteten Lehrstühlen.

Weitgehend durchgesetzt hat sich der an den angelsächsischen Sprachgebrauch („political science") angelehnte Begriff „*Politische Wissenschaft*". Er ist als Name der Vereinigung deutscher Hochschullehrer des Faches von allen Richtungen akzeptiert. Von jüngeren Vertretern der Disziplin wird in letzter Zeit die Bezeichnung „*Politikwissenschaft*" bevorzugt, weil sie den Gegenstand des wissenschaftlichen Bemühens, die Erforschung der Politik, stärker betont. (Dieser Begriff wird auch im folgenden verwendet.) Das Fremdwort „*Politologie*" konnte sich bisher weniger durchsetzen als die daraus entwickelte Berufsbezeichnung Politologe. Trotz der angeführten Schwierigkeiten wird hier versucht, Forschungsergebnisse verschiedener Richtungen der derzeitigen Politikwissenschaft inhaltlich darzustellen. Dazu erscheint es empfehlenswert, den Ausführungen zu einzelnen Problemkreisen einen Überblick über die wichtigsten theoretischen Ansätze und einige ihrer Vertreter voranzustellen.

A. Fragestellungen der Politikwissenschaft

Narr unterscheidet drei Typen sozialwissenschaftlicher Theorie, die nach seiner Ansicht alle in der Politikwissenschaft vertreten sind: die empirische, normative und dialektische Theorie. Diese Bezeichnungen werden aber von den Vertretern der jeweiligen wissenschaftlichen Richtungen nicht ohne weiteres akzeptiert: Die Anhänger einer „dialektischen" Theorie bezeichnen ihr Fach als eine „kritisch-praktische Wissenschaft (Abendroth/Lenk). Die Vertreter der „normativen" Auffassung verstehen Politikwissenschaft als „praktische Philosophie" (Hennis). Nur die empirische Richtung wählt – wenigstens gelegentlich – für ihren Forschungsansatz die gleiche Bezeichnung wie Narr.

1. Politikwissenschaft als empirische Wissenschaft
Ziel einer erfahrungswissenschaftlich (empirisch) angelegten Politikwissenschaft ist zunächst, das politische Geschehen möglichst genau zu beschreiben und seine Ursachen zu untersuchen. Eine so verstandene Wissenschaft kann sich nicht bemühen, ihr Untersuchungsfeld durch philosophische Besinnung auf ihren Gegenstand zu bestimmen. Sie knüpft vielmehr an vorwissenschaftliche Erfahrungen und Begriffe an und versucht, diese durch ihre Forschung zu überprüfen und zu erweitern. Im Rahmen der Politikwissenschaft findet sich dieses Wissenschaftsprogramm meist unausgesprochen bei zeitgeschichtlichen und politisch-soziologischen Arbeiten, denen ein Mißtrauen gegenüber Werturteilen und der Frage nach dem Wesen menschlicher Normen zugrunde liegt. Dieses Bemühen um wissenschaftliche Unvoreingenommenheit und möglichst unverfälschte Beschreibung der Wirklichkeit hat die mehr *darstellende* Art *empirischer Forschung* mit den anderen Ausprägungen der gleichen wissenschaftlichen Konzeption gemeinsam.

Hier ist zunächst eine „behavioristische" Richtung (*„Verhaltensforschung"*) zu nennen. Diese wissenschaftliche Konzeption konnte besonders in der amerikanischen „political science" viele Anhänger gewinnen. Sie unterscheidet sich von der vorher genannten vor allem durch eine Beschränkung ihres Arbeitsgebietes auf die Politische Soziologie (s. Kap. I, B) und durch große methodische Strenge. Ihre Methoden sind die der empirischen Sozialforschung, wie sie insbesondere im Rahmen der Meinungsumfragen größere Bekanntheit erlangt haben. (Einen ausgezeichneten Überblick über die Methoden und Forschungstechniken der empirischen Politikwissenschaft gibt Lehmbruch – S. 32–104 –, so daß sich eine Darstellung hier erübrigt.)

Kritiker dieser Auffassung weisen darauf hin, daß bei der behavioristischen – ebenso wie bei der darstellenden – Richtung empirischer Politikwissenschaft ein innerer Zusammenhang zwischen den verschiedenen Gegenständen fehlt. Auch der Versuch, diesen Zusammenhang mit Hilfe des Begriffes Macht zu erschließen, erscheint unzureichend: Eine Politikwissenschaft, deren Arbeit sich auf die Untersuchung von Machterwerb, Machtausübung und Machtkontrolle richtet, läuft Gefahr, durch die Festlegung auf die Fragen der Macht eine Vorentscheidung über das Verständnis des Politischen zu treffen (Oberndörfer). Ein Vorzug dieser Konzeption liegt in der Kontrollierbarkeit ihrer Ergebnisse, wobei Kontrolle zunächst empirische Überprüfung statistisch wahrscheinlicher Feststellungen ist (Narr).

Bringt man die Aussagen der empirischen Sozialforschung in den Zusammenhang logischer Widerspruchslosigkeit, so liegt bereits das Bemühen um eine *strukturell-funktionale Theorie* vor. Narr sieht in ihr das Ergebnis zweier geistiger Entwicklungslinien: der von den wissenschaftstheoretischen Grundsätzen der Naturwissenschaften ausgehenden modernen Wissenschaftslehre und der empirischen Sozialforschung. Ziel der strukturell-funktionalen Forschung sind Voraussagen über den Ablauf des politischen Prozesses, die mit Methoden der empirischen Sozialforschung geprüft werden können.

Diese Regeln erhalten durch die Form von „Wenn-dann-Sätzen" instrumentalen Charakter. Sie lassen sich im Umkehrschluß zur Gestaltung der politischen Wirklichkeit verwenden (*„Sozialtechnologie"*). Die einzelnen Sätze sollen untereinander insofern im Zusammenhang stehen, als ihre Summe eine umfassende Beschreibung aller Elemente des politischen Gesamtprozesses, ihrer Stellung und ihres Bewegungsspielraums im politischen Prozeß bildet. Dabei sind auch die von jedem einzelnen Element im Rahmen des gesamten Prozesses erfüllten Aufgaben zu berücksichtigen. Die Wirkung eines einzelnen Elements wird zwar als vom Verhalten der anderen abhängig angesehen, gilt aber in keinem Falle als eindeutig vorbestimmt (determiniert).

Bei jedem Element der untersuchten politischen Struktur handelt es sich – nach Ansicht der Vertreter dieses wissenschaftlichen Konzepts – um eine auf

bestimmte Aufgaben (Funktionen) spezialisierte gesellschaftliche Institution, die der Einzeluntersuchung unterworfen werden kann. Die Analyse ist insofern empirisch, als Funktionen nur auf Grund des tatsächlichen Befundes, nicht an Hand vorgegebener Maßstäbe (Normen) zugeordnet werden. „Sie erlaubt Aussagen über Tendenzen politischen Handelns und Verhaltens und über den Rahmen möglicher Entscheidungen und ihrer wahrscheinlichen Folgen, ohne die Entscheidung selbst herbeiführen zu wollen oder zu können" (Hermens/ Wildenmann, „Politische Wissenschaft", in: HdSw, VIII, S. 387 ff.).
Eine Weiterentwicklung dieses Theorietyps, der auf absehbarer Zeit nur in der Lage ist, „Stückwerkstechnologien" (Popper) zu liefern, bilden die *systemtheoretischen Ansätze* („systems analysis"). Solche Untersuchungen nahmen ihren Ausgang in der amerikanischen Politikwissenschaft mit den Arbeiten von Easton und Deutsch. Beide beschreiben nicht einzelne Funktionen, sondern das politische System als Ganzes mit Hilfe von Modellen aus dem Bereich der Regelkreistechnik *(„Kybernetik")*. Sie vermeiden damit die Fehldeutung sozialer Prozesse, wie sie als stete Gefahr mit der Anwendung von Mechanismus- oder Organismusmodellen verbunden ist. Im Gegensatz zu herkömmlichen Maschinen (Mechanismen) besitzen politische Systeme die Fähigkeit zu lernen. Sie sind in der Lage, sich an Veränderungen ihrer Umwelt anzupassen oder sich neu zu orientieren. Im Gegensatz zu Lebewesen (Organismen) unterliegen politische Systeme keinem Prozeß des Wachsens, Reifens und Alterns. (Eine kritische Aufarbeitung dieser Theorien für die deutsche Politikwissenschaft haben Narr und Naschold vorgelegt.) Der Vorteil dieses kybernetischen Modells gegenüber der strukturell-funktionalen Theorie ist die größere Geschlossenheit der Aussage, der Nachteil seine größere Entfernung zur meßbaren Wirklichkeit des politischen Geschehens.
Allen Unterarten des empirischen Theorietyps ist gemeinsam, daß sie politisches Geschehen erklären und möglichst voraussagbar machen wollen. Eine Theorie, die sich darauf beschränkt, Geschehenes zu erklären und mögliches Geschehen vorauszusagen, erscheint aber den übrigen Richtungen in der Politikwissenschaft als unzureichend. Sie fordern eine Verbindung zwischen Theorie und Praxis, entweder als „praktische Philosophie" (Hennis) oder als „kritische Praxis" (Abendroth/Lenk).

2. Politikwissenschaft als praktische Wissenschaft

Die Anhänger einer Politikwissenschaft, die das politische Handeln kritisch bedenken und vordenken wollen, sehen ihre Aufgabe darin zu fragen, „was im Lichte des Möglichen und wünschbar Guten geschehen solle und könne" (Oberndörfer). Sie beziehen also ihre wissenschaftlichen Ziele letzten Endes aus einem vorgegebenen Wertsystem. Von einem ihrer Kritiker werden die Grundpositionen dieser wissenschaftlichen Richtung treffend aufgezeigt:

„Ethik und Politik vermittelnd, orientiert sich diese Konzeption an den griechischen Begriffen der *Praxis* als des guten, tugendhaften Handelns und der *Polis* als des gerecht geordneten Gemeinwesens, das tugendhaftes Handeln ermöglicht" (Abendroth/Lenk).

Das Bemühen um tugendhaftes Handeln und die gerechte Ordnung setzt eine genaue Kenntnis der Zusammenhänge in der politisch-sozialen Wirklichkeit voraus. Deshalb ist Ausgangspunkt der Forschung die „wirklichkeitsgetreue Beschreibung der Realität" (Hennis). Diese Beschreibung soll aber grundsätzlich einmünden in die Frage: Welche alternativen Möglichkeiten politischen Handelns sind denn in der jeweiligen Situation geschichtlich enthalten? Das gilt auch für die Analyse von politischen Programmen, ihre Konfrontation mit der politischen Wirklichkeit und die Untersuchung möglicher Folgen aus der Verwirklichung dieser Programme.

Aber selbst damit haben die Anhänger der praktischen Politikwissenschaft das Ziel ihrer Forschungsarbeit noch nicht erreicht. Sie wollen vielmehr nach Durchdenken der Möglichkeiten zu einem bestimmten politischen Urteil kommen und damit „wissenschaftlich begründete politische Handlungsentwürfe" formulieren (Oberndörfer). Ziel der praktischen Wissenschaft ist also, „die Kunst politischer Problemlösungen" aufzuzeigen (Hennis). Aus diesem Grunde kann die praktische Politikwissenschaft ihre Forschungsaufgaben nicht aus einem vorgegebenen Wissenschaftsprogramm ableiten, vielmehr will sie von den an eine Gesellschaft herangetragenen politischen Anforderungen ausgehen, d. h. diese Anforderungen als Anstöße für ihre wissenschaftliche Arbeit betrachten *(Topik).* Das hier und jetzt Wißbare oder Erwägenswerte ist zunächst Gegenstand der Politikwissenschaft (Hättich, „Lehrbuch der Politikwissenschaft", Erster Band, Mainz 1967).

Da politisches Handeln – nach Ansicht dieser Wissenschaftler – „stets mit der Frage nach dem Rechten und Guten verbunden sein sollte, kann sich eine das politische Handeln vordenkende Wissenschaft der Frage nach den letzten Zielen und Normen der Politik ..., nach der guten Ordnung, die der moralisch-geistigen Natur des Menschen gemäß ist", nicht entziehen (Oberndörfer). Bei einem Bemühen um die gute Ordnung, ergeben sich durch neue Handlungsfelder stets neue Fragen. Außerdem besteht – wie bei allen menschlichen Handlungen – die Möglichkeit des Irrtums. Beides zwingt den Politikwissenschaftler dazu, „das als gut Erkannte nicht für das schlechthin Gute und immer Gültige zu halten" (Oberndörfer). Wie jeder andere Wissenschaftler muß er sich kritisch der möglichen Vorläufigkeit seiner Aussagen bewußt und ständig zu ihrer Überprüfung und Neufassung bereit sein. Dazu gehört auch, daß die Arbeitsergebnisse stets als Voraussagen über Mögliches gelten, das unter bestimmten Voraussetzungen geschehen kann. Wenn dies nicht der Fall ist oder wenn nicht alle zugänglichen Daten angemessen verarbeitet werden, hat der Forscher die Grundsätze wissenschaftlicher Arbeit verletzt.

Es fragt sich aber, ob die Politikwissenschaft als sehr stark zeitgebundene Wissenschaft nicht notwendig gegen die wissenschaftstheoretische Forderung der Objektivität und Vorurteilslosigkeit verstößt. Die Vertreter der praktischen Politikwissenschaft weisen gerade in diesem Zusammenhang darauf hin, daß ein Verzicht auf wertende Stellungnahmen und ihre Untersuchung nicht möglich ist, weil sonst alle Wertungen der Kontrolle durch die wissenschaftliche Diskussion entgleiten. Diese Wissenschaftler halten deshalb ein *kontrolliertes Werten* und eine kritische Auseinandersetzung mit anderen Wertungsperspektiven für unbedingt erforderlich, zumal sonst alle Bemühungen einer praxisbezogenen Politikwissenschaft um das „Vordenken politischen Handelns und politischer Ordnungen erkenntnisblind und richtungslos werden müssen" (Oberndörfer). Hennis meint, die Politikwissenschaft stehe und falle „mit dem Anerkenntnis, daß das Fällen von Werturteilen, die Bestimmung des aufgegebenen Zieles menschlichen Handelns und Zusammenlebens ..., eine legitime wissenschaftliche Aufgabe ist".

Die Existenzberechtigung einer derart konzipierten Politikwissenschaft, die mit ihren Forschungen bewußt dem Gemeinwohl dienen will, kann durch den möglichen Beitrag ihrer Arbeiten gemessen werden. Zunächst muß man sich darüber klar sein, was die Politikwissenschaft nicht zu leisten vermag. „Sie kann nicht prophezeien, sie kann kein politisches Vademecum (Handbuch – d. Verf.) von Regeln anbieten, sie bietet auch keine Garantie für eine gute Politik" (Oberndörfer). Dennoch bleibt eine beachtliche Aufgabe: Angesichts der komplizierten Zusammenhänge bei politischen Sachfragen unserer Zeit ist eine wissenschaftliche Vorbereitung der Entscheidungen unumgänglich notwendig. Zwar ist mit politischem Handeln stets ein Risiko verbunden, weil unbekannte Faktoren wirksam werden, aber wesentliche Elemente können doch wissenschaftlich erfaßt und vorher gründlich durchdacht werden.

Nimmt die Politikwissenschaft diese Chancen des wissenschaftlichen Vordenkens von politischen Entscheidungen wahr, so wird sie die Arbeit der Politiker erleichtern. Daneben kann die Politikwissenschaft aber auch dazu beitragen, die öffentliche Willensbildung zu versachlichen und zu demokratisieren: „Das Gemeinwesen erhält in der Politischen Wissenschaft eine unabhängige Institution, die durch ihre Vertreter ... die Zahl der zu einem sachlich begründeten Urteil über komplizierte politische Sachzusammenhänge Fähigen vermehrt und damit der politischen Willensbildung ... den Charakter einer ... von vielen auch in ihren Sachbezügen eingesehenen und geistig kontrollierten Leistung verleiht" (Oberndörfer).

Im Gegensatz zu dieser betont positiven Auffassung ihrer eigenen Anhänger über mögliche Auswirkungen beurteilt Narr die praktische Politikwissenschaft wesentlich vorsichtiger. Er meint, die Richtung habe nur das Verdienst, auf die Wichtigkeit des Nachdenkens über Werte und den Zusammenhang zwischen Werten und Erkennen hingewiesen zu haben. Gerade in diesen beiden Punkten bestehen auch die meisten Berührungspunkte mit der dialektischen Auffassung in der Politikwissenschaft.

3. Politikwissenschaft als kritische Wissenschaft
Die Vertreter einer kritischen Theorie erklären die Weiterentwicklung der eigenen Gesellschaft zu ihrer Hauptaufgabe. Sie verstehen darunter eine in Praxis umschlagende Kritik, die sich an der geschichtlich gewordenen Gesellschaft ausweisen muß. Politische Wissenschaft im so verstandenen Sinne kann sich nicht in empirischer Beschreibung und Deutung einzelner Tatsachen und ihrer Zusammenhänge erschöpfen. Sie zielt vielmehr auf eine kritische Theorie der Gesellschaft, die den Menschen als Produzenten seiner gesamten geschichtlichen Umwelt zum Gegenstand hat.

Die bisher dargestellten Vorgehensweisen werden als unzureichend abgelehnt, weil sie davon ausgehen, daß ihre Arbeit einen gegen andere wissenschaftliche und sonstige Tätigkeiten abgegrenzten Beruf in der Gesellschaft ausmacht. Deshalb erscheint es den Vertretern der empirischen und praktischen Politikwissenschaft als überflüssig – oder sogar als schädlich – um die gesellschaftlichen Tendenzen zu wissen, in die ihre wissenschaftliche Arbeit verflochten ist. Im Gegensatz dazu folgt die *kritische Theorie* „in der Bildung ihrer Kategorien und allen Phasen ihres Fortgangs ganz bewußt dem Interesse an der vernünftigen Organisation der menschlichen Aktivität, das aufzuhellen und zu legitimieren ihr selbst aufgegeben ist" (Abendroth/Lenk unter Bezug auf einen Aufsatz von Horkheimer). Gegen abstrakte Gesetze setzt die kritische Theorie eine Untersuchung der geschichtlich-gesellschaftlichen Beziehungen von Menschen, deren Zustand jeweils an den Möglichkeiten einer gelungenen Gesellschaft gemessen wird.

Ziel dieser praxisbezogenen Kritik ist die Aufhebung von politischer und gesellschaftlicher Herrschaft. Dieses Ziel scheint erreichbar in einer *Demokratie,* deren Bestreben es ist, eine gesellschaftlich verstandene Gleichheit zu verwirklichen. Diese Gleichheit wird als Voraussetzung für die Verwirklichung und Sicherung von Freiheit im Sinne der selbstbestimmten Entfaltung aller Einzelpersonen in der Gesellschaft angesehen. Von der Vorstellung einer Identität der Regierenden und der Regierten (s. Kap. III, B) ausgehend, erweitert sich dieser Demokratiebegriff zur Forderung nach „Identität der gesellschaftlich Arbeitenden und derer, die die Gesellschaft in ihrer Entwicklung bestimmen" (Abendroth/Lenk).

Als kritische Theorie der politischen Strukturen und Prozesse einer Gesellschaft gewinnt die Politikwissenschaft ihr Selbstverständnis und die Einheit ihres

Gegenstandes durch den Bezug auf Gesellschaft als eine sich historisch entwickelnde *Totalität* (Ganzheit). Dieser gesamtgesellschaftliche Bezug ist erforderlich, weil „Herrschaftsstrukturen, Bewußtseinsformen und Strukturen der gesellschaftlichen Reproduktion nicht beziehungslos nebeneinanderstehen, sondern als Ausdrucksformen menschlicher Praxis notwendig zusammenhängen und sich im historischen Prozeß bedingen" (Abendroth/Lenk). Aus diesem Grunde kann das eine ohne das andere nicht erklärt werden. Hinzu kommt, daß auch Erkenntnis und Interesse zusammenhängen. Die Politikwissenschaft muß deshalb sich selbst als Elemente des von ihr analysierten geschichtlichen Prozesses begreifen. Gerade das wissenschaftliche Bemühen bewirkt, daß sich die scheinbare Objektivität der sozialen Welt zunehmend in ihrer Gesamtheit als eine geschichtlich durch Subjekte geschaffene – menschliche oder unmenschliche – Welt darstellt.

Geschichtlichkeit einer Gesellschaft bedeutet zunächst die Unabgeschlossenheit der Entwicklung und damit zugleich eine Chance zur Änderung der bestehenden Verhältnisse. Diese Chance ergibt sich aus den gesellschaftlichen Widersprüchen, die einen Prozeß ständigen Wandels in Gang halten. Die Interessengegensätze in der arbeitsteiligen, herrschaftsbestimmten gesellschaftlichen Wirklichkeit erzeugen einen dauernden Konfliktzustand. Die gesellschaftlichen Kräfte befinden sich ständig im Widerspruch zueinander, solange nicht gesellschaftliche Gleichheit, menschliche Selbstbestimmung und freie Praxis erreicht sind. Daraus entsteht die geschichtliche Bewegung, indem zunächst ein Gegner den anderen überwältigt, aber damit zugleich eine neue Gegnerschaft heraufbeschwört. Dabei handelt es sich aber nicht um Auseinandersetzungen zwischen irgendwelchen Personen oder Personengruppen. Vielmehr gehen die Gegensätze aus der Verfügungsmacht bzw. Nichtverfügung über die Mittel der wirtschaftlichen Produktion und der gesellschaftlichen Herrschaft hervor. Sobald sich neue Mittel entwickeln, werden die bestehenden Machtverhältnisse überholt; eine vorher zu kurz gekommene Gruppe („Klasse") kann mit Hilfe dieser neuen Mittel zum Sieg gelangen, unterdrückt aber nunmehr andere Gruppen. Gesellschaftliche Ungleichheit, Entwicklung neuer Produktions- und Herrschaftsmittel sowie der sich aus beiden ergebende Interessengegensatz halten den geschichtlichen Prozeß in Bewegung. Der hier aufgezeigte wirtschaftlich-soziale Prozeß und die durch ihn vermittelte politisch-geschichtliche Entwicklung bilden den Ausgangspunkt einer kritischen Politikwissenschaft. Nur auf diesem Hintergrund können – nach Ansicht dieser Forscher – die aktuellen politischen Prozesse, die gegenwärtige Gestalt politischer Herrschaft und politischer Praxis sowie die Möglichkeiten zukünftiger Entwicklung der Gesellschaft angemessen erfaßt werden.

Die Entwicklung vollzieht sich im dialektischen Dreischritt: Die bestehenden Verhältnisse (Position) werden abgelöst durch den Sieg einer bisher unterlegenen Gruppe (Negation). Deren Sieg wiederum wird aufgehoben durch eine erneute Umwälzung, die sich ebenfalls aus den Widersprüchen der alten Verhältnisse entwickelt hat (Negation der Negation). Die *Dialektik* von Position, Negation und Negation der Negation wird somit als gesellschaftliche Entwicklungsformel erkannt und deshalb als methodisches Prinzip der politikwissenschaftlichen Analyse zugrunde gelegt.

„Indem die Begriffe und analytischen Kategorien aus der historischen Bewegung des gesellschaftlichen Prozesses selber gewonnen werden, wird der Vermittlungszusammenhang zwischen den Formen politischer Herrschaft, gesellschaftlicher Reproduktion und gesellschaftlichen Bewußtseins in seiner historisch jeweils modifizierten Notwendigkeit erst sichtbar. ... Politik läßt sich nunmehr in ihren realen Widersprüchen verstehen. Sie enthüllt ihren kontroversen Charakter im historischen Konflikt angebbarer, auf Herrschaftserhaltung oder Herrschaftsaufhebung gerichteter Tendenzen. In den Herrschaftsstrukturen und ihrem Wandel reproduziert sich dabei die Auseinandersetzung sozialer Gruppen und ihrer Interessen." (Abendroth/Lenk). Um die freie Selbstbestimmung des Menschen zu ermöglichen, ist es notwendig, daß die Menschen selbst die geschichtliche Entwicklung und damit die Gesellschaft gestalten. Die Eigenart kritischer Gesellschaftstheorie liegt also in der gedanklichen Vorwegnahme einer befreiten Gesellschaft.

Für eine an diesem Verständnis der politisch-sozialen Entwicklung orientierte Politikwissenschaft ist der *Praxisbezug* notwendiger Bestandteil der Disziplin. Ziel der Forschung ist nicht ein die Ergebnisse empirischer Untersuchung organisierendes System gesetzmäßiger Abhängigkeiten. Das sowohl in der empirischen als auch in der praktischen Position angelegte Auseinanderfallen von Sein und Sollen, Tatsache und Entscheidung wird von einer kritischen Wissenschaft bewußt in Frage gestellt. Eine Politikwissenschaft, die ihre kritische Aufgabe erkennt, durchbricht den in beiden Positionen angelegten Theoriebegriff und versteht sich selbst als bedingtes und zugleich bedingendes Element des geschichtlichen Prozesses. Das bedeutet nun allerdings nicht, daß sie über die Ergebnisse empirischer Forschung hinweggeht oder ihre theoretischen Aussagen der Widerlegung durch wissenschaftliche Auseinandersetzungen entzieht.

Zumindest ist das vom Anspruch her der Fall. Die tatsächliche Situation scheint dem nur in geringem Maße zu entsprechen (s. Kap. I, Einleitung). Ein weiteres Problem der kritischen Theorie formuliert Narr: „Das Dilemma der kritischen Theorie besteht in ihrer bloßen Hoffnung auf Praxis, ohne daß diese von der Theorie gefordert wird und ein Träger der Praxis ausmachbar wäre. ... Der Praxisverlust bedeutet für die Theorie mehr als eine Einschränkung ihrer Anwendung. Der Praxisverlust bringt die Theorie um das gute Gewissen ihres Realitätsbezugs, der bis jetzt nicht in Frage stand."

Alle drei Konzeptionen der deutschen Politikwissenschaft weisen also Ansatzmöglichkeiten für eine Kritik auf und bleiben deshalb letztlich noch unzureichend. Bevor die wichtigsten Ergebnisse im einzelnen dargestellt werden können, ist noch kurz auf die Abgrenzung zwischen der Politikwissenschaft und anderen Wissenschaften einzugehen.

B. Abgrenzung der Politikwissenschaft

Das Verhältnis der Politikwissenschaft zu anderen Wissenschaften ergibt sich einmal aus der Nähe dieser Disziplinen zu politischen Inhalten, zum anderen durch ihren möglichen Beitrag zu politischen Fragestellungen. Der die früheren Grenzen zwischen den Wissenschaften übergreifende Charakter der Politikwissenschaft hat dazu geführt, daß dieses Fach als „Integrationswissenschaft" (Fraenkel) oder „synoptische Wissenschaft" (Bergsträßer) bezeichnet wurde. Damit kann nicht gemeint sein, daß die Politikwissenschaft nur die Ergebnisse anderer Wissenschaften zusammenfaßt (vgl. den Begriff „Politische Wissenschaften"), sondern daß ihre Arbeit in einem engen Zusammenhang mit ihnen steht. Je nach der wissenschaftlichen Orientierung des einzelnen Politologen wird der Schwerpunkt seiner Arbeit verständlicherweise in der engen Zusammenarbeit mit unterschiedlichen Fächern gesehen.

Die *Geschichtswissenschaft* vermittelt einen wichtigen Aspekt gegenwärtiger politischer Prozesse und Strukturen, nämlich ihre geschichtlichen Voraussetzungen. Diese sind sowohl im innerstaatlichen wie im zwischenstaatlichen Bereich von großer Bedeutung. Dabei genügt allerdings nicht die Kenntnis der jüngsten Vergangenheit, der Zeitgeschichte, obwohl gerade hier die Verbindung zur empirischen Forschung besonders eng ist. Oberndörfer glaubt, daß Politikwissenschaft und Geschichte sich in vieler Hinsicht ähnlich sind. Den Unterschied zwischen beiden sieht er im Gegenstand der Forschung: Die Geschichte untersucht das Geschehene, die Politikwissenschaft bereitet Entscheidungen vor. Hermens und Wildenmann (in: HdSw, a. a. O.) sehen einen grundsätzlichen Unterschied darin, daß die Geschichtswissenschaft eine Erkenntnis des Einzelnen und Besonderen anstrebt, die Politikwissenschaft aber nach dem Allgemeinen in einem geschichtlichen Ereignis fragt.

Dieser deutliche Gegensatz verringert sich sofort, wenn man beachtet, daß ein Besonderes ohne die Vorstellung des Allgemeinen nicht gedacht werden kann (Schieder) und daß Aussagen mit dem Anspruch allgemeiner Geltung sich immer nur an Einzelfällen bewähren (verifizieren oder falsifizieren) können. Dabei ist es natürlich wertvoll, wenn diese Einzelfälle vorher mit den von der Geschichtswissenschaft angewandten Methoden der Quellenkritik und Quellenanalyse aufbereitet wurden. Hättich (Lehrbuch . . ., a. a. O.) sieht folgerichtig in diesem Gegensatz mehr eine Frage des Schwerpunktes. So wie im Rahmen der Politikwissenschaft einige Forscher mehr zeitgeschichtlich orientiert sind, gibt es auch im Bereich der Geschichtswissenschaft das Bemühen, durch Verknüpfung festgestellter Einzeltatsachen zu allgemeinen Aussagen zu kommen. Von daher scheint eine arbeitsteilige Zusammenarbeit das angemessene Verhältnis zwischen diesen beiden Wissenschaften.

In einem anderen Licht erscheint zunächst das Verhältnis zwischen Politikwissenschaft und *Rechtswissenschaft*. Die Rechtswissenschaft befaßt sich im Teilbereich des öffentlichen Rechts „ebenso wie die Politische Wissenschaft mit den Problemen der politischen Ordnung" (Hermens/Wildenmann, in: HdSw, a. a. O.). Daraus ergibt sich je nach der zugrunde gelegten Rechtsauffassung ein unterschiedliches Verhältnis zur Politikwissenschaft. Beschäftigt sich beispielsweise die Staatsrechtslehre mit der „normativen Kraft der Verfassung" (Hesse), dann kann die Politikwissenschaft als ihre Hilfsdisziplin durch Beschreibung der Wirklichkeit zur angemessenen Auslegung der rechtlichen Normen beitragen. Dieser Ansatz führt zu einer Trennung der Staatslehre in eine Seins- und eine Normwissenschaft, wie sie auch in Jellineks positivistischer Auffassung angelegt war (Sontheimer, „Politische Wissenschaft und Staatsrechtslehre", Tübingen 1963).

Hennis („Verfassung und Verfassungswirklichkeit", Tübingen 1968) sieht in dieser Aufteilung der wissenschaftlichen Zuständigkeit für Verfassungsrecht und Verfassungswirklichkeit eine „Besonderheit des deutschen Staats- und Verfassungsdenkens". Nach diesen Vorstellungen soll die Verfassung entweder die Funktion eines „politischen Grundbuchs" (Beurkundung aller beachtlichen politischen Kräfte) erfüllen oder „als sozialer und geistiger Eisenbahnfahrplan" (Sammlung von Befehlen an Regierung und Parlament) wirksam werden. In Anlehnung an die Überlegungen von Heller hat Sontheimer einen Ausweg aus dieser künstlichen Spaltung aufgezeigt: Mag der Politikwissenschaftler seine Hauptaufgabe in „der Erforschung des gesamten Regierungs- und Willensbildungsprozesses sehen, er kann es ohne Berücksichtigung des Rechtes nicht tun. Mag der Jurist ... seine Hauptaufgabe darin erblicken, das Recht zu erkennen, ... er wird blind sein für den Realitätsgehalt des Rechts ..., wenn er die politische und soziale Wirklichkeit nicht berücksichtigt". Beide Wissenschaften stehen also zueinander „im Verhältnis von Informatoren" (Hättich, Lehrbuch ..., a. a. O.), sie sind gegenseitig Hilfswissenschaften.

Eine noch unmittelbarere Wechselbeziehung besteht zwischen Politikwissenschaft und *Soziologie*. Häufig wird Politikwissenschaft lediglich als Politische Soziologie (s. Kap. I, C), als ein Teilgebiet der Soziologie angesehen. Fruchtbarer erscheint jedoch „die Annahme, daß Politische Wissenschaft und Soziologie jeweils verschiedene Aspekte menschlicher Existenz beleuchten. ... Das heißt, daß beide die größte Gemeinsamkeit im Erkenntnisziel ... besitzen und ihre Aufgliederung in verschiedene Disziplinen lediglich als eine Arbeitsteilung verstanden werden kann" (Hermens/Wildenmann, in: HdSw, a. a. O.). Die Grenzziehung zwischen beiden ist also ein Problem des jeweiligen Selbstverständnisses in beiden Fächern.

Schien vor zwanzig Jahren das Bemühen von Soziologie und Politikwissenschaft auf eine rationale Untersuchung von Gesellschaft und Politik zur Vorbereitung eines aufgeklärten Handelns gerichtet, so hat sich in den folgenden Jahren ein deutlicher Wandel vollzogen. Bei einem Vergleich der wissenschaftlichen Arbeit in dieser Zeit ergibt sich weitgehend der Eindruck, „Soziologie habe es mit der Erforschung von Struktur und Dynamik der Gesellschaft zu tun, während die Politikwissenschaft die staatlichen Ordnungsformen zum Gegenstand habe" (Schwarz, in: Oberndörfer). Auf diese Weise hat sich ein großer Teil der Soziologie ebenso wie die deutsche Bevölkerung von den politischen Fragen ab- und anderen gesellschaftlichen Fragen zugewandt. Diese Entwicklung ist weder notwendig noch unabänderlich. Sie führte aber zu einer Situation, in der die politische Soziologie nicht Gegenstand gemeinsamer Arbeit ist, sondern weitgehend der Politikwissenschaft überlassen wird. Damit stellt sich die Frage nach den einzelnen Teilbereichen dieser Wissenschaft.

C. Gliederung der Politikwissenschaft

Wie jede Wissenschaft ist auch die Politikwissenschaft zur arbeitsteiligen Durchführung ihrer Forschungen übergegangen. Diese Arbeitsteilung findet ihren Niederschlag zunehmend auch in der Kennzeichnung politologischer Lehrstühle durch den Zusatz eines bestimmten Sachbereichs. Für die Gliederung der Politikwissenschaft in verschiedene Lehr- und Forschungsgebiete besteht ein erheblicher Grad an inhaltlicher Übereinstimmung; lediglich die Bezeichnungen sind häufig unterschiedlich. Bemerkenswert ist noch, daß die übliche Gliederung in vier Gebiete nicht mit Hilfe eines einheitlichen Kriteriums, sondern durch Überlagerung mehrerer Unterscheidungen zustande kommt.

Eine in sich geschlossene Gliederung des Stoffes in Einzelgebiete bringt Hättich (Lehrbuch ..., a. a. O.). Er wählt drei Kriterien: die formale Gliederung in Disziplinen, die regionale Gliederung in Aspekte und die inhaltliche Gliederung in Sachbereiche. (Der letzte Gesichtspunkt wird nur der Vollständigkeit halber angeführt.) Als Sachbereiche bezeichnet Hättich alle Gebiete, die Gegenstand politischer Sachentscheidungen sein können: Verfassungspolitik, Rechtspolitik, Gesellschaftspolitik, Wirtschaftspolitik, Finanzpolitik, Kultur- und Bildungspolitik sowie Militärpolitik.

Daneben greift Hättich auf die überkommene Einteilung der Politik nach regionalen Aspekten in Innen- und Außenpolitik zurück, denen er noch die Kommunalpolitik zuordnet. Zur Innenpolitik rechnet er „als hauptsächliche Lehrstücke die Verfassungslehre, die Lehre von den Regierungssystemen, die

Lehre von der politischen Willensbildung und die Verwaltungslehre". Im Mittelpunkt der *Kommunalpolitik* steht die Gemeinde als ein – nach Ansicht Hättichs – weitgehend „überschaubarer und erfahrbarer Bereich". Der Begriff der Außenpolitik, der auf die internationalen Beziehungen zwischen souveränen Nationalstaaten zugeschnitten ist, wird zunehmend durch den der Internationalen Politik abgelöst.

Formal unterscheidet Hättich drei Disziplinen: Politische Soziologie, Politische Theorie und Politische Ethik. Die Politische Soziologie bezeichnet er als „die erfahrungswissenschaftliche Basis", die Politische Theorie als „das Kernstück der Politikwissenschaft". Aufgabe der *Politischen Ethik* ist die Anwendung von Soziologie und Theorie im Hinblick auf richtiges politisches Verhalten und eine gute politische Ordnung.

Gerade diese Überlegungen zeigen, daß Hättichs Gliederung der Politikwissenschaft durch sein Verständnis des Faches als einer praktischen Wissenschaft (s. Kap. I, A, 2) bestimmt wird. Die Behandlung der von Hättich angeführten Sachbereiche im Rahmen der Politikwissenschaft ist nicht üblich. Auch hier dürfte ein enger Zusammenhang zur wissenschaftlichen Konzeption dieses Forschers bestehen. Der allgemeine Vorzug seiner Gliederung liegt weniger in dem erfolgreichen Versuch, Gliederungskriterien auf verschiedenen Ebenen systematisch nebeneinanderzustellen. Zwei dieser Gliederungskriterien (formal und regional) dienen in der Regel zur Einteilung des gesamten Stoffes.

Insofern liefert der Gliederungsentwurf eines einzelnen Wissenschaftlers den Schlüssel zum Verständnis der gebräuchlichen Gliederung der Politikwissenschaft in vier Teilbereiche. Am weitesten erforscht ist der Teilbereich der „Innenpolitik" (Hättich), der auch als „Politische Formenlehre" (Hermens/ Wildenmann, in: HdSw, a. a. O.) bezeichnet wird. Die beste Bezeichnung ist wahrscheinlich der von Lehmbruch vorgeschlagene Begriff *„Politische Systeme"*. Als politisches System bezeichnet man den Wirkungszusammenhang zwischen der Gesellschaft, die politische Anforderungen stellt, und dem Gefüge der staatlichen Institutionen, das früher als Regierungssystem allein den Gegenstand dieses Teilbereiches bildete.

Diese erweiterte Aufgabenstellung bedingt eine enge Verbindung mit dem zweiten Teilbereich der Politikwissenschaft, der *„Politischen Soziologie"*. Deren Gegenstand ist die Erforschung aller Gruppen, die im politischen Prozeß handelnd auftreten, indem sie entweder Interessen zum Ausdruck bringen oder zusammenfassen. Konkret geht es u. a. um Parteien-, Verbands- und Wahlforschung. Diese beiden Teilgebiete beschränken sich weitgehend auf die Untersuchung politischer Prozesse im innerstaatlichen Bereich. (Ihre Ergebnisse bilden den Inhalt des vorliegenden Bandes.) Die verschiedenen Formen der Beziehungen zwischen den einzelnen Staaten behandelt die „Internationale Politik" (Oberndörfer). Als Zweig der Politikwissenschaft wird sie auch als Lehre von den *Internationalen Beziehungen* bezeichnet. In der deutschen Politikwissenschaft ist dieses Gebiet zwar noch wenig erforscht, in seiner Aufgabenstellung und Notwendigkeit aber nicht umstritten.

Anders verhält es sich mit dem vierten Teilbereich, der am besten als *„Politische Ideengeschichte"* bezeichnet werden kann. Gemeint ist dann die Geschichte der politischen Lehrmeinungen (Dogmengeschichte). Die Beschäftigung mit den einzelnen Lehrmeinungen geschieht allerdings nicht, um den einzelnen Autoren zu einer angemessenen Deutung ihrer Schriften zu verhelfen, sondern unter dem Gesichtspunkt ihres Beitrages zur „politischen Theorie". Häufig ist dies auch die Bezeichnung des hier umschriebenen Teilgebietes. Einen anderen Inhalt dieses Teilbereichs fordert nur Oberndörfer, der als Bezeichnung „Philosophie des Gemeinwesens" vorschlägt und als Problembestand die Frage nach dem Wesen und den Normen des Politischen, der Herrschaft, der Freundschaft, der Gerechtigkeit, des Friedens und der Freiheit ansieht. Soweit hierbei nicht nur die Analyse der Ausführungen politischer Klassiker angestrebt wird, liegt darin eine notwendige Forderung der „praktischen Wissenschaft", die als richtungsbezogen hier außer Betracht bleiben kann. (Internationale Beziehungen und Politische Ideengeschichte sind als Inhalt des zweiten Bandes vorgesehen.)

Wenn Sie prüfen wollen, ob Sie den Stoff dieses Kapitels gründlich durchgearbeitet haben, beantworten Sie bitte die folgenden *Kontrollfragen:*
1. Kennen Sie außer dem Begriff „Politikwissenschaft" noch andere Bezeichnungen dieses Faches?
2. Welche Begriffe verwenden die empirische, die normative und die dialektische Richtung in der deutschen Politikwissenschaft für ihre Arbeit?
3. Versuchen Sie in einer ersten Einteilung verschiedene Formen empirischer Politikwissenschaft zu unterscheiden!
4. Nennen Sie einige Merkmale der strukturell-funktionalen Politikwissenschaft!
5. Welche Bedeutung haben die Begriffe „Praxis" und „Polis" für eine bestimmte Richtung der Politikwissenschaft?
6. Wie läßt sich die kritische Politikwissenschaft durch einige Grundbegriffe kennzeichnen?
7. Bezeichnen die Begriffe Verfassungsrecht und Verfassungswirklichkeit eine sinnvolle Abgrenzung zwischen Politikwissenschaft und Rechtswissenschaft? Geben Sie eine kurze Begründung Ihrer Ansicht!
8. Nennen Sie mindestens drei der vier Teilbereiche in der Politikwissenschaft!
Antworten zu diesen Fragen finden Sie auf Seite 154.

Kapitel II: Typen politischer Herrschaft

Die Politikwissenschaft geht davon aus, daß menschliches Zusammenleben (= *Gesellschaft*) in bestimmter Weise organisiert sein muß. Sicherung nach außen und Ordnung im Innern erfordern eine Organisation der Gesellschaft. Diejenige Organisation, der alle Gesellschaftsmitglieder unterworfen sind (totale oder dominante Ordnung) wird als *Staat*, Herrschaftsordnung oder politische Ordnung bezeichnet. Für die Ausgestaltung der politischen Ordnung gibt es in den verschiedenen Gemeinwesen oder politischen Gebilden eine Vielzahl von Möglichkeiten. Die vergleichende Lehre von den Regierungssystemen (vergleichende Regierungslehre = comparative government) versucht, Gemeinsamkeiten der verschiedenen Herrschaftsformen herauszuarbeiten, um sie zu größeren Gruppen zusammenzufassen: politische Systeme, Regierungstypen oder Staatsformen (s. Kap. I, A, 1). Den einzelnen Forschern geht es im Gegensatz zur Systemanalyse nicht darum, eine allgemeine Darstellung des politischen Prozesses zu geben, sondern vor allem darum, durch Zusammenfassung ähnlicher Einzelfälle, Typen herauszuarbeiten, die für einen bestimmten Bereich gelten. Die Zahl der so unterschiedenen politischen Systeme schwankt erheblich. Dies ist vor allem darauf zurückzuführen, daß bei der Einteilung verschiedene Merkmale betont werden, wobei das Interesse an den einzelnen Kriterien wechselt. Numerische, soziologische und institutionelle Einteilungsmerkmale stehen nebeneinander (von Beyme). Meist dient die Struktur der „lebenden Verfassung (s. Kap. III, A) als Ausgangspunkt, weitere Kriterien sind soziologische, sozialpsychologische oder anthropologische Gesichtspunkte.
Auch die Frage, ob sich die Typenbildung auf gegenwärtige Systeme beschränken oder auch vergangene Systeme mit einschließen soll, wird unterschiedlich beurteilt. Das hängt mit dem jeweiligen Forschungsziel zusammen, das sich vereinfacht als unterschiedlicher Grad der Entfernung von der Wirklichkeit (Abstraktionsgrad) kennzeichnen läßt: Hättich bemüht sich z. B. um einen Demokratiebegriff, der sich nicht durch geschichtliche Einmaligkeit auszeichnet, während z. B. Ludz (s. Kap. VI, B) eine stärker historisch-empirische Behandlung der einzelnen Systeme, Formen oder Typen anstrebt. Gemeinsames Ziel

der Typenbildung aller Politikwissenschaftler ist die Analyse des Regierungsprozesses in der politischen Realität. Ein systemgerechter Vergleich muß von den Funktionen ausgehen und dabei beachten, daß funktionale Gleichwertigkeit sich nicht notwendig mit „formal-institutioneller Gleichheit" deckt.

A. Die vorherrschende Unterscheidung von Regierungssystemen

Der unterschiedliche Sprachgebrauch (Terminologie) darf nicht darüber hinwegtäuschen, daß sich die Mehrzahl der Typenbildungen an einem Gegensatzpaar orientiert, das etwa vereinfacht mit den Begriffen Demokratie und Diktatur umschrieben werden kann: Die Gegenüberstellung von Demokratie und Totalitarismus (Friedrich, „Der Verfassungsstaat der Neuzeit", Heidelberg 1953), Konstitutionalismus und Autokratie (Loewenstein), Demokratie und Autokratie (von der Gablentz, „Einführung in die Politische Wissenschaft", Opladen 1965), Führungs- und Herrschaftsstaat (Hermens), demokratisch-pluralistischem Rechtsstaat und autokratisch-totalitärem Diktaturstaat (Steffani, „Gewaltenteilung im demokratisch-pluralistischen Rechtsstaat", in: PVS 1962) entspricht im wesentlichen diesem Gegensatz, wenn auch die einzelnen Autoren auf Grund ihrer Einteilungskriterien z. T. anders vorgehen. In einer Skala der politischen Möglichkeiten zur Gestaltung eines Regierungssystems stehen die genannten Typen jeweils auf entgegengesetzten Seiten.

Geläufig ist auch die Gliederung in drei Grundsysteme, die aber der angeführten Zweiteilung nicht zu widersprechen braucht: z. B. demokratischer Verfassungsstaat, Systeme der Entwicklungsländer und totalitäre Systeme. Die beiden letzteren können zugleich als verschiedene Formen der Diktatur angesehen werden: autoritäre (Systeme der Entwicklungsländer) und totalitäre Diktatur. Von der Gablentz (a. a. O.) lehnt das autoritäre System als dritte Möglichkeit ab und bezeichnet es als eine Übergangsform zwischen den beiden Grundsystemen.

1. Demokratie und Diktatur als Grundtypen

Die Kriterien, die zu der gebräuchlichen Zweiteilung führen, sind unterschiedlich. Loewenstein stellt als wichtigsten Einteilungsgesichtspunkt die Machtausübung heraus. Sie kann in den verschiedenen Stufen des Regierungsprozesses entweder mehreren, voneinander zumindest teilweise unabhängigen, Machtträgern zugewiesen sein und damit durch gemeinsame Herrschaftsausübung kontrolliert werden *(Konstitutionalismus)* oder die Herrschaftsausübung kann in einem einzigen Machtträger vereinigt sein und von ihm monopolisiert werden *(Autokratie)*. Einteilungsmerkmal ist also, wie die Macht ausgeübt und kontrolliert wird.

Von der Gablentz (a. a. O.) geht nicht von der Macht als solcher aus, sondern vom Ziel der Machtausübung, eine relativ dauerhafte Ordnung des Zusammenlebens zu erreichen. Für die gegensätzlichen Formen der Ordnung des Zusammenlebens nennt er zwei Grundkategorien: *Genossenschaft* und *Herrschaft*. Als Beispiele für genossenschaftliche und herrschaftliche Konfliktregelung führt er die Horde (ein Palaver der Erwachsenen trifft Entscheidungen) und die Bande (Terror dient als Grundlage der Entscheidung) an: Demokratien zeichnen sich durch den grundsätzlichen Vorrang der Genossenschaft, Autokratien durch den grundsätzlichen Vorrang der Herrschaft aus. Durch diese Grundprinzipien der Konfliktregelung werden auch Formen menschlichen Zusammenlebens erfaßt, die vorstaatlich sind.

Diese vorstaatlichen Formen werden von Hermens nicht einbezogen, seine Einteilungsmerkmale fassen die von Loewenstein und von der Gablentz zusammen, insofern die Wechselbeziehungen zwischen Machtträgern und Machtunterworfenen als Merkmal der Abgrenzung gewählt werden: Die Begriffe Macht und Konsens beschreiben den Zusammenhang zwischen denen, die politische Entscheidungen treffen, und denen, für die politische Entscheidungen getroffen werden. *Macht* ist eine soziale Beziehung, die sich mit Max Weber als die Fähigkeit, seinen Willen auch gegen Widerstände durchzusetzen und Gehorsam zu erwarten, umschreiben läßt. Die Fähigkeit kann durch wirtschaftliche Abhängigkeit, geistige Überlegenheit oder kraft Satzung begründet sein. *Konsens* bezeichnet die Zustimmung der Betroffenen zu politischen Willensakten und Organen.

Mit Hilfe dieser beiden Begriffe formuliert Hermens zwei Grundkategorien für die Unterscheidung von Staatsformen: In einem Falle geht der Konsens der Macht voraus, begleitet sie und modifiziert (gestaltet) sie *(„Führung")*; im anderen geht die Macht dem Konsens voraus, begleitet ihn und modifiziert ihn *(„Herrschaft")*. Staatsformen, die auf Führung beruhen, bezeichnet Hermens als Demokratien, Staatsformen, die auf Herrschaft beruhen, als Herrschaftsstaaten.

Kritik an den Grundkategorien Genossenschaft für demokratische und Herrschaft für nichtdemokratische Staatsformen wird damit begründet, daß der Staat immer eine Herrschaftsordnung der Gesellschaft bildet (Hättich). Demokratie ist keine herrschaftslose Ordnung; sie mildert zwar die Herrschaftstendenzen, hebt diese aber nicht auf (Eschenburg, „Staat und Gesellschaft in Deutschland", München 1963). Die Unterschiede scheinen jedoch mehr terminologischer als sachlicher Art zu sein: Führung und Herrschaft (im Sinne von Hermens) können durchaus als besondere Formen der Herrschaftsordnung (im Sinne von Hättich) aufgefaßt werden.

Versucht man, die beiden Gegensatztypen konkreter zu bestimmen, dann ist als wichtigstes Merkmal *demokratischer Systeme* festzuhalten, daß die Regierung ihre Legitimation durch freie Wahlen erhält, bei denen mehrere Gruppen miteinander in Wettbewerb stehen (Loewenstein). Zugleich besteht in der Wahl die Möglichkeit eines Wechsels der Führungsgruppe; der Unterschied zwischen Regierenden und Regierten ist vorübergehend, die Elite eine offene Gruppe (Hermens). Die regierende Gruppe ist nur während der Wahlperiode nicht abwählbar (Loewenstein).

Steffani („Gewaltenteilung...", a. a. O.) stellt mehr auf den Willensbildungs- und Entscheidungsprozeß ab:

– Läßt sich im politischen Gemeinwesen auf jeder Entscheidungsebene eine Vielfalt voneinander unabhängiger Entscheidungsmöglichkeiten nachweisen,
– wird freiheitsgefährdender Zusammenballung von Entscheidungsbefugnissen wirksam begegnet,
– bestimmt sich das Verhältnis der einzelnen Ebenen nur nach ihren Aufgaben und wirkt so integrierend, dann kann von einem pluralistisch-demokratischen Gemeinwesen gesprochen werden.

Demokratie wird aber nicht nur institutionell, sondern auch anthropologisch näher bestimmt: Friedrich („Demokratie als Herrschafts- und Lebensform", Heidelberg 1953) versteht „Demokratie als Lebensform", in der gleiche Grundüberzeugungen von Regierenden und Regierten über die Würde des Menschen bestehen und gegenseitige Achtung und Toleranz das Verhältnis von Mehrheit und Minderheit bestimmen. Anthropologisches Leitbild ist der „common man" (der einfache Bürger). Loewenstein weist darauf hin, daß die demokratische Lebensgestaltung in einem Wettbewerb von Ideologien und der sie vertretenden pluralistischen Kräfte besteht.

Für die *Autokratie* werden im Gegensatz dazu im allgemeinen nur institutionelle Merkmale herausgestellt. Die Machtbildung erfolgt nicht durch Wahlen, es besteht keine Machtkonkurrenz. Die Machtunterworfenen sind vom politischen Prozeß ausgeschlossen. Ein Herrschaftswechsel ist nur durch Putsch oder Umsturz möglich. Der Unterschied zwischen Beherrschten und Herrschern ist grundsätzlicher Natur, die Elite ist eine geschlossene Gruppe (Hermens). Als Merkmal der Herrschaftsausübung ist der Zwang besonders hervorzuheben. Die herrschende Gruppe oder der Alleinherrscher zwingen den Untertanen ihren Willen auf (Loewenstein). Das erfordert eine militärische Ausgestaltung des Staates.

Die einzelnen Merkmale lassen sich besser gliedern, wenn man sich die von Hättich und von Beyme angeführte Unterscheidung in Staatszwecke und Mittel zur Erreichung dieser Zwecke zu eigen macht. Die Staatszwecke (von Beyme) oder Ordnungsprinzipien als Ausdruck eines bestimmten Selbstverständnisses (Hättich), wie sie z. B. im Begriff Demokratie als Lebensform angesprochen werden, lassen sich durch verschiedene politische Ordnungen verwirklichen. Jede politische Ordnung ist eine bestimmte Lösung der drei Grundprobleme

Machtstruktur, Kooperation und Integration (Hättich). Diese drei strukturbildenden Vorgänge jeder Gesellschaft sind stets ineinander verschränkt, werden jedoch aus analytischen Gründen getrennt.
Aus der Vielzahl der in einer Gesellschaft vorhandenen Macht- und Herrschaftsverhältnisse *(Machtstruktur)* ist in bezug auf die politische Ordnung nur die das gesamte Gesellschaftsfeld dominierende politische Herrschaft (= institutionelle Ordnungsmacht der Gesellschaft) von Bedeutung. Diese wird häufig durch die Zahl der Machtträger gekennzeichnet. Sinnvoller ist es aber, nicht auf die Zahl der herrschenden Personen, sondern auf die Zahl der Herrschaftszentren abzustellen, was in dem Begriff *Herrschaftsstruktur* seinen Ausdruck findet. Je nachdem, ob ein Zentrum oder verschiedene Zentren politische Macht ausüben, kann man von monistischer oder pluralistischer Herrschaftsstruktur sprechen.
Kooperation (Zusammenarbeit) ist ein weiteres Merkmal jeder Gesellschaft, das eine besondere Bedeutung für den gesamtgesellschaftlichen Leistungszusammenhang hat. Die politische Art der Kooperation ist die politische *Willensbildung.* Dabei lassen sich zwei Typen unterscheiden; bei der monopolisierten Willensbildung beschließt nur eine Gruppe, bei konkurrierender Willensbildung können verschiedene Meinungen und Überzeugungen um den Inhalt der Entscheidungen in Wettbewerb treten.
Integration (Eingliederung) ist jener geistig-seelische Vorgang, der als Gemeinschaftswille die Menschen zu sozialen Einheiten zusammenführt. Die politische Form der Integration wird als *Repräsentation* bezeichnet. Sie betrifft die Gestaltung des Verhältnisses zwischen Gesellschaft und politischer Ordnung. Beide können übereinstimmen – dann liegt totale Repräsentation vor – oder auseinanderfallen – dann ist partielle Repräsentation gegeben.
Demokratische Ordnungen zeichnen sich durch pluralistische Herrschaft, konkurrierende Willensbildung und partielle Repräsentation aus, unfreie Ordnungen durch monistische Herrschaftsstruktur, monistische Willensbildung und totale Repräsentation. Die so gestalteten Ordnungen werden von Hättich als Grundformen bezeichnet, aus der sich die Zwischenformen durch Veränderung einzelner Merkmale ableiten lassen.

2. *Zwischenformen und ihre Probleme*

Das Verfahren, mit dessen Hilfe aus den beiden Grundtypen Zwischenformen gewonnen werden, ist nicht einheitlich. Von der Gablentz („Einführung ...", a. a. O.) fragt nach der *Legitimierung:* „Warum gehorchen Menschen, wenn sie gehorchen?" Er kommt dabei in Anlehnung an Max Weber zu vier Grundtypen der Legitimierung: Für *theokratische* Legitimierung ist charakteristisch, daß gottesdienstliche Handlungen zugleich Regierungs- und Verwaltungshandlungen sind. *Traditionelle* Legitimierung liegt vor, wenn die Ordnung nicht nur von der Gottheit, sondern auch vom Menschen her begründet wird.

Rationale Legitimierung gründet sich auf Leistung. Bei der *charismatischen* Legitimierung treten traditionale und rationale Bindungen zurück, sie ist dynamisch auf eine Person abgestellt. Durch Verbindung der Legitimierung mit den beiden Grundtypen der Konfliktregelung (Herrschaft und Genossenschaft) lassen sich verschiedene historische Staatsformen kennzeichnen:

Legitimierung	Herrschaft	Genossenschaft
Theokratisch	Priesterkönigtum	Orden
Traditional	Ständestaat	unmittelbare Demokratie
Rational	Beamtenstaat	repräsentative Demokratie
Charismatisch	Eroberungsstaat	plebiszitäre Demokratie

Wichtige historische Erscheinungen sind nur durch Kombination der Typen zu deuten. Vergleicht man sie mit der hergebrachten Einteilung der Staatsformen, kann man sagen, daß die Monarchie primär traditional, die Aristokratie primär charismatisch und die Demokratie primär rational ist. Aber es kommen auch alle Mischformen vor. Hättich lehnt die Legitimation als Unterscheidungskriterium der Staatsformen ab, da die Herrschaftsbegründung nicht ohne weiteres zu bestimmten Ordnungsformen führt. Zu einem abweichenden Ergebnis kommt Hermens mit Hilfe des Kriteriums *Legitimität,* das er mit Ferrero als „genügende Zustimmung des Volkes, die gewaltsame Unterdrückung unnötig macht", definiert. Die modernen Formen der Autokratie (= Tyrannis) sind illegitim (durch Revolution begründet), die historischen Formen der Despotie und der Monarchie legitim (durch Tradition begründet). Die Despotie bildet eine Form der Herrschaft, deren Verbreitung sich auf einen geografischen Bereich (auf Asien und Afrika) beschränkt.

Die in Europa verbreiteten Formen der Monarchie lassen sich nach der Stellung des Adels *(Aristokratie)* unterscheiden. Wählt die herrschende Gruppe aus ihrer Mitte den Monarchen, dann handelt es sich um eine Aristokratie mit monarchistischer Spitze. Für diese Staatsform besteht wegen des Gegensatzes von Herrschern und Beherrschten sowie Konflikten der Herrscher untereinander die Gefahr der Instabilität. Nur in städtischen Gebieten (Venedig) ist es gelungen, Handlungsfähigkeit mit grundsätzlicher Gleichheit der Aristokraten zu verbinden. In einer zweiten Form der *Monarchie* besteht die alleinige Herrschaft eines Menschen, die in der Regel durch Erbfolge begründet wird. Die Ausübung der Herrschaft erfolgt durch den Adel als eine „politische Klasse", die zwischen dem Herrscher und der Masse der Beherrschten steht (Aristokratie als *intermediäre Gewalt).* Die geschichtliche Entwicklung der monarchischen Regierungsform in Europa erfolgte in drei aufeinanderfolgenden Phasen: Die in der *absoluten Monarchie* bestehende, von den Machtadressaten widerspruchslos anerkannte, auf dem Erbanspruch des Herrschers beruhende alleinige Machtausübung wurde „zunächst durch eine Verfassung eingeschränkt *(konsti-*

tutionelle Monarchie) und schließlich durch eine sich vom Volk her legitimierende Form der Machtausübung ersetzt" (parlamentarische Monarchie – Loewenstein).
Hättich umgeht die Auseinandersetzung mit den konkreten historischen Formen, indem er durch Kombination der Merkmale Herrschaftsstruktur, Willensbildung und Repräsentation (s. Kap. II, A, 1) sechs Modelle von hohem Abstraktionsgrad formuliert:

Herrschaftsstruktur	Willensbildung	Repräsentation
1. monistisch	monopolisiert	total
2. monistisch	monopolisiert	partiell
3. monistisch	konkurrierend	total
4. monistisch	konkurrierend	partiell
5. pluralistisch	konkurrierend	total
6. pluralistisch	konkurrierend	partiell

Damit werden die Begriffe Diktatur, Monarchie, Republik überflüssig, deren Inhalte nicht übereinstimmend verwendet werden. Wegen des hohen Abstraktionsgrades ermöglichen die Modelle zwar eine Ordnung der zahlreichen Staatsformen, aber keine Darstellung von Einzelheiten des politischen Prozesses in verschiedenen Ländern. Die meisten Autoren wählen deshalb für die Herausarbeitung von konkreten Formen eine Aufgliederung der gegensätzlichen Grundtypen Demokratie und Autokratie in verschiedene Unterformen.

3. Einzeltypen zu den beiden Grundformen
Die Autokratie der Gegenwart wird meist in autoritäre und totalitäre Regime untergliedert. Beide unterscheiden sich dadurch, daß sich bei der *autoritären Diktatur* (s. Kap. VI, C) die Herrschaft grundsätzlich auf den politischen Bereich beschränkt und in die wirtschaftlichen und geistigen Bereiche nur dort eingreift, wo sie eine Gefährdung der politischen Macht befürchtet. Die Rechte der Machtadressaten auf Leben, Freiheit und Eigentum sind gesichert, soweit sie nicht mit Zielsetzung und Ausübung der politischen Macht selbst kollidieren. Friedrich („Verfassungsstaat der Neuzeit", a. a. O.) bezeichnet diese Regierungsform als Militärdiktatur, Loewenstein prägt den Begriff des Neopräsidentialismus. Beispiele für diese Staatsform sind die Diktaturen in Spanien, Portugal und Lateinamerika.
Im Gegensatz zu diesen Regimen bezieht sich der Begriff *Totalitarismus* (s. Kap. VI, A) auf die gesamte politische, gesellschaftliche und moralische Ordnung der Staatsdynamik (Loewenstein). Das Regime erstrebt mehr, als die Ausschaltung der Machtadressaten von der Bildung des Staatswillens. Die geltende Staatsideologie, bei autoritären Regimen nicht vorhanden bzw. belanglos, dringt in den letzten Winkel der Staatsgesellschaft ein. Als Beispiele hierfür gelten das Dritte Reich, die UdSSR unter Stalin sowie Rotchina.

Wesentliches Unterscheidungskriterium für totalitäre Autokratien – falls überhaupt differenziert wird – sind die Ideologien. Zwei Ideologien haben als Grundlage *totalitärer Diktaturen* gedient: der Faschismus (Nationalsozialismus) und der Kommunismus. Aber gerade gegen die Zusammenfassung von Staaten des Faschismus, Nationalsozialismus und Kommunismus zu einer gemeinsamen Kategorie, dem Totalitarismus, richtet sich die Kritik am Totalitarismusmodell (s. Kap. VI, B). Dennoch bleibt als gemeinsames Merkmal totalitärer Systeme ein von den Betroffenen empfundener Zwang, der die modernen Autokratien von den historischen Formen unterscheidet. Bei diesen war nämlich eine stillschweigende Zustimmung der Regierten zur monarchischen, aristokratischen oder despotischen Herrschaft vorhanden (s. Kap. II, A, 2).

Bei der Unterscheidung *demokratischer Systeme* („Konstitutionalismus") orientiert sich Loewenstein daran, welcher der drei Machtträger Volk, Parlament oder Regierung jeweils das politische Übergewicht im Staat hat. Mit Hilfe dieses Kriteriums kommt er zu sechs Systemen:

a) Unmittelbare Demokratie: das Volk ist vorwiegend Machtträger.

b) Versammlungsregierung: ein Parlament als Vertreter des Volkes ist überwiegend Machtträger.

c) Parlamentarische Regierung („Parlamentarismus"): Parlament und Regierung sind gegenseitig abhängig – das Parlament hat ein Übergewicht (s. Kap. IV, A, 2).

d) Kabinettsregierung: Parlament und Regierung sind gegenseitig abhängig – die Regierung hat das Übergewicht (s. Kap. IV, A, 1).

e) Präsidentialismus: Regierung und Parlament bleiben getrennt, wirken aber bei der Bildung des Staatswillens zusammen – ein Präsident bildet die Exekutive (s. Kap. IV, B, 1).

f) Direktorialregierung: Regierung und Parlament bleiben getrennt, wirken aber bei der Bildung des Staatswillens zusammen – die Regierung weist eine Kollegialstruktur auf (s. Kap. IV, B, 2).

Neben den dargestellten Ansätzen zur Bildung verschiedener Typen von Regierungssystemen durch die Vertreter der herrschenden Meinung sind in der Politikwissenschaft abweichende Systematisierungsversuche entwickelt worden.

B. Abweichende Versuche der Typenbildung

Zwei Typenbildungen sind von besonderem Interesse für die gegenwärtige Forschung. Die erste ist nämlich Ergebnis des dialektisch-kritischen Ansatzes (s. Kap. I, A, 3), die andere hat insbesondere für die empirische Erforschung der Entwicklungsländer Bedeutung erlangt.

1. Modelle öffentlicher Herrschaft
Abendroth und Lenk unterscheiden vier Modelle öffentlicher Herrschaft: das

liberale, das sozialstaatliche, das faschistische und das kommunistische Modell. Die Zusammenfassung der beiden ersteren zum Typ „Demokratie" und der beiden letzteren zum Typ „Totalitäre Diktatur" wäre zwar formal möglich, würde aber den Absichten der Autoren und ihren Kriterien Gewalt antun (vgl. Kap. VI, A). Die vier Modelle werden nämlich nicht aus abstrakten Prinzipien abgeleitet, sondern aus der geschichtlichen Wirklichkeit gewonnen und als verschiedene Entwicklungsstufen moderner Staaten angesehen.

Das *liberale Modell* wird aus der Kampfsituation des Bürgertums gegen den absolutistischen Staat verstanden. Die liberale Grundidee war, daß der Staat eine von Gewalt freie Rechtsgemeinschaft sein sollte, in der jeder gleich ist und seine Fähigkeiten entfalten kann. Die rechtlich freien und gleichen Einzelmenschen sollten ihre Beziehungen durch frei vereinbarte private Verträge regeln; damit wurde ein Bereich privater Selbstbestimmung geschaffen. Regierung und Rechtsprechung waren auf die Ausführung bzw. Anwendung der vom Parlament beschlossenen allgemeinen Normen (Gesetze) beschränkt.

Das *sozialstaatliche Modell* entspricht der Struktur öffentlicher Herrschaft in den demokratisch verfaßten hochindustrialisierten Gesellschaften Westeuropas, Skandinaviens und Nordamerikas. Wesentlicher Unterschied zum liberalen Modell ist die Vermittlung zwischen Staat und Gesellschaft, die notwendig wurde, als die wesentlichen Voraussetzungen der liberalen Lehre mit der Herausbildung von sozialen Gegensätzen in der Gesellschaft entfielen. Der Spielraum für gesellschaftliche Selbstbestimmung und Sicherung der Demokratie wird eingeengt durch das Bestreben der industriekapitalistischen Großgebilde, Einfluß auf die Entscheidungen von Trägern der politischen Willensbildung zu nehmen.

Das Parlament wurde Demonstrationsforum, bei der Steuerung des Machtvollzugs wird es von der Verwaltung einerseits sowie von Parteien und Verbänden andererseits überspielt. Gesellschaftliche Machtgruppen handeln ihre Kompromisse privat aus. Die Öffentlichkeit der liberal-rechtsstaatlichen Institutionen wird zum Ritual degradiert und dient der Legitimation vor dem manipulierten Wählerpublikum. Die Ideologie von der zahlenmäßig unbegrenzten Konkurrenz organisierter Gruppen verdeckt die Wirklichkeit des Machtoligopols mehrerer großer Parteien. Die Verfassung spiegelt einen Kompromiß zwischen den politisch-sozialen Kräften, die eine rechtsstaatliche Sicherung der Individualsphäre betonen, und jenen, die gerade eine planvolle Umgestaltung der bestehenden Gesellschaftsordnung zu einem demokratischen und sozialen Wohlfahrtsstaat für die einzige Möglichkeit halten, den demokratischen Rechtsstaat inhaltlich zu verwirklichen.

Das *kommunistische Modell* wird vor allem unter den Gesichtspunkten einer Veränderung der gesellschaftlichen Wirklichkeit gesehen. Es handelt sich um eine fortschrittlich-revolutionäre Diktatur mit dem Ziel, den Industrialisierungsprozeß einzuleiten. Marx und Engels konnten hierfür lediglich Grundprobleme klären und Zielpunkte bestimmen für einen Übergang aus der Gesellschaft, in der sie lebten. Als Nahziel nannten sie die Aufhebung des Privateigentums an Produktionsmitteln, als Endzustand die klassenlose Gesellschaft. Ohne Hilfe zentralisierter Organisationen (Verwaltung) konnte sich in Rußland eine neue Ordnung nicht entwickeln. Da dieser Apparat infolge fehlender Bildung mit dem Volke nicht verbunden war, kam es in der Sowjetunion nicht zu einer Diktatur des Proletariats (= Arbeiterklasse), sondern zu einer Diktatur der kommunistischen Partei.

Im Gegensatz zu dem auf Veränderung der Gesellschaft angelegten kommunistischen Modell, besteht beim *faschistischen Modell* das Ziel der Herrschaft darin, die herrschenden Klassen gegen eine drohende Auflösung zu schützen und ihre Machtstellung in einer bereits industrialisierten Gesellschaft zu erhalten. Die Herrschaftsformen des Faschismus in Italien und des Nationalsozialismus in Deutschland lassen sich aber nicht ohne weiteres gleichsetzen, was am Beispiel des Verhältnisses von Partei und Staat deutlich wird. Da in Italien nie eine starke Autorität bestanden hatte, diese aber aus wirtschaftlichen Gründen notwendig war, kam es zu einer nahezu perfekten Ineinssetzung von Staat und Partei. In Deutschland stieß der Nationalsozialismus auf einen mehr oder weniger gefestigten Staatsapparat. Daraus ergab sich eine Kompetenzabgrenzung zwischen dem Staat (als statisch-politischer Teil) und der Partei als dynamisch-politischem Element. Diese Abgrenzung zwischen Partei und Staat konnte aber in einzelnen Fragen ständig verändert werden, was dem „Führer" Hitler einen eigenen Einflußbereich sicherte.

2. Politische Systeme und politische Kultur

Auch Almond lehnt die vorherrschende Einteilung politischer Systeme als unzureichend ab. Deshalb schlägt er vor, aus den empirisch feststellbaren politischen Systemen der heutigen Welt andere Typen zu bilden und dabei vom Begriff der „politischen Kultur" auszugehen. Jede politische Handlung ist nach seiner Auffassung eingebettet in ein dem jeweiligen politischen System eigenes Muster von Einstellungen zu politischen Handlungen. Dieses Muster bezeichnet Almond als *„politische Kultur"*. Sie umfaßt Zielvorstellungen und Normen, nach denen sich der politische Prozeß vollzieht.

Der Begriff beschränkt sich also nicht auf den politischen Prozeß selbst, sondern umfaßt die Gesamtheit der bedeutenden politischen Handlungseinheiten und ihr aufeinander bezogenes Handeln im Rahmen gewisser politischer Rollen, soweit diese Rollenhandlungen ein gewisses Maß an Gleichförmigkeit aufweisen. Auf Grund der deutlichen Unterschiede in der politischen Kultur beschreibt Almond vier Typen als Beispiele politischer Systeme: das vorindustrielle oder teilindustrialisierte, das totalitäre, das anglo-amerikanische und das kontinen-

tal-europäische System. Diese Gliederung erhebt nicht den Anspruch, alle Systeme einzuschließen, die heute bestehen.
Dem *anglo-amerikanischen System,* das auch einige Mitglieder des Commonwealth einschließt, wird eine pragmatische und homogene politische Kultur unterstellt. Es besteht Einigkeit über politische Ziele und Meinungen; die große Mehrheit der politischen Akteure befürwortet die gleichen Werte: Freiheit, Wohlfahrt und Sicherheit. Dazu gehört eine Autonomie der Rollen. Dieses politische System kann mit einem Markt verglichen werden, auf dem Stimmen gegen politische Maßnahmen eingetauscht werden (vgl. Kap. V, A). Die Rollenstruktur ist stabil und zugleich differenziert; Parteien, Verbände und Massenmedien haben spezifische Aufgaben. Die meisten Interessen sind organisiert und besitzen eigene Verwaltungsapparate. Unterschiede zwischen den einzelnen Staaten bestehen zum Beispiel in der Verbandsstruktur, in der Aktivität der öffentlichen Meinung, in den Beziehungen zwischen Parteien und Verbänden, in der formalen Regierungsstruktur sowie im Kommunikations- und Erziehungsprozeß.
Die Systeme der Entwicklungsländer (von Almond als *vor-industrielle oder teil-industrialisierte Systeme* bezeichnet und von den genannten Typen am wenigsten erforscht) können als gemischte politische Systeme bezeichnet werden. Sie unterliegen dem Einfluß von mindestens zwei politischen Kulturen, der westlichen und der vorwestlichen. Welche konkrete Ausgestaltung (Mischung) zustande kommt, hängt ab
a) vom Typ der überlieferten Kultur,
b) von den Vorzeichen, unter denen die Verwestlichung eingeführt wird,
c) von den Funktionen der Gesellschaft, die verwestlicht werden,
d) vom Ablauf des Modernisierungsprozesses,
e) von den Elementen westlicher Kultur, die eingeführt werden.
Die gemischte Form der politischen Kultur ist besonders problematisch. Um die überkommenen Verhaltensmuster abzubauen, muß die neue Legitimationsform die alten Verhaltensmuster aufbrechen. Die Rollenstruktur zeichnet sich durch geringe strukturelle Differenzierung aus. Statt Teilung der Rollen ist eine Vermischung festzustellen, z. B. übernehmen die Bürokratie oder die Armee Funktionen der Legislative. Es gibt keine politische Arbeitsteilung. Das Interesse an der Politik ist nicht groß und oft spontan, die politischen Parteien sind instabil. Es gibt nur ein schwach entwickeltes politisches Kommunikationssystem.
Totalitäre politische Systeme erscheinen auf den ersten Blick homogen, aber diese Homogenität ist künstlich. Im Gegensatz zu anderen politischen Systemen beruht der Konsens hier auf Unterwerfung und Gleichgültigkeit. Das gesamte System wird vom Zentrum aus kontrolliert, ist in hohem Grade politisiert und expansiv nach innen und außen (vgl. Kap. VI, A). Die Rollenstruktur ist

atomisiert mit dem Ziel, mögliche Formen der Solidarität zu zerstören. Für die Rollenstruktur sind charakteristisch:
a) das Überwiegen von Zwangsrollen,
b) die Instabilität der Verteilung von Machtrollen auf Bürokratie, Partei, Armee und Geheimpolizei.

Die *kontinental-europäischen Systeme* unterscheiden sich von nicht-westlichen Systemen dadurch, daß ihre politische Kultur im Innern gewachsen ist, und von anglo-amerikanischen Systemen dadurch, daß die politische Kultur einen unterschiedlichen Entwicklungsstand aufweist. Almond schlägt deshalb vor, von einer fragmentierten (= gebrochenen) politischen Kultur mit verschiedenen Subkulturen zu sprechen. In den kontinental-europäischen Staaten bestehen vorindustrielle Subkulturen, wie die der katholischen Landbevölkerung und der traditionellen Mittelklasse des 19. Jh. neben einer industriellen Subkultur, die sich wiederum in verschiedene Richtungen spaltet. Aus der Tatsache der Subkulturen resultiert ein gewisser Immobilismus. Das wichtigste Kennzeichen der Rollenstruktur ist die Entfremdung vom politischen Markt: die politischen Akteure kommen nicht zum Markt, um zu tauschen, sondern um zu predigen. Die Rollenstruktur ist in die Subsysteme eingebettet (s. Kap. V, B, 1). Die Austauschbarkeit der Rollen ist größer als im anglo-amerikanischen System, aber niedriger als in nichtwestlichen Systemen. Die angeführten Typen politischer Herrschaft zeigen nicht nur unterschiedliche Möglichkeiten staatlicher Organisation und politischer Willensbildungsprozesse, sondern eröffnen auch die Möglichkeit einer eingehenden Analyse der einzelnen Systeme. Diese Analyse beschränkt sich im folgenden auf zwei Typen, die in der vorherrschenden Terminologie als Demokratie und Diktatur bezeichnet werden.

Wenn Sie prüfen wollen, ob Sie den Stoff dieses Kapitels gründlich durchgearbeitet haben, beantworten Sie bitte die folgenden *Kontrollfragen:*
1. Bestimmen Sie das Verhältnis von Staat und Gesellschaft!
2. Bezeichnen Sie das Gegensatzpaar „Demokratie und Diktatur" mit den Begriffen von Friedrich, Hermens, Loewenstein, Steffani und von der Gablentz!
3. Nennen Sie die Sachverhalte, die mit den Begriffen Macht und Konsens bezeichnet werden!
4. Was verstehen Sie unter dem Begriff „intermediäre Gewalten"?
5. Welche Bedeutung haben Herrschaftsstruktur, Willensbildung und Repräsentation für die Staatsformentheorie?
6. Kennen Sie die Formen des Konstitutionalismus bei Loewenstein?
7. Nennen Sie den Unterschied zwischen dem kommunistischen und dem faschistischen Modell öffentlicher Herrschaft!
8. Welche vier politischen Systeme unterscheidet Almond mit Hilfe des Begriffes „politische Kultur"?
9. Welches Merkmal kennzeichnet die politische Kultur kontinental-europäischer Systeme?

Antworten zu diesen Fragen finden Sie auf Seite 154 f.

Kapitel III: Grundelemente demokratischer Systeme

Demokratische Staaten der Neuzeit (industrielle Massengesellschaften) haben neben den zur Abgrenzung von anderen politischen Systemen angeführten Merkmalen einige mehr technische Tatbestände gemeinsam, die den Ablauf eines demokratischen Entscheidungsprozesses ermöglichen und sichern. Dazu gehören neben den Prinzipien der Repräsentation und der Gewaltenteilung das Wahlverfahren und die Verfassung.

A. Verfassung

Der Zusammenhang zwischen Demokratie und Verfassung ist so eng, daß die Begriffe Verfassungsstaat und Konstitutionalismus von Friedrich bzw. Loewenstein als Bezeichnungen für die Demokratien der Gegenwart verwendet werden. Jede Demokratie verfügt über eine *Verfassung*, d. h. „ein Organisationsstatut, das die wichtigsten Staatsorgane, ihre Bildung und Zuständigkeit bestimmt" (von der Gablentz, „Einführung in die Politische Wissenschaft", Opladen 1965).
Daraus folgt aber nicht, daß jede Regierung, die sich auf eine Verfassungsurkunde berufen kann, die Regierung eines demokratischen Staates ist. Vielmehr achten gerade die nicht-demokratischen Regierungen der Gegenwart sorgfältig darauf, ihrem Staat eine Verfassung zu geben. Die scheinbare Ähnlichkeit der politischen Einrichtungen und Verfahren darf jedoch nicht über die grundsätzlichen Unterschiede hinwegtäuschen. Da der Verfassungswortlaut häufig zur Tarnung nicht-demokratischer Regime dienen soll, muß zur Kennzeichnung eines Staates als demokratisch eine genaue Untersuchung der Bedeutung der Verfassung für den politischen Prozeß in diesem Staate vorgenommen werden. In diesem Zusammenhang schlägt Loewenstein vor, drei Typen von Verfassungen zu unterscheiden:

a) Die *normative Verfassung*, deren Vorschriften (Normen) von allen Beteiligten getreulich befolgt werden. Hier läuft der politische Prozeß in Übereinstimmung mit den Normen der Verfassung ab. Diesen Verfassungstyp findet man in den westlichen Staaten mit einer langen Tradition der verfassungsmäßigen Regierung und einem verhältnismäßig einheitlichen Stand der sozialen und wirtschaftlichen Entwicklung.

b) Die *nominalistische Verfassung*, die zwar dem Namen nach gültig ist, aber unter den gegebenen sozialen und wirtschaftlichen Voraussetzungen den Ablauf des politischen Prozesses nicht vollständig bestimmt. Dieser Verfassungstyp soll einen Erziehungsprozeß in Gang setzen, durch den die Verfassung in der Zukunft normativ werden kann. Das gilt für viele nachkoloniale oder feudal-agrarische Gesellschaften in Lateinamerika, Afrika und Asien.

c) Die *semantische Verfassung*, die zwar voll angewendet wird, aber in Wirklichkeit nur die bestehende Machtverteilung der gegenwärtigen Machthaber formalisiert. Gäbe es keine Verfassung, so würde der politische Prozeß nicht merklich anders verlaufen. Solche Verfassungen finden sich vor allem in „totalitären" Diktaturen (s. Kap. VI, A), aber auch in den meisten islamischen Ländern.

Diese Abgrenzung ermöglicht es, die als Merkmal demokratischer Staaten erkannte normative Verfassung inhaltlich genauer zu bestimmen: eine *Verfassung* enthält das System der staatlichen Institutionen (Machtträger), die Regeln für ihr Zusammenwirken sowie die Normen für das Verhältnis zwischen den Machtträgern (staatlichen Organen) und der Gesellschaft (Loewenstein). Mit anderen Worten: eine Verfassung ist das Grundgesetz eines Staates. In ihm sind Rechtsvorschriften festgelegt, die Bestellung, Struktur, Zuständigkeiten und Aufgaben der höchsten Staatsorgane regeln und außerdem die grundlegenden persönlichen Freiheitsrechte gewährleisten (Fraenkel, „Verfassung", in: Staat und Politik – Fischer Lexikon).

Aus dieser Begriffsbestimmung ergeben sich bereits die von Loewenstein in Anlehnung an Wheare formulierten Mindestanforderungen für den Inhalt jeder formalisierten Verfassungsordnung:

– eine Darlegung der Staatsaufgaben und ihre Zuweisung an bestimmte Staatsorgane;
– ein planvolles Verfahren für das Zusammenspiel der einzelnen Staatsorgane;
– ein im voraus geplantes Verfahren zur Vermeidung von gegenseitigen Blockierungen der verschiedenen Staatsorgane;
– eine Methode zur friedlichen Anpassung der Grundordnung an veränderte gesellschaftliche und politische Verhältnisse;
– eine ausdrückliche Anerkennung bestimmter Bereiche für die Selbstbestimmung des einzelnen, die dem Zugriff der Machthaber durch die verfassungs-

mäßige Verankerung persönlicher Grund- oder Freiheitsrechte in jedem Falle entzogen wird.
Die Gesamtheit dieser Grundsätze und Grundregeln ist normalerweise in einer Verfassungsurkunde („*geschriebene*" oder „*juristische*" *Verfassung*) enthalten. Als einziger moderner Verfassungsstaat hat Großbritannien keine geschriebene Verfassung. Seine Verfassung beruht auf Gewohnheitsrecht („conventions") und der allgemeinen Überzeugung, daß bestimmten Gesetzen eine verfassungspolitische Bedeutung zukommt.
Da keine Verfassung losgelöst von den besonderen Bedingungen ihrer Zeit entsteht, ergibt sich stets die Notwendigkeit einer Anpassung an die gesellschaftlichen und politischen Veränderungen. Das Problem einer geschriebenen Verfassung liegt darin, daß sie für Kontinuität sorgen und trotzdem wandlungsfähig bleiben muß. Das kann durch formelle Verfassungsänderungen, die meist entweder an qualifizierte Mehrheiten oder an Volksabstimmungen (s. Kap. III, B) gebunden sind, oder durch allmählichen Verfassungswandel geschehen. Wie alle Gesetze bedarf auch eine Verfassung der ständigen Anwendung und damit Auslegung. Dadurch entsteht ein Gewohnheitsrecht mit Verfassungsrang. Hinzu kommt in einigen Ländern auch die Verfassungsrechtsprechung (s. Kap. IV, B, 1). Durch beide wandeln sich ständig Umfang und Inhalt der wirksamen Bestandteile der Verfassung, manche Verfassungsbestimmungen bleiben oder werden tote Buchstaben.
Deshalb interessiert in der politischen Wirklichkeit nicht das Verfassungsrecht, die geschriebene Verfassung, sondern die Verfassungswirklichkeit, die politische oder „*lebende*" *Verfassung* (Sternberger). Sie ist die Summe aller Regeln, die den Ablauf des politischen Prozesses von Machterwerb, Machtausübung und Machtkontrolle wirksam gestalten. Dazu gehören neben zahlreichen Vorschriften der geschriebenen Verfassung und Bestandteilen anderer Gesetze (Wahlgesetz, Parteiengesetz) auch bestimmte politische Absprachen („Koalitionsverträge") sowie gesellschaftliche Normen und Traditionen („das Senioritätsprinzip" im amerikanischen Kongreß und die „Zauberformel" in der Schweiz). Hermens („Verfassungslehre", 2. Aufl., Opladen 1968) bezeichnet diesen Transformator zwischen der Vielheit der gesellschaftlichen Kräfte und der Einheit des staatlichen Handelns als „*politische Form*". Darunter versteht er alle Regeln des politischen Prozesses, die als Instrumente einer wirksamen sozialen Kontrolle den politisch handelnden Gruppen und Einzelpersonen bestimmte Verhaltensweisen ermöglichen und andere ausschließen, also das politische Handeln wesentlich beeinflussen.
Ihre Hauptaufgabe, als „Spielregel" einen nützlichen und erprobten Rahmen für die Austragung des Machtkampfes zu bilden, kann die Verfassung nur mit Zustimmung aller am politischen Prozeß Beteiligten erfüllen. Dieser *Verfassungskonsens* ist keine vorgegebene und gleichbleibende Größe. Er kann

- durch Beteiligung der Bevölkerung am Inkrafttreten der Verfassung seinen Ausdruck finden (wie bei der Verfassung für die Fünfte Republik in Frankreich),
- nachträglich durch stillschweigende gesellschaftliche Anerkennung der Verfassung zustande kommen (wie beim Grundgesetz für die Bundesrepublik Deutschland) oder
- bis auf ein Mindestmaß durch Vereinbarungen anerkannter Vertreter bestimmter gesellschaftlicher Gruppen ersetzt werden (wie im „Konkordanzmodell", s. Kap. V, B).

Die wichtigste Garantie für eine demokratische Verfassung ist ein aktiver Verfassungskonsens, der die Prinzipien der Verfassung in der öffentlichen Meinung (s. Kap. VII, A) verankert. Zu den Grundlagen aller heutigen Verfassungen gehören die Prinzipien der Gewaltenteilung und der Repräsentation.

B. Repräsentation

Als ein wesentliches Grundelement der modernen Demokratie wird *Repräsentation* durch die umfassende Definition („ein Nicht-Gegenwärtiges gegenwärtig werden zu lassen", s. Kap. II, A, 1) nicht ausreichend bestimmt. Vielmehr ist der Begriff in Anlehnung an die Staatsrechtslehre einzuengen und zur Abgrenzung von mittelbarer und unmittelbarer Demokratie zu verwenden. Schmitt („Verfassungslehre", 3. Aufl., Berlin 1957) hat zu diesem Zweck das Gegensatzpaar von Repräsentation (Vertretung) und *Identität* (Übereinstimmung) geprägt. *Repräsentation* (= Handeln für andere ohne deren bindenden Auftrag) erscheint dabei nur als technischer Kunstgriff, als eine Art politischer Arbeitsteilung. Mit ihrer Hilfe gelingt es, einen Ersatz für die in Großstaaten nicht herstellbare Identität von Herrschern und Beherrschten zu schaffen. Die direkte Demokratie hält Schmitt aber in Übereinstimmung mit den Gedanken von Rousseau (vgl. Band II) für die „wahre" Demokratie.

Diese Auffassung wird von älteren Vertretern der Politikwissenschaft kritisiert: Von der Gablentz („Einführung ...", a. a. O.) lehnt es ab, von „der unmittelbaren Volksherrschaft her ... zu einem Gesamtbegriff der Demokratie" zu kommen. Hermens („Verfassungslehre", a. a. O.) weist darauf hin, daß es eine solche Demokratie in der Geschichte nicht gegeben habe. Sowohl die antike Stadtdemokratie (Athen) als auch die Landesgemeinden in einigen Kantonen der Schweiz kamen nicht ohne Repräsentation („Rat der Fünfhundert", „Landammann") aus. Vor allem kritisiert Hermens das wesentliche Entscheidungsorgan der *direkten Demokratie,* die Volksversammlung, wegen der mit der Ansammlung einer großen Menschenmenge verbundenen Gefahr der Massenpsychose, die insbesondere zur Lynchjustiz und Kriegstreiberei führen kann.

Um die Demokratie vor diesen Gefahren bei der Willensbildung zu sichern, sind Entscheidungen einem kleineren Gremium anzuvertrauen. Ein solches Gremium sollte aus gewählten Repräsentanten des Volkes bestehen. Mittelbare Demokratie ist also kein Ersatz, sondern die beste und einzige mögliche Form „wahrer" Demokratie.

Hier setzt die Kritik von Agnoli an der Wirklichkeit *repräsentativer Demokratien* an: Zwar wendet er sich nicht gegen die Notwendigkeit von Vertretung im Prozeß der politischen Willensbildung, wohl aber gegen den Grundsatz des *freien Mandats:* der Repräsentant ist während der Zeit, für die er gewählt wurde, niemandem rechenschaftspflichtig und kann von niemandem abberufen werden. Bereits Rousseau hat die jedem Repräsentationsorgan innewohnende Gefahr erkannt, durch Trennung von den Vertretenen, Selbstergänzung und Bestechlichkeit zu einer geschlossenen Gruppe zu erstarren und so den repräsentativen Charakter zu verlieren.

Wegen dieser Gefahr hält Agnoli das Repräsentationsprinzip für eine Verfassungsnorm, deren Aufgabe es sei, „friedlich, aber wirksam die Mehrheit der Bevölkerung von den Machtzentren des Staates fernzuhalten". Um solche Folgen zu vermeiden, fordern die Kritiker der bestehenden demokratischen Organisationsformen die Abschaffung des auf Repräsentation beruhenden Systems. Sie empfehlen die Einführung einer Rätedemokratie, in der an die Stelle des freien, das gebundene *(imperative) Mandat* treten soll. In einem abgestuften System von Räten ist der Vertreter im höheren Gremium von der ständigen Zustimmung seiner Wähler im niedrigeren abhängig. Wenn die Vertretenen mit dem Verhalten ihres Vertreters unzufrieden sind, können sie jederzeit von ihrem *Abberufungsrecht* (in angelsächsischen Ländern „*recall*" genannt) Gebrauch machen. Ob dieses Verfahren tatsächlich eine stärkere Verbindung zwischen Vertretern und Vertretenen sichern kann, bleibt zu prüfen (s. Kap. X, B, 2). Zumindest für die Mitglieder der höheren Räte ist zu befürchten, daß sie sich ebenso von der Bevölkerung isolieren können wie die Repräsentanten.

Andererseits erscheint es wenig befriedigend, daß sich die Mitwirkung des Volkes auf die in gewissen Zeitabschnitten stattfindende Wahl von Repräsentanten beschränkt. Daraus resultiert das Bemühen, im Rahmen grundsätzlich repräsentativer Verfassungen besondere Formen für eine darüber hinausgehende Mitwirkung des Volkes (plebiszitäre Elemente) zu schaffen. Die erste Möglichkeit ist, einer bestimmten Zahl von Bürgern das Recht einzuräumen, Gesetzesvorlagen einzubringen *(„Volksbegehren, Volksinitiative"),* d. h. den Repräsentanten bestimmte Probleme vorzutragen bzw. bestimmte Aufgaben zuzuweisen. Eine tatsächliche Mitwirkung des Volkes wird aber auf diese Weise nicht erreicht, solange die repräsentativen Organe nicht gezwungen sind, für die aufgeworfenen Probleme eine Lösung zu suchen. Durch Volksbegehren eingebrachte Vorlagen können zunächst einmal von den Repräsentanten nach Belieben behandelt (oder auch nicht behandelt) werden. Eine Sicherung hiergegen bietet nur die weitere Möglichkeit unmittelbarer Mitwirkung des Volkes im politischen Prozeß: die Verpflichtung der Regierenden, bestimmte Gesetzesvorlagen der Bevölkerung zur Entscheidung vorzulegen („*Volksabstimmung*", „*Volksentscheid*", „*Referendum*", „*Plebiszit*"). Welche Probleme (Verfassungsänderungen, Gesetze, Gesetzentwürfe) diesem Verfahren unterworfen werden, ist von der jeweiligen Verfassung abhängig. Für die Beurteilung dieser Möglichkeit einer plebiszitären Beteiligung ist es wichtig, daß hier eine wesentliche Forderung der direkten Demokratie verwirklicht ist. Wenn in einer Verfassung Volksabstimmungen und Volksbegehren miteinander verbunden werden, besteht die Gefahr polemischer Propaganda und überwiegend gefühlsbezogener Auseinandersetzungen (z. B. Fürstenenteignung und Young-Plan in der Weimarer Republik). Wegen dieser Art der Auseinandersetzungen können Volksabstimmungen besonders leicht zu einem Hilfsmittel für Demagogen, zu einem Hebel für die Manipulation der Massen werden.

Auch ohne eine institutionelle Berücksichtigung von plebiszitären Elementen in der Verfassung bildet das Spannungsverhältnis zwischen repräsentativer und plebiszitärer Komponente ein wichtiges Merkmal demokratischer Verfassungsstaaten. Fraenkel sieht darin den Ausdruck zweier Ausprägungen des *Volkswillens:* dem in Form von Wahlergebnissen meßbaren *(empirischen)* Volkswillen stellt er den an der Vorstellung eines vorgegebenen und objektiv feststellbaren Gesamtinteresses (etwa dem „Gemeinwohl") orientierten *(„hypothetischen")* Volkswillen gegenüber. Ausdruck der Orientierung am empirischen Volkswillen ist das Plebiszit, während sich der Entscheidungsspielraum des Repräsentanten vom hypothetischen Volkswillen her rechtfertigt. In der Praxis demokratischer Regierungssysteme findet sich eine gegenseitige Durchdringung des repräsentativen und des plebiszitären Prinzips. Das ist vor allem deshalb erforderlich, weil eine reine Verwirklichung beider Prinzipien mit erheblichen Gefahren für die Demokratie verbunden ist.

Das grundsätzliche Problem jeder „lebenden Verfassung" ist, „eine Volksvertretung mit der vollen Verantwortung für die Förderung des objektiven Volkswohls zu betrauen, ohne sie gleichzeitig völlig abhängig zu machen von den Regungen subjektiven Volkswillens" (Fraenkel). Das ist im präsidialen Regierungssystem der USA (s. Kap. IV, B, 1) dadurch gelungen, daß dem repräsentativen Verfassungsorgan („Kongreß") ein plebiszitäres („Präsident") gegenübergestellt wurde. Im britischen System der Kabinettsregierung (s. Kap. IV, A, 1) findet die Kombination beider Elemente ihren Niederschlag in der Tatsache, daß mit der Wahl einzelner Repräsentanten (der Unterhausabgeordneten) gleichzeitig plebiszitär über den künftigen Regierungschef entschieden wird. In beiden Fällen wird die Verbindung von repräsentativer und plebiszitärer Komponente durch das Bindeglied der Parteien ermöglicht. Deshalb ist für Fraenkel die Frage, ob ein Ausgleich zwischen beiden Komponenten jeweils möglich ist, im wesentlichen nicht ein Problem der geschriebenen Verfassung, sondern des Parteiensystems. Damit wird den Parteien (s. Kap. VIII, B, 1) für die Gestaltung eines demokratischen Regierungssystems größere Bedeutung eingeräumt als den Elementen des Verfassungsrechts, wie z. B. der Gewaltenteilung.

C. Gewaltenteilung

Der Grundsatz, daß die Freiheit des einzelnen sich nur sicherstellen läßt, wenn die Ausübung der staatlichen Macht auf verschiedene Inhaber von Herrschaftspositionen aufgeteilt wird *(Gewaltenteilung)*, ist von Staatsrechtlern und Politologen immer wieder vorgetragen worden. Erstmals wurde er von Locke und Montesquieu (vgl. Bd. II) aus Furcht vor einem Mißbrauch der im absolutistischen Staat konzentrierten Macht und zur verfassungsrechtlichen Durchsetzung des bürgerlich-liberalen Rechtsstaates formuliert. Heute gilt diese auf eine bestimmte gesellschaftliche Machtstruktur berechnete Forderung nach Gewaltenteilung – vor allem in Deutschland – vielfach als zeitloser Grundsatz der staatlichen Organisation (Abendroth/Lenk, „Einführung ...", a. a. O.). Dabei wird allerdings nur an eine denkbare Form, die institutionelle Gewaltenteilung gedacht.

1. Institutionelle Gewaltenteilung

Ihre Wurzeln hat die Gewaltenteilung in der technischen Notwendigkeit, zwischen den verschiedenen staatlichen Aufgaben eine Arbeitsteilung vorzunehmen, und in dem Wunsch, die Entscheidungen von Regierung und Verwaltung einer wirkungsvollen Kontrolle durch die Regierten zu unterwerfen. Montesquieu verband diese beiden Elemente, indem er den voneinander getrennten Machtgruppen innerhalb der ständischen Gesellschaft seiner Zeit und seines Landes bestimmte staatliche Tätigkeitsbereiche zuordnete (Steffani). Seiner Ansicht nach gibt es in jedem Staat drei Arten von Gewalt: eine gesetzgebende *(„Legislative")*, eine vollziehende *(„Exekutive")* und eine rechtsprechende *(„Judikatur")*. Deren Ausübung wollte Montesquieu nicht einem einzigen Machtträger überlassen, sondern einer „gewissen Verteilung" auf verschiedene Machtträger unterwerfen.

Die Gründer der USA konnten diesen Vorschlag zur Organisation eines Staates durch Übertragung der einzelnen staatlichen Machtbefugnisse auf drei voneinander getrennte Staatsorgane ohne Schwierigkeiten ihrer Verfassung zugrunde legen. Diese Form des staatlichen Aufbaues entsprach nämlich den politischen Erfahrungen der meisten gerade unabhängig gewordenen Kolonien (Friedrich, „Der Verfassungsstaat der Neuzeit", Heidelberg 1953). So entstand ein Regierungssystem mit *institutioneller Gewaltenteilung:* die Aufgaben der Legislative, der Exekutive und der Judikatur für den Gesamtstaat wurden drei eigenständigen Institutionen übertragen: Kongreß, Präsidenten und Oberstem Gerichtshof (s. Kap. IV, B, 1). Die einzelnen Gewalten sollten sich gegenseitig kontrollieren und in Schach halten. Für die Zugehörigkeit zu den genannten Institutionen gilt der Grundsatz der *Inkompatibilität* (Unvereinbarkeit): wer an der Ausübung einer Gewalt teilhat, darf im Rahmen der anderen Gewalten nicht mitwirken. Mitglieder des Kongresses dürfen also weder der Exekutive noch dem Obersten Gerichtshof angehören.

Die personelle Trennung der drei Staatsgewalten sichert zwar den einzelnen Institutionen bestimmte Entscheidungsbefugnisse, bedeutet aber nicht, daß eine Institution jeweils die gesamte gesetzgebende oder vollziehende Gewalt allein ausübt. Zwar ist der überwiegende Teil der entsprechenden Befugnisse in dieser Weise zugeordnet, aber schon durch die in der Verfassung festgelegten Mitwirkungsrechte ergeben sich wechselseitige Abhängigkeiten, vor allem zwischen Legislative und Exekutive. Jede der drei Gewalten ist auf die Zusammenarbeit mit den beiden anderen angewiesen. Erst durch diese wechselseitigen Hemmungen und Gegengewichte *(„checks and balances")* ergibt sich eine Kontrolle der staatlichen Machtausübung, wird das eigentliche Ziel der Gewaltenteilung erreicht. Wichtige politische Entscheidungen können nur durch gemeinsames Handeln der verschiedenen „Gewalten" zustande kommen, der politische Prozeß ist auf Zusammenarbeit, auf Kompromisse der beteiligten Institutionen angewiesen.

Die diesem System zugrunde liegende institutionelle Gewaltenteilung wird in staatsrechtlichen Arbeiten häufig als die einzige Form der Gewaltenteilung angesehen. Eine politikwissenschaftliche Betrachtung muß über diese – gelegentlich als *horizontale Gewaltenteilung* bezeichnete – Form hinaus auch andere Methoden einer geregelten Beschränkung der staatlichen Machtausübung erörtern. Hier ist zunächst an den Föderalismus als *vertikale Gewaltenteilung* zu denken.

2. Föderative Gewaltenteilung

Bereits die Verfassung der USA enthält neben der institutionellen Gewaltenteilung auch den Föderalismus. Als allgemeines Prinzip bedeutet *Föderalismus* organisierte Zusammenarbeit zwischen Gruppen, die durch gemeinsame Ziele verbunden sind, jedoch im Hinblick auf andere Zwecke ihre Eigenständigkeit bewahren (Friedrich). Im politischen Bereich geht es um den Aufbau eines Staates aus kleinen, für die Beteiligten überschaubaren Einheiten. Heute wird der Begriff Föderalismus meist auf Zusammenschlüsse von räumlich abgegrenzten, zumindest teilweise selbständigen, politischen Einheiten angewendet. Er umschließt dann als Oberbegriff eine Reihe von politischen Ordnungsformen, in denen ein territorial unterschiedliches Gefüge von Interessen, Traditionen und Zielen durch gemeinsame Werte, Überzeugungen und Interessen überlagert wird. Da diese Elemente der politischen Organisation sich im Zeitablauf verändern können, ist Föderalismus nicht als statische Konzeption, sondern nur als Entwicklungsprozeß zu verstehen (Friedrich).

In diesem Verständnis ist Föderalismus sowohl eine Form der zwischenstaatlichen (vgl. Bd. II) als auch der innerstaatlichen Politik. Die Grenze zwischen beiden wird traditionsgemäß bestimmt durch die Begriffe *Staatenbund* und *Bundesstaat*. Während die Mitglieder eines Staatenbundes über eine möglichst große Selbständigkeit verfügen, teilen sich die Gliedstaaten eines *Bundesstaates* mit der Zentralregierung in die Ausübung der staatlichen Macht. Eine Abgrenzung zwischen beiden Formen föderativen Zusammenschlusses leistet die Frage, ob gemeinsame Organe eine unmittelbare Hoheitsgewalt gegenüber den Bürgern der Einzelstaaten ausüben. Ist das der Fall, dann besteht eine *föderative Gewaltenteilung* zwischen dem Gesamtstaat (Bundesstaat) und den Einzelstaaten (Staaten, Ländern, Provinzen oder Kantonen). Diese auf territorialer Basis organisierte Gewaltenteilung vermag sowohl die Macht des Gesamtstaates und seiner Organe als auch die Macht der Einzelstaaten zu begrenzen.

Wesentliche Grundlage aller föderativen Beziehungen in Bundesstaaten ist eine geschriebene Verfassung. Sie stellt den formellen Ausgleich zwischen den Interessen der nationalen Einheit und der regionalen Selbstbestimmung her. Das Schlüsselproblem ist dabei, wie sich die Zuständigkeiten (Kompetenzen) für die verschiedenen Staatsaufgaben auf den Bund und die Einzelstaaten verteilen (Loewenstein). Ein Vergleich verschiedener Bundesstaaten zeigt, daß die Außenpolitik, die Verteidigung, das Geldwesen, der Verkehr und das Postwesen durchweg den Bundesbehörden zufallen. Für das Erziehungswesen, das kulturelle Leben und die Polizei sind üblicherweise die Gliedstaaten zuständig (Friedrich, „Verfassungsstaat...", a. a. O.).

Im Brennpunkt verfassungspolitischer Auseinandersetzungen zwischen Bund und Ländern steht in allen Bundesstaaten die Zuständigkeit für Maßnahmen der Wirtschafts-, Sozial- und Finanzpolitik. Deren Bedeutung hat seit der Formulierung vieler bundesstaatlicher Verfassungen ständig zugenommen. Die sich hieraus ergebenden Streitfälle zwischen Bund und Ländern zu entscheiden obliegt einem in allen Bundesstaaten unerläßlichen Bundesgerichtshof. Seine Entscheidungen interpretieren die Kompetenzartikel der entsprechenden Verfassungen und bestimmen so von Fall zu Fall die Kompetenzverteilung neu.

Durch solche Gerichtsurteile kann sich ein allmählicher Verfassungswandel vollziehen, der beispielsweise in den USA die Bundesbefugnisse ständig ausgedehnt hat. Diese Entwicklung bewirkt eine ständig geringer werdende Bedeutung der Einzelstaaten.

Wo ein ständiger Verfassungswandel nicht möglich ist, findet die Entwicklung ihren Niederschlag in dem Verlangen nach entsprechenden Verfassungsänderungen. Die Zuständigkeit für Verfassungsänderungen liegt meist beim Bund, der damit auch über die *Kompetenzkompetenz* verfügt, also die Vollmacht besitzt, die Zuständigkeiten zu verteilen. Eine Ausdehnung der Bundeszuständigkeiten wird allerdings dadurch erschwert, daß die Länder stets bei Verfassungsänderungen mitwirken müssen – vor allem natürlich bei solchen, die ihre eigene Stellung betreffen. Die Mitwirkung der Länder erfolgt entweder durch ein gesondertes Verfahren (z. B. USA) oder im Rahmen des gesamtstaatlichen Willensbildungsprozesses.

In allen Bundesstaaten besteht ein *Zweikammersystem*. Zu den Repräsentanten der Gesamtbevölkerung (erste Kammer) tritt eine zweite Kammer, durch die Repräsentanten der Gliedstaaten am Entscheidungsprozeß im Bund teilnehmen sollen. Bei politischen Entscheidungen müssen beide Kammern übereinstimmen. Die Vertreter der Einzelstaaten werden in einigen Fällen von der Bevölkerung bzw. den Parlamenten der Gliedstaaten gewählt (z. B. USA bzw. Österreich), in anderen von den Regierungen der Länder ernannt (z. B. BRD). Die Zahl der Vertreter kann für alle Gliedstaaten gleich sein (USA, Schweiz) oder sich nach der Bevölkerungszahl der Einzelstaaten richten (BRD, Österreich).

Wichtiger als diese technischen Einzelheiten ist aber, ob die Vertreter der Länder ohne Weisung aus den Einzelstaaten abstimmen können („*Senatsprinzip*" – USA, Schweiz) oder ob sie an Weisungen gebunden sind („*Bundesratsprinzip*" – BRD). Senats- bzw. Bundesratsprinzip entsprechen den Grundsätzen des freien bzw. des imperativen Mandats (s. Kap. III, B). Bei Anwendung des Senatsprinzips wird die zweite Kammer regelmäßig zu einem nach anderen Grundsätzen als die erste Kammer zusammengesetzten Parlament des Gesamtstaates, weil ihre Mitglieder sich in Anlehnung an das Parteiensystem des Gesamtstaates organisieren. Innerhalb des Parteiensystems ist eine zeitlich befristete Teilung der Machtausübung möglich.

3. Zeitliche Gewaltenteilung

Bei der *zeitlichen Gewaltenteilung*, die als dritte Möglichkeit zu diskutieren ist, sind die Parteien nicht mehr die Voraussetzung für eine Zusammenarbeit der einzelnen Gewalten, sondern selbst Träger der Gewaltenteilung. Diese Form der geteilten Machtausübung ist das wichtigste Merkmal des *parlamentarischen Regierungssystems* (s. Kap. IV, A, 1–2). Hier besteht keine formelle Aufgliederung von Legislative und Exekutive: Die Mehrheit des Parlaments bildet aus ihrer Mitte die Regierung, übt also gleichzeitig die gesetzgebende und die vollziehende Gewalt aus. Trotz dieser „Fusion" von Legislative und Exekutive (s. Kap. IV, A, 1) kann eine Gewaltenteilung bestehen.

Die Regierungstätigkeit der Mehrheit unterliegt nämlich der öffentlichen Kontrolle durch die Minderheit des Parlaments, die *Opposition*. Diese wird von der Zielvorstellung geleitet, selbst zur parlamentarischen Mehrheit zu werden und dann ein Alternativprogramm durchzuführen. Von einer machthemmenden Funktionsteilung kann nur gesprochen werden, wenn diese zeitlich befristet ist, d. h. die Opposition sich einer wirklichen Chance gegenübersieht, selbst Regierungsmehrheit zu werden. Da Mehrheit und Minderheit als weitgehend geschlossene Handlungseinheiten auftreten, bieten die regelmäßigen Wahlen der Opposition die beste Möglichkeit zu einem solchen Machtwechsel (Steffani). Daneben kommt allerdings eine Spaltung der Regierungspartei bzw. der Regierungskoalition in Betracht.

Besonders günstige Voraussetzungen für eine wirksame zeitliche Gewaltenteilung ergeben sich, wenn Mehrheit und Minderheit des Parlaments jeweils aus Mitgliedern einer Partei bestehen. Dies ist der Normalfall in einem *Zweiparteiensystem* (s. Kap. V, A), wie es sich z. B. in Großbritannien (s. Kap. IV, A, 1) herausgebildet hat. In diesem Falle führt nämlich die Wahlniederlage einer Partei automatisch das vorläufige Ende ihrer Regierungszeit und die Machtübernahme durch eine andere Partei, den *Machtwechsel*, herbei. Eine solche Entwicklung wird durch bestimmte Wahlverfahren gefördert, durch andere erschwert.

D. Wahlverfahren

Die Wahl bildet einen zentralen Prozeß politischer Willensbildung in der repräsentativen Demokratie. Für ihre Durchführung sind fünf Prinzipien in demokratischen Ländern weitgehend anerkannt: Die Grundsätze der allgemeinen, gleichen, geheimen, unmittelbaren und freien *Wahl*. Diese Grundsätze besagen, daß alle Gruppen der Bevölkerung *(allgemein)* mit den gleichen rechtlichen Möglichkeiten *(gleich)* ohne Ausübung von Zwang *(frei)* und Zwischenschaltung von Vertretern *(unmittelbar)* unter Ausschluß der Öffentlichkeit *(geheim)* ihre Stimme abgeben können. Unterschiede bestehen in den einzelnen demokratischen Ländern hinsichtlich der Regelungen für das Recht, eine Stimme abzugeben *(aktives Wahlrecht)* und das Recht, sich wählen zu lassen *(passives Wahlrecht)*, insbesondere hinsichtlich der Altersgrenzen.

Umstritten ist aber vor allem das *Wahlverfahren*, der „Machtzuweisungsmechanismus" (von der Vring), mit dessen Hilfe Parteipräferenzen in politische Macht umgesetzt werden (Wildenmann, Kaltefleiter, Schleth, „Auswirkungen von Wahlsystemen auf das Parteien- und Regierungssystem der Bundesrepublik", in: Zur Soziologie der Wahl, 2. Aufl., Opladen 1968).

1. Grundtypen von Wahlverfahren

Wahlsysteme regeln die Zuweisung politischer Macht. Sie haben als Teil der politischen Verfassung (s. Kap. III, A) einen bedeutenden Einfluß auf die Form, in der sich gesellschaftliche Kräfte politisch organisieren, auf die Struktur der Frontstellungen, in denen sich die einzelnen Parteien gegenüberstehen (s. Kap. VIII, B, 1), sowie auf das Maß des politischen Einflusses, den sie erlangen. Ursache dafür ist, daß Wahlverfahren darüber bestimmen, welche Anteile an den Parlamentssitzen die einzelnen Parteien bei gegebener Wählerzahl erhalten. Für das jeweils angewandte Wahlverfahren gibt es in den verschiedenen demokratischen Ländern unterschiedliche Ausgestaltungen, die sich aber alle auf zwei Grundtypen zurückführen lassen.

Diese beiden Typen sind das Mehrheits- und das Verhältniswahlsystem. Bei *Mehrheitswahl* ist derjenige Kandidat gewählt, der in einem Wahlkreis die Mehrheit der Stimmen auf sich vereinigt, wobei die für unterlegene Bewerber abgegebenen Stimmen nicht zur Wirkung kommen. Die reinste Ausprägung dieses Systems ist das britische Wahlverfahren, die *relative Mehrheitswahl* in Einer-Wahlkreisen, bei der gewählt ist, wer die meisten Stimmen erhält. Bei *Verhältniswahl* werden die Parlamentsmandate den einzelnen Parteien im Verhältnis der für sie abgegebenen Stimmen zugeteilt. Dieses Prinzip läßt sich technisch am leichtesten verwirklichen, wenn jede Partei für eine bestimmte Anzahl von Stimmen (z. B. 60 000) je ein Mandat erhält („*automatisches System*" in der Weimarer Republik).

In der wissenschaftlichen und politischen Diskussion werden die beiden Systeme seit der Kontroverse zwischen Bagehot und Mill (Für eine übersichtliche Darstellung s. Friedrich, „Der Verfassungsstaat ...", a. a. O., S. 321 ff.) unterschiedlich beurteilt. Generationen von Wissenschaftlern hat diese Frage in zwei unversöhnliche Lager gespalten. Dabei fällt auf, daß sich im Laufe von über einhundert Jahren die Argumente nicht wesentlich verändert haben. Den einen gilt die Mehrheitswahl, bei der Stimmen unter den Tisch fallen, als ungerecht. Sie sehen in der Verhältniswahl die einzige Möglichkeit einer gerechten Repräsentation im Sinne der spiegelbildlichen Vertretung aller in der Gesellschaft vorhandenen Meinungen (von der Vring). Die anderen sprechen bei der Verhältniswahl von einem Zerrspiegel, der vorhandene Differenzierungen von Meinungen noch weiter verstärke, und betonen, daß nur die Mehrheitswahl stabile Regierungen garantiere (Hermens).

Darin finden zwei unterschiedliche Grundeinstellungen über den Sinn der Wahl in der Demokratie ihren Niederschlag. Dieses Problem ist auf philosophischer Ebene nicht lösbar. Wahlen haben nach Ansicht von der Vrings mehr als nur machtzuweisende Funktion, sie sollen auch Richtung und Größe von politischen Veränderungen in der Wählerschaft in meßbarer Weise ausdrücken. Vorrangig erscheint ihm also die Repräsentation aller Meinungen und die

Veränderung ihrer Stärkeverhältnisse. Die Bildung einer Regierung erfolgt dann später. Unkelbach und Wildenmann („Grundfragen des Wählens", Frankfurt 1961) sehen demgegenüber in der Regierungsbildung die wichtigste Aufgabe einer Wahl: „In einer parlamentarischen Demokratie soll in der Wahl eine auf Zeit gewählte Regierung ermöglicht und ein Parlament geschaffen werden, das diese Regierung ebenso trägt wie kontrolliert." Dieser Gegensatz ist auf einen Wertkonflikt zurückzuführen, der prinzipiell nicht beizulegen ist. Daraus resultiert eine Auseinandersetzung, die ihren Niederschlag in einer gänzlich abstrakten Diskussion der „Vorzüge" und „Nachteile" einzelner Systeme findet und kaum Bezug auf die Gegebenheiten des betreffenden Landes nimmt. Diese Art der akademischen Diskussion erlaubt jedem Engagierten, auf seiner Vorurteilsposition zu beharren (von der Vring).

Hermens geht in der Auseinandersetzung um den Zweck der Wahl von der These aus, daß es in der modernen Demokratie nicht mehr die Aufgabe der Parlamente sein könne, die Teile des Volkes zu repräsentieren, weil der Begriff der Repräsentation selbst hinfällig geworden sei. Repräsentation habe nur dort einen Sinn, wo eine Instanz existiere, der gegenüber repräsentiert werde. In der Tat meinte Repräsentation ursprünglich die Vertretung der Volksteile gegenüber einem fürstlichen Souverän. Wem gegenüber sollte, so fragt Hermens, in der Zeit der Volksherrschaft und der parlamentarischen Verantwortlichkeit der Regierung das Volk repräsentiert werden? Heute sei es nicht mehr Aufgabe des Parlaments, Interessen, also die Teile, zu vertreten, sondern das ganze Volk; das Parlament solle gegenüber den Teilen des Volks als Schiedsrichter tätig werden.

Demgegenüber meint von der Vring, das Parlament habe die Aufgaben des Souveräns übernommen, ohne die Repräsentation aufgeben zu können. Hierin liege die Problematik des modernen Parlamentarismus. Jedes Ungleichgewicht zwischen beiden Aufgaben führe zur politischen Krise. Die Argumentation von Hermens wende sich einseitig gegen die Instabilität der Regierung und bagatellisiere damit eine augenblicklich akutere Gefahr: Das Parlament verliere seine Fähigkeit, die Regierung in Schranken zu halten und den Schutz von Minderheiten und Einzelpersonen zu gewährleisten (von der Vring).

Die weltanschauliche Diskussion vermag zwar zur Klärung der Standpunkte beizutragen, nicht aber eine ausreichende Beurteilung von Wahlsystemen zu ermöglichen. Vor allem zeigt sich in der praktischen Anwendung von Wahlverfahren, daß die Übergänge zwischen beiden Grundsystemen fließend sind.

2. Wirkungen von Wahlverfahren
Die Diskussion in der empirischen Wahlrechtstheorie geht deshalb von den Wirkungen einzelner Wahlsysteme aus. Als typische Wirkungen gelten:

– Der Einfluß auf die Zahl der im Parlament vertretenen Parteien, der zugleich die Art der Regierungsbildung beeinflußt (Wildenmann, Kaltefleiter, Schleth, „Auswirkungen von Wahlsystemen...", a. a. O.).
– Die Konzentration bzw. Zersplitterung des Parteiensystems, die zugleich einen Gradmesser für die Stabilität einer Demokratie darstellt (Hermens). Die praktische Frage lautet, welche Konzentrationswirkung in einem bestimmten Land vom Wahlsystem gefordert werden muß, um die gewünschte Form des Parteiensystems (s. Kap. VIII, B, 1) zu erreichen.

Dabei ist aber darauf zu achten, daß die Auswirkungen eines Wahlsystems erst im Zusammenspiel mit den sozialen und politischen Gegebenheiten eines Landes sichtbar werden. Die der relativen Mehrheitswahl grundsätzlich zugeschriebene Integration wirkt sich nur in den einzelnen Wahlkreisen aus. Dort führt dieses Wahlsystem dazu, daß nur zwei oder höchstens drei Gruppen Siegesaussichten haben. Ob die lokale Integration sich aber auf das nationale Parlament überträgt, hängt von der jeweiligen regionalen Gliederung der politisch-sozialen Gegensätze in einem Land ab. Listenwahl, die in der Regel mit dem Verhältniswahlsystem verbunden ist, führt häufig dazu, daß regionale Gegensätze an Bedeutung verlieren, weil sie bei der Zusammenstellung der Listen durch die Parteien berücksichtigt werden (von der Vring).

Gerade die Diskussion um die *„personalisierte Verhältniswahl"* und ihre Wirkungen in der BRD zeigt, wie notwendig es ist, das Zusammenwirken von politisch-sozialen Bedingungen und Wahlverfahren zu beachten. Bei der Wahl zum deutschen Bundestag werden 248 Abgeordnete in Einer-Wahlkreisen mit relativer Mehrheit gewählt, weitere 248 werden auf die Landeslisten der Parteien verteilt. Jeder Wähler hat zwei Stimmen. Die Erststimme gilt der Auswahl des Wahlkreisabgeordneten, die Zweitstimme der Landesliste einer Partei. Das Wahlergebnis wird ermittelt, indem bei jeder Partei die im Bundesgebiet für sie abgegebenen Zweitstimmen zusammengezählt werden. Dann ist nach dem d'Hondt'schen Höchstzahlverfahren die Mandatszahl der einzelnen Parteien zu ermitteln. Dabei werden allerdings nur Parteien berücksichtigt, die mehr als 5 % der im Bundesgebiet abgegebenen gültigen Stimmen oder mindestens drei Wahlkreismandate errungen haben *(Fünf-Prozent-Klausel)*. Anschließend werden die Mandate der einzelnen Parteien ebenfalls nach dem Höchstzahlverfahren auf ihre Landesverbände verteilt. Jede Landesliste stellt in der Reihenfolge der Nennungen soviel Abgeordnete, wie dem Anteil ihrer Landespartei an der Mandatszahl der Gesamtpartei, vermindert um die Zahl der in den Wahlkreisen erlangten Mandate, entspricht. Falls die Zahl der Wahlkreismandate eines Landesverbandes größer ist, als die Gesamtzahl der dieser Partei zustehenden Mandate, oder sie gerade erreicht, entfallen keine Mandate auf die Landesliste, während die Wahlkreismandate ungeschmälert erhalten bleiben. Dadurch entstehen möglicherweise *Überhangman-*

date (= Mandate über den proportionalen Anteil hinaus). Die Zahl der auf die einzelne Partei entfallenden Mandate richtet sich also fast ausschließlich nach ihrer Zweitstimmenzahl im gesamten Bundesgebiet. Das Bundeswahlgesetz von 1956 sieht ein Verhältniswahlsystem vor, das nur in zwei Punkten abgewandelt ist (Kombination von Listen und Wahlkreisen bei der Besetzung der Mandate bzw. Fünf-Prozent-Klausel).

Die geringfügigen Abweichungen von den Prinzipien der Verhältniswahl haben in Verbindung mit der politisch-sozialen Entwicklung der BRD dazu geführt, daß verschiedene, von den Kritikern des Verhältniswahlsystems erwartete Wirkungen ausblieben. Die Fünf-Prozent-Klausel hat zusammen mit der günstigen Wirtschaftsentwicklung (Kaltefleiter, „Wirtschaft und Politik in Deutschland", 2. Aufl., Opladen 1968) und der Ausrichtung der Wahlkämpfe auf zwei Kanzlerkandidaten (Scheuch, „Der deutsche Wähler und ein alternierendes Parteiensystem", in: Verfassung und Verfassungswirklichkeit, 1967) eine Zersplitterung des Parteiensystems verhindert und eine erhebliche Konzentration der Wählerschaft auf zwei Parteien bewirkt.

Obwohl die Zahl der im Bundestag vertretenen Parteien von zwölf auf vier zurückgegangen ist, war bisher die bei Verhältniswahlsystemen übliche Koalitionsbildung Voraussetzung für fast alle Regierungen (Ausnahme: 1957). In diesen Fällen verfügte keine Partei über eine absolute Mehrheit im Bundestag. Mindestens eine typische Wirkung der Verhältniswahl blieb also erhalten. Hier zeigt sich die Bedeutung politischer Institutionen für demokratische Regierungssysteme.

Wenn Sie prüfen wollen, ob Sie den Stoff dieses Kapitels gründlich durchgearbeitet haben, beantworten Sie bitte die folgenden *Kontrollfragen:*
1. Gibt es moderne Verfassungsstaaten ohne eine geschriebene Verfassung?
2. Kennen Sie verschiedene Ausdrucksformen für einen Verfassungskonsens?
3. Nennen Sie das Hauptelement des repräsentativen Prinzips!
4. Die Regierungssysteme der USA und Großbritanniens verbinden repräsentative und plebiszitäre Elemente miteinander, ohne daß ihre Verfassungen eine Volksabstimmung kennen. Wie ist das möglich?
5. Beschreiben Sie die historische Situation, in der die Forderung nach Gewaltenteilung formuliert wurde!
6. Bildet der Föderalismus nur eine Form der Gewaltenteilung?
7. Zwischen welchen Institutionen ergibt sich eine zeitliche Gewaltenteilung?
8. Nennen Sie den wesentlichen Unterschied zwischen den beiden Positionen in weltanschaulichen Wahlrechtsdiskussionen!
9. Beschreiben Sie den Zusammenhang zwischen den Zweitstimmen und der Mandatsverteilung bei personalisierter Verhältniswahl!

Antworten zu diesen Fragen finden Sie auf Seite 155.

Kapitel IV: Demokratie als System politischer Institutionen

Die politische Verfassung (s. Kap. III, A) aller demokratischen Staaten enthält mindestens eine Form der Gewaltenteilung (s. Kap. III, C, 1–3). Föderalistisch organisierte Staaten weisen daneben auch eine bestimmte Form zeitlicher oder institutioneller Gewaltenteilung auf. Diese Konzepte der Gewaltenteilung haben als strukturbildende Merkmale die Unterscheidung von Regierungssystemen bis heute geprägt. Grauhan („Modelle politischer Verwaltungsführung", in: PVS 1969) hat dieses Gegensatzpaar institutioneller Gestaltungsmöglichkeiten für politische Entscheidungsprozesse als alternative Modelle politischer Verwaltungsführung aufgefaßt. Im *„Modell legislatorischer Programmsteuerung"* unterscheidet er zwischen Programmauswahl (durch ein parlamentarisches Gremium) und Programmvollziehung (durch eine weisungsgebundene Verwaltung), wobei das Gesetz als Führungsmittel dient. Damit werden die einer institutionellen Gewaltenteilung zugrunde liegenden Vorstellungen präzisiert. Das *„Modell exekutiver Führerschaft"* weist der Regierung gleichzeitig die Aufgaben „Planung und Zielsetzung, Initiative und Programmauswahl" zu und läßt dem Parlament nur die Möglichkeit einerseits für Entscheidungen des „politischen Innovationszentrums" einen Mehrheitskonsens als Legitimationsbasis zu schaffen und andererseits Programmalternativen für den nächsten Wahlkampf aufzubauen. Dieses Modell formuliert also die Grundlagen einer zeitlichen Gewaltenteilung.

A. Systeme mit zeitlicher Gewaltenteilung

Demokratien mit zeitlicher Gewaltenteilung bilden Fälle *parlamentarischer Regierungsweise*, also einer Verfassungsordnung, in der die Exekutive aus der Legislative hervorgeht und an ihr Vertrauen gebunden ist. Bagehot sprach bereits vor über einhundert Jahren von einer „Verschmelzung der exekutiven und legislativen Gewalten".

Dieser Grundsatz liegt den Verfassungen vieler Demokratien zugrunde. Die politische Ordnung Großbritanniens wird allerdings immer wieder als Vorbild oder Muster, als nachahmenswerte Vollendung eines politischen Systems angesehen. Selbst wenn man die darin liegende Bewertung nicht aufgreift, lassen sich bedeutsame Unterschiede im Prozeß parlamentarisch regierter Länder feststellen. Um diese Unterschiede auch begrifflich deutlich zu machen, seien Kabinettsregierung (z. B. in Großbritannien) und parlamentarische Regierung (z. B. in der Bundesrepublik Deutschland) als zwei verschiedene Typen parlamentarischer Regierungsweise einander gegenübergestellt.

1. Kabinettsregierung (Großbritannien)

Die Bezeichnung des britischen Regierungssystems als Kabinettsregierung beruht auf der herausragenden Stellung des Kabinetts im politischen Prozeß. Neben dem Kabinett (und dem Premierminister) bilden das Unterhaus des Parlaments sowie der Monarch als Staatsoberhaupt die wichtigsten Elemente dieses Regierungssystems. Die Beziehungen zwischen den einzelnen Institutionen werden durch eine Verfassung bestimmt, die nicht schriftlich niedergelegt ist (Kap. III, A). Sie ergibt sich aus einer für Ausländer unübersichtlichen Sammlung von Gesetzen, gerichtlichen Entscheidungen, Gewohnheiten und Gebräuchen („conventions").

„Für fast jedes politische Problem gibt es ein Musterbeispiel („Präzedenzfall"). Wenn jedoch kein genau passender Präzedenzfall vorhanden ist, gibt es eine Anzahl von Prinzipien, die aus Präzedenzfällen abgeleitet werden" (Jennings/Ritter). Bereits die unterschiedlichen Quellen weisen darauf hin, daß in den Verfassungsregeln die Erfahrungen von Jahrhunderten praktischer Regierungsarbeit und nicht die Weltanschauung und Theorie einer Epoche oder Personengruppe ihren Niederschlag gefunden hat. Da jeder Teil der Verfassung durch einfaches Gesetz ergänzt und verändert werden kann, läßt sie sich fortlaufend neu gestalten.

Die rechtliche Grundlage der britischen Verfassung ist bestechend einfach: es gibt ein uneingeschränkt herrschendes Parlament („Parlamentssouveränität") und einen Monarchen mit weitgehenden Vorrechten („königlichen Prärogativen"). Ohne Änderung dieser Rechtsgrundlage hat sich Großbritannien von einer feudalen zu einer konstitutionellen und schließlich zu einer demokratischen Monarchie entwickelt. Dabei wurde dem Monarchen zwar die politische Macht genommen, ihm verblieben aber bedeutende Aufgaben als Staatsoberhaupt einer parlamentarischen Demokratie. Wichtigste Aufgabe des Staatsoberhauptes im parlamentarischen Regierungssystem ist es, als Repräsentant des Staates Verfassungskonsens zu bilden, zu erhalten und zum Ausdruck zu bringen.

Dem steht jedoch nicht entgegen, daß das Staatsoberhaupt politische Funktionen wahrnimmt. Eine wesentliche Aufgabe des Monarchen ist es, eine Regierung zu finden, die von einer Mehrheit des Unterhauses getragen wird. Normalerweise ist diese Aufgabe einfach, da im Zweiparteiensystem (s. Kap. VIII, B, 1) die Wählerschaft zwischen den Führern und Regierungsmannschaften der

beiden Parteien entscheidet. „Kabinettsregierung ist Parteiregierung, die auf der Verantwortlichkeit gegenüber dem Unterhaus beruht, das selbst wieder von den bei den allgemeinen Wahlen zum Ausdruck kommenden Wünschen ... der Wähler abhängt" (Jennings/Ritter). Der Führer der siegreichen Partei wird vom Monarchen zum Premierminister ernannt und bildet eine Regierung aus Abgeordneten seiner Partei. Hier zeigt sich die Bedeutung des Zweiparteiensystems für das praktische Funktionieren der Kabinettsregierung. Ergibt sich nämlich bei den Wahlen keine Unterhausmehrheit einer Partei, d. h. eine Abweichung von den normalen Wirkungen des Zweiparteiensystems, dann kommt die *Reservefunktion* („reserve power") des Monarchen zum Tragen. Das Staatsoberhaupt muß dafür sorgen, daß eine Regierung zustande kommt und daß sie regieren kann. In diesem Falle wird der Monarch nach Verhandlungen mit den Parteiführern einen Premierminister ernennen, der Aussicht auf Unterstützung durch eine Unterhausmehrheit hat (Kaltefleiter, „Die Funktionen des Staatsoberhauptes in der parlamentarischen Demokratie", Opladen 1970).
Während der Amtszeit einer Regierung beschränkt sich die politische Aufgabe des Staatsoberhauptes auf das „Recht zu ermutigen, zu raten und zu warnen" (Bagehot), dem Sontheimer („Das politische System Großbritanniens", München 1972) allerdings keine allzu große Bedeutung beimißt. Da der Monarch alle Kabinettsvorlagen erhält und wenigstens einmal in der Woche vom Premierminister informiert wird, erwirbt er im Laufe seiner Regierungszeit eine umfassende Kenntnis der politischen Probleme. Seine Warnungen können daher für jede Regierung nützlich, sein Rat erwägenswert sein. Unabhängig davon liegt die politische Verantwortung für alle Entscheidungen beim Premierminister und bei dem Kabinett.
Das Kabinett steht im Mittelpunkt des politischen Prozesses. An der Spitze des Kabinetts steht der Premierminister. Die übrigen Mitglieder werden, wie alle Minister, auf seinen Vorschlag vom Monarchen ernannt. Welche Minister Kabinettsmitglieder werden, entscheidet allein der Premierminister. Seine Entscheidungen beruhen allerdings nicht auf reiner Willkür. Er hat vielmehr als politischer Führer der Regierungspartei zwei wesentliche Rücksichten zu nehmen: Einmal muß er Vertreter der verschiedenen Richtungen seiner Partei ins Kabinett aufnehmen, damit die Politik des Kabinetts einen möglichst großen Rückhalt im Unterhaus hat. Außerdem ist der Premierminister bei der Zusammenstellung seines Kabinetts dadurch gebunden, daß den Chefs der wichtigsten Ministerien auf Grund ständiger Übung ein Sitz im Kabinett zusteht (Sontheimer, „Das politische System ...", a. a. O.). Diese beiden Gesichtspunkte zeigen, daß dem Kabinett eine Doppelfunktion zukommt: Es ist gleichzeitig die Führungsgruppe der regierenden Partei und die Spitze des Verwaltungsapparates.

Die Entscheidung eines Ministerialbeamten gilt ebenso wie die eines Ministers oder des Kabinetts als eine Entscheidung Ihrer Majestät. Die politische Verantwortung trägt in erster Linie der zuständige Minister. Ist das Unterhaus mit einer Entscheidung nicht einverstanden, dann kann der zuständige Minister unter dem Druck des Unterhauses zurücktreten und insoweit die gesamte Regierung von ihrer Verantwortung entlasten. Dabei ist es gleichgültig, ob er die Entscheidungen im Kabinett befürwortet oder bekämpft hat. Kommt es nicht zu dieser Lösung, dann greift die *kollektive Verantwortlichkeit* des Kabinetts gegenüber dem Unterhaus ein. Das gilt auch, wenn die umstrittene Entscheidung nicht auf einem Kabinettsentschluß beruht. Die kollektive Verantwortlichkeit des Kabinetts für alle Entscheidungen der Regierung ist eine notwendige Voraussetzung für die Parteidisziplin der Regierungspartei (Jennings/ Ritter). Die politischen Führer der verschiedensten Richtungen innerhalb dieser Partei bestimmten gemeinsam als Kabinett die Gesamtpolitik. Meinungsverschiedenheiten müssen dort ausgeglichen werden und treten deshalb nicht öffentlich in Erscheinung.

Beim Ausgleich von Meinungsverschiedenheiten sowie bei der Koordination der einzelnen Ministerien und Entscheidungen kommt dem Premierminister besondere Bedeutung zu. Er ist der politische Führer der Mehrheitspartei, vom Volk durch die Wahl in sein Amt berufen und dem Volk gegenüber für die Gesamtpolitik verantwortlich. Darüber hinaus stellt er allein die Verbindung zwischen Kabinett und Staatsoberhaupt her. Der Premierminister kann vom Monarchen jederzeit die Ernennung oder Entlassung eines Ministers verlangen. Außerdem verfügt der Premierminister allein über das königliche Auflösungsrecht.

Das britische Parlament besteht aus zwei Kammern. Dem „House of Lords" (Oberhaus) und dem „House of Commons" (Unterhaus). Als wesentliche Institution des politischen Prozesses ist nur das Unterhaus anzusehen, dessen Mitglieder in allgemeinen Wahlen nach dem System der relativen Mehrheitswahl in Einerwahlkreisen (s. Kap. III, D, 1) gewählt werden. Bagehot weist dem Unterhaus fünf Funktionen zu, die in klassischer Weise fast alle *Funktionen des Parlaments* im parlamentarischen Regierungssystem einschließen. Als wichtigste Aufgabe bezeichnet er

a) die *Wahlfunktion* („elective function"): „Die gesetzgebende Körperschaft, die gewählt ist ..., Gesetze zu machen, sieht in der Praxis ihr Hauptgeschäft darin, eine Exekutive zu schaffen und zu erhalten" (Glum, „Das parlamentarische Regierungssystem in Deutschland, Großbritannien und Frankreich", 2. Aufl., München 1965).

Weitere Aufgaben sind

b) die *Artikulierfunktion* („expressive function"): Das Unterhaus soll in seinen Diskussionen die Meinung der britischen Bevölkerung zu politischen Problemen zum Ausdruck bringen.

c) die *Erziehungsfunktion* („teaching function"): Durch den Ablauf seiner Auseinandersetzungen über politische Probleme in öffentlichen Beratungen wirkt das Unterhaus auf den Stil der politischen Auseinandersetzung im ganzen Land ein; das Parlament ist Vorbild für einen guten oder schlechten politischen Stil.

d) die *Informationsfunktion* („information function"): Die Debatten des Parlaments oder die Wahlkreisarbeit seiner Mitglieder sollen dazu dienen, die Bevölkerung über die politischen Maßnahmen und Ziele der jeweiligen Regierung fortlaufend zu informieren.

Gerade bei diesen Funktionen setzt auch die gegenwärtige Diskussion über eine Parlamentsreform an (Sontheimer, „Das politische System ...", a. a. O.).
Schließlich nennt auch Bagehot

e) die *Gesetzgebungsfunktion* („legislative function") des Unterhauses. Im Gegensatz zu vielen kontinentaleuropäischen Staatsrechtlern hält er sie aber für weniger wichtig als die vorher genannten Funktionen. Dem entspricht es, daß fast alle Vorlagen zu wichtigen Gesetzen vom Kabinett beschlossen und im Unterhaus eingebracht werden. Für die Politik der Gegenwart ergänzt Wildenmann („Macht und Konsens als Problem der Innen- und Außenpolitik", 2. Aufl., Opladen 1967) nur eine neue Aufgabe des Parlaments, die zur Zeit Bagehots nicht von Bedeutung war,

f) die *Arbitragefunktion:* Das Parlament ist „Richter über Sozialinteressen"; es entscheidet über die Ansprüche der verschiedenen gesellschaftlichen Gruppen an das Sozialprodukt.

Die Wahlfunktion des Parlaments findet ihren Ausdruck darin, daß jede Regierung des ständigen Vertrauens einer Parlamentsmehrheit bedarf. Lehnt das Parlament eine von der Regierung vorgeschlagene und als wichtig angesehene Maßnahme ab, so erteilt es der Regierung ein *Mißtrauensvotum*. Die Regierung muß zurücktreten. Das parlamentarische Mißtrauen ist Mittel zur Kontrolle der Regierung durch das Parlament. Im tatsächlichen Ablauf des politischen Prozesses kommt es allerdings nicht mehr zu einer formellen Mißtrauenserklärung. Schon wenn die Regierung befürchtet, daß Teile der Unterhausmehrheit einen bestimmten Vorschlag ablehnen, wird entweder die betreffende Vorlage nicht eingebracht oder dem Unterhaus eine entsprechende Sanktion angedroht: „Wie ... das Mißtrauensvotum die stärkste Waffe des Parlaments gegenüber dem Kabinett ist, so ist das Recht der Regierung zur Auflösung des Parlaments zur Ausschreibung von Neuwahlen der gleichgewichtige Gegenschachzug der Regierung gegenüber der Versammlung" (Loewenstein).

Die Drohung mit dem *Auflösungsrecht* richtet sich gegen Rebellen in der eigenen Fraktion, eine tatsächlich durchgeführte Auflösung des Unterhauses in erster Linie gegen die Opposition. Der Premierminister wählt für die Neuwahlen einen Zeitpunkt, der für seine Partei günstig erscheint. Diese Entscheidungs-

macht ist ein beträchtlicher Vorteil der Regierungspartei gegenüber der Opposition. Trotzdem gehört die Opposition notwendig zu einem System der Kabinettsregierung. Ist es doch gerade die Angst davor, daß eine wirkliche Chance des Machtwechsels besteht, die jede Regierungspartei danach streben läßt, möglichst geschlossen zu handeln und ihre Politik auf die Wünsche der Bevölkerungsmehrheit einzurichten. Gelingt das nicht, kann die Oppositionspartei die nächste Wahl gewinnen (s. Kap. V, A, 1–2). Während der Legislaturperiode hat die *Opposition* drei Aufgaben zu erfüllen:
- die jeweilige Regierungspolitik öffentlich zu kritisieren,
- diese Politik an Hand der Verfassungsregeln und des Inhalts der Wahlversprechen zu kontrollieren.
- eine Alternativpolitik zu entwerfen (Hennis, „Politik als praktische Wissenschaft", München 1968).

Das trifft freilich nicht nur für die britische Kabinettsregierung, sondern auch für andere Staaten mit parlamentarischer Regierung, wie z. B. die Bundesrepublik Deutschland zu.

2. Parlamentarische Regierung (Bundesrepublik Deutschland)

Wesentliche Prinzipien der Kabinettsregierung gelten für alle Formen parlamentarischer Regierung; Unterschiede bestehen vor allem in zwei Bereichen. In Ländern mit parlamentarischer Regierung bestimmen Mehr- oder Vielparteiensysteme (s. Kap. VIII, B, 1) die Struktur des Parlaments. Um deren negative Auswirkungen auf die Stabilität der Regierung auszugleichen, enthalten einige Verfassungen Elemente eines „rationalisierten Parlamentarismus" (Mirkene-Guetzevitch). Häufig verfügt auch das Staatsoberhaupt über größere Befugnisse als der britische Monarch (Fünfte Republik in Frankreich und Weimarer Republik in Deutschland). Das gilt allerdings nicht für die BRD; die Stellung des Bundespräsidenten entspricht weitgehend der des britischen Monarchen.

Die besondere Stellung des Bundeskanzlers ist das wichtigste Kennzeichen des vom parlamentarischen Rat geschaffenen Grundgesetzes. Schon früh hat sich deshalb die Bezeichnung „*Kanzlerdemokratie*" eingebürgert (Sontheimer). Als verfassungsrechtliche Grundlagen für die Stellung des Kanzlers sind vor allem vier Bestimmungen des Grundgesetzes zu nennen:
- das Verfahren für die Wahl des Bundeskanzlers (Art. 63);
- das ausschließliche Recht des Kanzlers, dem Präsidenten die Ernennung oder Entlassung von Ministern vorzuschlagen (Art. 64);
- die Richtlinienkompetenz des Kanzlers (Art. 65);
- die Beschränkung der parlamentarischen Sanktionen auf das „konstruktive Mißtrauensvotum" (Art. 67).

Der Bundeskanzler wird vom Bundestag gewählt. Der Einflußbereich des Präsidenten bei dieser Wahl ist so bemessen, daß er nach Möglichkeit für das

Zustandekommen einer Regierung sorgen kann. Besteht im Bundestag die Mehrheit einer Partei oder Koalition, so wird im ersten Wahlgang auf Vorschlag des Präsidenten der politische Führer dieser Mehrheit zum Kanzler gewählt. Besteht noch keine Mehrheit, so kann der Präsident sein Vorschlagsrecht dazu benutzen, für eine solche Mehrheit einen geeigneten Kanzler zu benennen. Findet kein Kanzlerkandidat im dritten Wahlgang eine absolute Mehrheit, dann kann der Präsident entweder dem Führer der stärksten Minderheit die Möglichkeit geben zu regieren oder durch Auflösung des Bundestages die Wählerschaft zu einer Klärung der Machtverhältnisse auffordern. Eine solche Situation hat sich jedoch bisher nicht ergeben. Alle vier Regierungschefs erhielten im ersten Wahlgang die notwendige Mehrheit. Ein Wahlvorschlag des Bundespräsidenten erfolgte erst, nachdem die Mehrheitsverhältnisse durch Koalitionsvereinbarungen geklärt waren. Die für die Bedingungen eines Vielparteiensystems geschaffenen Regelungen wurden bisher nicht angewendet.

Ernennungen und Entlassungen von Ministern durch den Bundespräsidenten erfolgen ausschließlich auf Vorschlag des Bundeskanzlers. Ein Mißtrauensvotum gegen den einzelnen Minister kennt das Grundgesetz nicht. Die Ministerverantwortlichkeit besteht in erster Linie im Verhältnis zum Kanzler. Die politische Verantwortlichkeit der Regierung gegenüber dem Parlament ist nur durch ein Mißtrauensvotum gegen den Kanzler geltend zu machen. Ein solches Mißtrauensvotum kann nicht auf einer negativen Mehrheit beruhen, weil der Bundestag einem Kanzler nur dadurch sein Mißtrauen aussprechen kann, daß er einen neuen wählt *(„konstruktives Mißtrauensvotum")*. Die Opposition soll so gezwungen werden, sich auf einen neuen Kanzler zu einigen, bevor sie den amtierenden Kanzler stürzen kann. Wie groß der dadurch gewonnene Spielraum ist, läßt sich schwer bestimmen, weil der Zwang zum konstruktiven Mißtrauensvotum nur dann eine Regierung im Amt halten kann, wenn sich im Parlament mehr als zwei politische Blöcke unversöhnlich gegenüberstehen. Das konstruktive Mißtrauensvotum erlangt seine volle Bedeutung also im Falle der offenen Staatskrise. Für Koalitionsregierungen, wie sie in der Bundesrepublik üblich sind, trägt das konstruktive Mißtrauensvotum lediglich dazu bei, die Richtlinienkompetenz zu einem wirkungsvollen Instrument zu machen.
Den Grundsatz, daß der Kanzler die Richtlinien der Politik bestimmt *(„Richtlinienkompetenz")*, kannte bereits die Verfassung der Weimarer Republik. In Verbindung mit dem konstruktiven Mißtrauensvotum soll die Richtlinienkompetenz den jeweiligen Kanzler vor allzu häufigem Druck seiner Koalitionspartner bewahren. „Ob der Kanzler seine Richtlinienkompetenz voll ausspielen kann", hängt von seiner Persönlichkeit und seiner Regierungskoalition ab (Sontheimer). Beim Mehrheitskabinett in einem Zweiparteiensystem ergibt sich die Richtlinienkompetenz aus der Stellung des Regierungschefs. Eine besondere

Verfassungsvorschrift ist deshalb überflüssig. Auch hier zeigt sich also, daß die Väter des Grundgesetzes von einem Vielparteiensystem ausgingen und das von ihnen geschaffene Regierungssystem durch Mittel des rationalisierten Parlamentarismus schützen wollten. Das gilt insbesondere für die Richtlinienkompetenz und das konstruktive Mißtrauensvotum. Diese Verfassungsregeln sind für die Entwicklung der Bundesrepublik in kritischen Phasen der politischen Auseinandersetzung sicher nicht ohne Wirkung gewesen.

Gerade der Übergang von der kleinen Koalition zur großen Koalition (1966) zeigt aber, daß letztlich nicht einzelne Verfassungsregeln, sondern die politischen Kräfteverhältnisse über das Schicksal einer Regierung entscheiden. Auch ohne Anwendung des konstruktiven Mißtrauensvotums kann kein Kanzler gegen eine Mehrheit des Bundestages im Amte bleiben. Erhard mußte zurücktreten, als er das Vertrauen seiner eigenen Partei verloren hatte. Sicher ist es kein Zufall, daß alle bisherigen Bundeskanzler Vorsitzende der stärksten Regierungspartei waren. Mit der für das deutsche Mehrparteiensystem erforderlichen Abwandlung entspricht also die Stellung des deutschen Regierungschefs der seines britischen Kollegen.

Für die Machtposition des Bundeskanzlers ist neben seiner Rolle in der Partei auch das Kanzleramt von besonderer Bedeutung (Sontheimer). Dessen zentrale Stellung in der Bundesverwaltung hat ihre rechtliche Grundlage in der Richtlinienkompetenz und der darauf aufbauenden Geschäftsordnung der Bundesregierung. Alle Kabinettsvorlagen laufen ebenso über das Kanzleramt wie Weisungen des Kanzlers an die Ministerien. Die Beamten der Fachministerien versuchen, sich mit den Beamten des Kanzleramtes möglichst früh abzustimmen. Diese wiederum verfügen über direkte Verbindungen zu den Abteilungen der einzelnen Ministerien, die häufig über besondere Vertrauenspersonen des Kanzleramtes in den Ministerien laufen. Darüber hinaus hat sich das Kanzleramt auch zum Brennpunkt für die Willensbildung der Bundestagsfraktionen entwickelt. So kommt es, daß die Richtlinienkompetenz des Bundeskanzlers „mit einem organisatorischen Netz ausgestattet ist, das es Kanzler und Kabinett erlaubt, Entscheidungen zu fällen, die auch verwirklicht werden" (Wildenmann, „Macht und Konsens ...", a. a. O.). Voraussetzung ist allerdings, daß sie bei Gesetzesbeschlüssen die Zustimmung von Bundestag und Bundesrat finden.

Das Grundgesetz für die BRD verbindet die zeitliche mit der föderativen Gewaltenteilung. Deshalb steht eine Vertretung der Länder (Bundesrat) neben dem von der gesamten Bevölkerung nach den Grundsätzen der personalisierten Verhältniswahl (s. Kap. III, D, 2) gewählten Bundestag. Als wichtigste Aufgabe des Bundestages wird die Gesetzgebung angesehen. Daneben spielt meist nur die Kontrollfunktion gegenüber der Regierung eine Rolle. Eschenburg („Staat und Gesellschaft in Deutschland", 2. Aufl., München 1963) unterscheidet zwischen Richtungskontrolle und Leistungskontrolle. Die *Richtungskontrolle*

äußert sich als Zustimmung oder Ablehnung der gesamten Politik einer amtierenden Regierung. Die *Leistungskontrolle* richtet sich auf einzelne Fragen der Regierungspolitik.
Die Auffassung, der Bundestag als Ganzes sei Kontrollorgan, entspricht der Vorstellung von einer institutionellen Gewaltenteilung (s. Kap. III, C, 1), beruht also auf einem Mißverständnis des Regierungssystems. Nur vor diesem Hintergrund wird verständlich, daß der Bundestag sich nicht eindeutig als Redeparlament, sondern auch in starkem Maße als Arbeitsparlament versteht. In einem *„Redeparlament"*, wie z. B. dem britischen Unterhaus, haben die Artikulier- und Informationsfunktion (s. Kap. IV, A, 1) Vorrang vor der gründlichen Ausarbeitung von Gesetzestexten. Beim *„Arbeitsparlament"*, wie z. B. dem amerikanischen Kongreß (s. Kap. IV, B, 1) steht die ins einzelne gehende Formulierung der Gesetze im Vordergrund. Diese Beratungen erfolgen in ständigen Fachausschüssen (Raschke, „Der Bundestag im parlamentarischen Regierungssystem", Berlin 1968).
Auch der Bundestag leistet seine Hauptarbeit in den Fachausschüssen, deren Mitglieder von den einzelnen Fraktionen benannt werden. Dadurch tritt ein Verlust an öffentlicher Beratung ein, von dem zunächst die Opposition betroffen wird, die darauf angewiesen ist, durch öffentliche Diskussion ihren Beitrag zur politischen Willensbildung zu leisten (Ellwein, „Das Regierungssystem der Bundesrepublik", 2. Aufl., Opladen 1965). Indem die Fachausschüsse zu „Interesseninseln" der jeweiligen Verbände werden, entartet politische Willensbildung im Parlament zur Mitwirkung im Interessenausgleich von Verwaltung und Verbänden (s. Kap. IX). Dieses Problem stellt sich allerdings in verstärktem Maße für den Bundesrat, der Bundestag und Bundesregierung je nach Bedarf als zweites Parlament oder als zweite Regierung gegenübersteht. Durch den Bundesrat sollen die Länder an der politischen Willensbildung im Bund mitwirken. Mitglieder des Bundesrates sind Länderminister, die an Weisungen ihrer Regierung gebunden sind (s. Kap. III, C, 2). Der Bundesrat wird so zu „einer Art ständiger Delegiertenkonferenz der Länder" (Wildenmann, „Macht und Konsens...", a. a. O.). Die Kompetenzabgrenzung zwischen Bund und Ländern und die Regelung des Gesetzgebungsverfahrens sowie die Spruchpraxis des Bundesverfassungsgerichts (s. Kap. IV, B, 1) haben eine allgemeine Machtverschiebung zugunsten der Länder begünstigt. Ellwein („Das Regierungssystem...", a. a. O.) meint, diese Entwicklung würde dadurch wieder ausgeglichen, daß innerhalb der Bundesorgane eine Machtverschiebung zugunsten des Bundesrates stattgefunden hat. Ursache dafür ist, daß der Bundesrat sich einen vollen Anteil an der Bundesgesetzgebung erkämpft hat. Verfassungsrechtliche Grundlagen waren die Zustimmungsbedürftigkeit bestimmter Bundesgesetze und die gleichberechtigte Mitwirkung des Bundesrates im Vermittlungsausschuß.

Damit besteht die Gefahr, daß die föderative Gewaltenteilung (s. Kap. III, C, 2) die Wirksamkeit des parlamentarischen Regierungssystems belastet. Die Bundesregierung ist bei der Verabschiedung und Durchführung ihres Gesetzgebungsprogramms, d. h. in ihrer gesamten Politik, auf den Bundesrat und die Länder angewiesen. Um die Opposition zu hindern, über den Bundesrat die Regierungspolitik zu blockieren, haben die bisherigen Bundesregierungen versucht, für gleiche Mehrheitsverhältnisse im Bundestag und Bundesrat zu sorgen (Sontheimer). Darin zeigt sich das Bestreben, institutionelle Probleme des Regierungssystems durch Parteidisziplin zu überwinden (Wildenmann, „Macht und Konsens ...", a. a. O.). Andererseits leistet der Bundesrat als Bundesorgan nur einen geringen Beitrag zur Koordinierung der Länderpolitik. Diese Aufgabe wird von Ministerpräsidentenkonferenzen, der Kultusministerkonferenz und Staatsverträgen der Länder wahrgenommen. Hier hat sich im Laufe der Zeit eine „dritte Ebene" zwischen Bund und Ländern entwickelt, die als Bestandteil eines *„kooperativen Föderalismus"* gilt. Damit hat der mit dem parlamentarischen System verbundene deutsche Föderalismus eine andere Entwicklung genommen als der amerikanische, der in ein System institutioneller Gewaltenteilung eingebaut wurde.

B. Systeme mit institutioneller Gewaltenteilung

Das Prinzip der institutionellen Gewaltenteilung (s. Kap. III, C, 1) fordert lediglich eine Aufteilung der politischen Macht auf verschiedene Staatsorgane. Damit ist weder ihr Verhältnis zueinander noch die Besetzung der einzelnen Institutionen (Legislative, Exekutive, Judikatur) endgültig festgelegt. Welcher Gestaltungsspielraum zur Verfügung steht, zeigen die unterschiedlichen Regierungssysteme, die auf diesem Prinzip aufbauen. Dennoch handelt es sich im wesentlichen um Veränderungen zweier Grundtypen. Unterscheidungsmerkmal dieser beiden Modelle ist die Zusammensetzung der Exekutive: Es kann sich um eine Person handeln *(präsidiale Regierung)* oder um ein Gremium *(direktoriale Regierung)*.

1. Präsidiale Regierung (USA)
Der praktisch direkt gewählte Präsident stellt in den USA allein die Exekutive dar. Die Legislative, der Kongreß, besteht aus zwei direkt gewählten Kammern: Senat und Repräsentantenhaus. Ein weiteres Element im System der horizontalen Gewaltenteilung ist der Oberste Gerichtshof (Supreme Court). Die meisten politischen Entscheidungen fallen im Zusammenspiel von Präsident und Kongreß, für das die Verfassung jedoch keine Sicherungen geschaffen hat. Bereits Montesquieu sah die Gefahr einer gegenseitigen Blockierung der Gewalten. Er glaubte aber, daß die Notwendigkeit, politisch zu handeln, die beiden Gewalten zwingen würde, in Übereinstimmung zusammenzuarbeiten.

Dies ist jedoch nur eine von mehreren Möglichkeiten. Neben einer vertrauensvollen *Zusammenarbeit* waren in der amerikanischen Geschichte auch eine gegenseitige *Lähmung* von Legislative und Exekutive sowie die *Dominanz* einer Gewalt zu beobachten (Hermens, „Verfassungslehre", 2. Aufl., Opladen 1968). Dabei bedeutet der Unterfall „Dominanz der Legislative" in der Regel Handlungsfähigkeit, da Gruppen von der Größe eines Parlaments nicht von sich aus regieren können. Der Unterfall „Dominanz der Exekutive" sichert zwar die Handlungsfähigkeit, gefährdet aber eine wirkungsvolle Kontrolle.

Die ständige Konfliktsituation zwischen Exekutive und Legislative läßt sich nicht durch Entscheidung eines Machtträgers beseitigen. Der Präsident verfügt nicht über das Auflösungsrecht, mit dem er den Kongreß bedrohen könnte; dem Kongreß steht nicht die Möglichkeit eines Mißtrauensvotums zum Sturze des Präsidenten zur Verfügung (s. Kap. IV, A, 1). Diese strenge Trennung der Staatsorgane äußert sich auch in der verfassungsmäßigen Inkompatibilität (s. Kap. III, C, 1) von Regierungsamt und Parlamentsmandat.

Der Inkompatibilität kommt in Verbindung mit der Tatsache, daß der Präsident allein die Exekutive bildet, besondere Bedeutung zu. Da ein einzelner Mensch unmöglich alle Exekutivaufgaben selbst erfüllen kann, werden Entscheidungen des Präsidenten durch die Mitarbeiter vorbereitet, was in der Praxis Entscheidung durch die Mitarbeiter bedeutet. Die Mitarbeiter des Präsidenten bilden aber keine Diskussionsgruppe wie das britische Kabinett (s. Kap. IV, A, 1). Wegen der Inkompatibilität stehen die politisch erfahrenen Mitglieder des Kongresses dem Präsidenten als Mitarbeiter nicht zur Verfügung. „Das System trennt die Machtträger voneinander und beschränkt ihre Zusammenarbeit ... auf die verfassungsmäßigen und außerverfassungsmäßigen Berührungspunkte" (Loewenstein).

Solche Berührungspunkte werden im Rahmen eines Systems von Hemmungen und Gegengewichten („checks and balances") durch Verfassungsbestimmungen geschaffen, die für bestimmte Entscheidungen ein Zusammenwirken von Präsident und Kongreß vorschreiben. So wird einerseits der Präsident in den Gesetzgebungsprozeß und andererseits der Kongreß in den Prozeß der Regierungstätigkeit eingeschaltet *(„Gewaltenverschränkung")*: Die Verfassung gewährt dem Präsidenten das Recht, ein Inkrafttreten von Gesetzen, die der Kongreß beschlossen hat, so lange zu verhindern, bis der Kongreß mit Zweidrittel-Mehrheit den Einspruch des Präsidenten zurückweist *(suspensives Veto)*. Andererseits hat der Senat ein Mitspracherecht bei der Ernennung von Ministern, hohen Beamten, Offizieren und Bundesrichtern sowie beim Abschluß von Staatsverträgen.

Diese Rechte des Senats sind Ausdruck einer zusätzlichen Gewaltenteilung innerhalb des Kongresses. Ausgehend von der Annahme, daß die unmittelbar gewählte Versammlung (Repräsentantenhaus) ein größeres Ansehen besitzen würde als der – früher mittelbar gewählte – Senat, haben die Verfassungsväter dessen Amtsgewalt künstlich zu verstärken versucht. „Aus diesem Bestreben erklärt sich ... auch die Gewährung einer sechsjährigen Amtsdauer für die Mitglieder des Senats im Gegensatz zu der zweijährigen Amtsdauer der Mitglieder des Repräsentantenhauses" (Fraenkel). Diese und andere Schutzvorkehrungen gegen die gefürchtete Demokratisierung des amerikanischen Regierungssystems haben sich sämtlich als erfolglos erwiesen. Das Prinzip indirekter Wahlen, auf das sich die Väter der Verfassung verließen, ist im Falle des Präsidenten unwirksam und im Falle des Senats aufgehoben worden (Fraenkel). Entgegen ihren Erwartungen wurde nicht der Kongreß, sondern der Präsident zum Träger der plebiszitären Komponente (s. Kap. III, B) im amerikanischen Regierungssystem.

Im Gesetzgebungsprozeß besitzen Senat und Repräsentantenhaus grundsätzlich die gleichen Rechte. Wegen des Fehlens straff organisierter Parteien mit entsprechender Fraktionsdisziplin war in früheren Zeiten die Mitwirkung des Präsidenten unerläßlich, um im Kongreß die erforderlichen Mehrheiten zustande zu bringen. Dabei konnte sich der Präsident auf die Einflußmöglichkeiten verlassen, die ihm die *Patronage* (s. Kap. VIII, A, 2) bei der Besetzung von Stellen bot, die einer Genehmigung durch den Senat nicht unterliegen. Widerstrebende Kongreßmitglieder mußten mit ansehen, daß Vorschläge für die Besetzung von Bundesstellen in ihrem Wahlbezirk (insbesondere im Postdienst) unberücksichtigt blieben. Die Reform des öffentlichen Dienstes beschnitt diese Einflußmöglichkeiten des Präsidenten beträchtlich.

Das amerikanische Regierungssystem konnte auf die Möglichkeiten des Patronagewesens erst verzichten, als dem Präsidenten gelungen war, sich der öffentlichen Meinung zur Verwirklichung seiner Ziele zu bedienen (Fraenkel). Seitdem der Präsident auf die Kongreßmitglieder in erster Linie durch Einschaltung der öffentlichen Meinung einwirkt, ist sein Einfluß auf Entscheidungen des Kongresses nahezu unabhängig von dessen parteipolitischer Zusammensetzung (Fraenkel). In Anbetracht der großen Bedeutung, die den Massenmedien (s. Kap. VII, A, 2) in demokratischen Regierungssystemen zukommt, geht es Präsident und Kongreß heute darum, die eigene Politik in der Öffentlichkeit darzustellen und sich auf diese Weise die Zustimmung der öffentlichen Meinung zu sichern. „Der Kongreß bedient sich zu diesem Zweck der Ausschußuntersuchungen, der Präsident der Pressekonferenzen" (Fraenkel) und Fernsehansprachen. Die Verfassung hat zwischen Exekutive und Legislative keinen dauernd wirksamen Ausgleich geschaffen. Der jeweilige Ausgleich ist vielmehr das Ergebnis politischer Auseinandersetzungen, an denen auch das oberste Bundesgericht durch ständige Neuinterpretation der Verfassung mitwirkt.

Aufgabe eines Obersten Gerichtshofes in Bundesstaaten mit geschriebener Verfassung ist zunächst die Rechtsprechung in zwei Arten von Streitfällen:

– Streitigkeiten zwischen Bundesstaat und Einzelstaaten,
– Auseinandersetzungen um den Umfang der persönlichen Grund- und Freiheitsrechte.

Diese Aufgaben werden auch von der amerikanischen Verfassung dem Obersten Gerichtshof zugewiesen. Seine Entscheidungen in derartigen Fällen stellen jeweils verbindliche Auslegungen des Verfassungstextes dar. Darüber hinaus nimmt der Oberste Gerichtshof unter Berufung auf die pflichtgemäße Wahrung der Verfassung das Recht in Anspruch, Gesetze auf ihre Verfassungsmäßigkeit zu prüfen.

Durch dieses *richterliche Prüfungsrecht* („judicial review") nimmt der Oberste Gerichtshof gegen gemeinsame Entscheidungen von Präsident und Kongreß Stellung. Wenn die Gerichte das Recht zur Nachprüfung der Verfassungsmäßigkeit beanspruchen und ausüben, werden sie zu einem den anderen Machtträgern ebenbürtigen, wenn nicht überlegenen Entscheidungszentrum aus eigenem Recht. Die vom Präsidenten auf Lebenszeit ernannten Mitglieder des Obersten Gerichtshofes erheben sich, häufig unter erheblichen inneren Meinungsverschiedenheiten, mit knappen Mehrheiten zum Schiedsrichter über Präsident und Kongreß, obwohl das Gericht weder demokratisch legitimiert, noch Kontrollen durch die übrigen Machtträger unterworfen ist. Erstreckt sich die richterliche Prüfung auf die Entscheidung politischer Probleme, so kann der richterliche Urteilsspruch eine Entscheidung von Präsident und Kongreß ersetzen. Dabei ist es unerheblich, daß der Oberste Gerichtshof kein Gesetz für ungültig erklären kann: seine Nichtanwendbarkeit auf den vorliegenden Fall und ähnliche Fälle bedeutet praktisch eine endgültige Außerkraftsetzung (Loewenstein).

Der Oberste Gerichtshof hat sich jedoch bei der Ausübung einer politischen Kontrolle mit Hilfe des Prüfungsrechts gewisse Selbstbeschränkungen auferlegt, die einer Gefahr der völligen Vorherrschaft der richterlichen Gewalt entgegenwirken. Das Eingreifen der Gerichte beschränkt sich auf tatsächliche Streitfälle. Außerdem gilt der Grundsatz, daß der Wille des Kongresses zu respektieren ist, sofern er nicht eindeutig die Verfassung verletzt, wie sie der Oberste Gerichtshof in seiner jeweiligen Zusammensetzung auslegt (Fraenkel). Die verfassungspolitische Problematik des richterlichen Prüfungsrechtes darf jedoch nicht dazu führen, daß die Bedeutung verfassungsgerichtlicher Entscheidungen für den Verfassungswandel in Bundesstaaten (s. Kap. III, C, 2) übersehen wird.

Die Entwicklung der amerikanischen Verfassung zeigt eine starke Verlagerung der politischen Entscheidungen von den Einzelstaaten auf die Organe des Bundes. Dennoch sind die Einzelstaaten maßgebliche Zentren der politischen Willensbildung geblieben. Das beruht aber nicht auf einer betont einzelstaatlichen Auslegung der Kompetenzabgrenzung (s. Kap. IV, A, 2), sondern auf der

Struktur des Parteiensystems und ihrer Rückwirkung auf das Präsidentenamt und den Kongreß. Die einzelstaatlichen und lokalen Parteiorganisationen entscheiden sowohl über die Zusammensetzung des Kongresses als auch über die Besetzung des Präsidentenamtes. Darin liegt die wesentliche Bedeutung der „bundesstaatlichen Komponente" (Fraenkel) für das amerikanische Regierungssystem.

In Übereinstimmung mit dem Wortlaut der Verfassung wird der Präsident von Wahlmännern gewählt, die in jedem einzelnen Staat bestimmt werden. Die Zahl der Wahlmänner eines Staates entspricht der Zahl seiner Vertreter im Kongreß. Dadurch verfügen die Staaten mit der größten Einwohnerzahl über die meisten Wahlmänner. Entgegen den ursprünglichen Absichten der Verfassung hat sich eine direkte Wahl des Präsidenten in der Form herausgebildet, daß dem Präsidentschaftskandidaten mit der relativen Mehrheit der Stimmen in einem Staat alle Wahlmänner dieses Staates zufallen. Da erfahrungsgemäß der Wählerwechsel sich in den großen Staaten besonders häufig vollzieht und wahlentscheidend wirken kann, stehen diese im Mittelpunkt des Wahlkampfes. Die beiden großen Parteien (Demokraten und Republikaner), nehmen bereits bei der Kandidatenaufstellung Rücksicht auf diese Situation. Nur ein Kandidat, der in den großen Staaten siegen kann, hat Aussicht aufgestellt zu werden. Bei der Besetzung des Präsidentenamtes ergibt sich also eine Bevorzugung der großen Staaten.

Den kleinen Staaten ist durch die Organisation der Kongreßarbeit ein Ausgleich zugewachsen. Der politische Entscheidungsprozeß in beiden Kammern des Kongresses vollzieht sich wesentlich in den Ausschüssen. Um zu verhüten, daß die Zuteilung von Ausschußposten an die einzelnen Kongreßmitglieder zur Begründung einer weitgehend korrupten Fraktionsoligarchie führt oder in einen Kampf aller gegen alle ausartet, bedienen sich die Parteien eines mechanischen Mittels: *des Senioritätsprinzips.* Je länger ein Senator oder Abgeordneter ununterbrochen der betreffenden Fraktion und damit der jeweiligen Kammer angehört, desto größer wird sein Anspruch („seniority") auf eine von ihm gewünschte Ausschußposition.

Die Wirkung des Senioritätsprinzips ist im wesentlichen zweifach: einerseits sitzen sehr häufig Greise in den entsprechenden Positionen, insbesondere als Ausschußvorsitzende, andererseits verfügen die häufig wiedergewählten (konservativen) Vertreter des Südens in Senat und Repräsentantenhaus über sehr großen Einfluß. Gegenüber diesen Nachteilen kommt dem Senioritätsprinzip das Verdienst zu, ein Minimum an Fraktionsdisziplin in beiden Häusern des Kongresses zu gewährleisten. Solange sich der politische Einfluß eines Kongreßmitgliedes aus seiner Seniorität ergibt, „bedeutet es fast politischen Selbstmord, den Ausschluß aus der Fraktion zu riskieren oder die Fraktion zu wechseln" (Fraenkel).

Indem das Senioritätsprinzip den Vertretern politisch stabiler Staaten zu Einfluß verhilft, hebt es gewissermaßen die maßgebende Rolle der Staaten mit wechselnden Mehrheiten bei der Präsidentenwahl wieder auf. „Je parteitreuer ein Staat ist, je geringer ist seine Aussicht, den Präsidenten zu stellen – desto größer ist aber auch seine Chance, sich im Kongreß durchzusetzen" (Fraenkel). Diese neue Form vertikaler Gewaltenteilung (s. Kap. III, C, 2) bildet neben der horizontalen ein wesentliches Element der amerikanischen Regierungsweise. Eine andere Verbindung dieser beiden Elemente liegt dem direktorialen Regierungssystem in der Schweiz zugrunde.

2. Direktoriale Regierung (Schweiz)

Nachdem Uruguay im Jahre 1966 die *direktoriale Regierung* wieder durch eine präsidiale ersetzt hat (vgl. Kerbusch, „Das uruguayische Regierungssystem", Köln 1971) ist die Schweiz der einzige Staat, in dem dieses System noch Anwendung findet. Verfassungsgeschichtlich geht es auf die Direktorialverfassung der französischen Revolution zurück, praktisch hat es aber wenig mit diesem Regierungstyp gemeinsam. Vielmehr stellt es eine Weiterentwicklung der „Versammlungsregierung" (Loewenstein) dar, jenes als „urdemokratisch" angesehenen Verfassungstyps, bei dessen Konstruktion die Notwendigkeit politischer Führung in der Demokratie nicht ausreichend beachtet wurde.

Das schweizerische Regierungssystem kennt zwei wesentliche Staatsorgane, die Bundesversammlung und den Bundesrat. Die *Bundesversammlung* besteht aus zwei gleichberechtigten, direkt gewählten parlamentarischen Vertretungen: zum Nationalrat wählt das Bundesvolk nach den Grundsätzen der Verhältniswahl unmittelbar aus jedem Gliedstaat (Kanton) eine im Verhältnis der Bevölkerungszahl festgesetzte Zahl von Abgeordneten. In den Ständerat entsendet jeder Kanton durch ein Mehrheitswahlverfahren zwei Vertreter. Für sie gilt das Senatsprinzip (s. Kap. III, C, 2). Da sich in der Schweiz konfessionelle, sprachliche, soziale und ideologische Gegensätze überlagern, ist ein Vielparteiensystem (s. Kap. VIII, B, 1) entstanden, das durch Föderalismus und Verhältniswahl noch gefördert wurde. Drei Parteien verfügen heute jeweils über ein Viertel der Nationalratsmandate: Freisinnige (Liberale), Christlich-Soziale (Katholiken) und Sozialdemokraten. Ein weiteres Achtel der Mandate hat die Bauern-, Gewerbe- und Bürgerpartei inne. Das restliche Achtel verteilt sich auf einige kleinere Parteien. Durch dieses Parteiensystem werden die Interessen nicht so deutlich aggregiert, daß sich Regierungs- und Oppositionsparteien unterscheiden ließen (Steiner). In Verbindung mit einer lockeren Parteidisziplin ermöglicht das Vielparteiensystem die Bildung von wechselnden Mehrheiten bei der Gesetzgebung, die grundsätzlich der Bundesversammlung obliegt.

Wie beim reinen Typ der *Versammlungsregierung* bezeichnet die schweizerische Bundesverfassung die Bundesversammlung als Inhaber der obersten Bundes-

gewalt. Der von der Versammlung gewählte Bundesrat ist beauftragt, die Beschlüsse der Versammlung durchzuführen. In der Verfassungswirklichkeit hat sich eine wesentliche Verschiebung gegenüber der Versammlungsregierung ergeben. Der Bundesrat hat eine – wenn auch eingeschränkte – Führerrolle übernommen. Der *Bundesrat* besteht aus sieben Mitgliedern, die unter gemeinsamer Verantwortung, aber weitgehend selbständig die einzelnen Ministerien (Departements) leiten. Es handelt sich also um eine kollegiale Exekutive (Direktorium). Die Zugehörigkeit zum Bundesrat ist mit einem Mandat in der Bundesversammlung unvereinbar (Inkompatibilität). Die Verantwortlichkeit der Bundesräte gegenüber der Bundesversammlung ist nur durch Anklage, also rein juristisch, geltend zu machen; das politische Instrument zur Durchsetzung der Ministerverantwortlichkeit – das Mißtrauensvotum (s. Kap. IV, A, 3) – fehlt. Während der vierjährigen Amtsperiode sind die Bundesräte nicht absetzbar (Schumann, „Das Regierungssystem der Schweiz", Köln 1971).
Die Verfassungswirklichkeit geht über diese Regelung noch hinaus. Tatsächlich wird jeder Bundesrat solange in seinem Amt bestätigt, wie er es wünscht. Praktisch sind also die Mitglieder des Bundesrates auf Lebenszeit gewählt. Bei der Zusammensetzung des Bundesrates zeigt sich die Tendenz, alle wichtigen Bevölkerungsgruppen entsprechend ihrer numerischen Stärke an der Regierung zu beteiligen (Steiner). Von einem solchen Anspruch sind bislang nur die Kommunisten ausgeschlossen. Dadurch hat sich ein dreifacher *Proporz* herausgebildet: Bei der Wahl der Bundesratsmitglieder werden unabhängig von der möglichen Mehrheit einer Partei oder einer Parteienkoalition die standesmäßig-konfessionellen, die föderalistischen und die parteipolitischen „Regierungsansprüche" berücksichtigt (Steiner).
Nach der seit 1959 geltenden „*Zauberformel*" gehören je zwei Bundesräte den drei großen Parteien (Freisinnige, Christlich-Soziale und Sozialdemokraten) und ein Bundesrat der Bauern-Gewerbe- und Bürgerpartei an. Neben dieser parteipolitischen Verteilung sind bei der Besetzung des Bundesrates die Ansprüche der Volksstämme, Konfessionen und Kantone angemessen zu berücksichtigen: je ein Bundesrat soll aus den Kantonen Bern, Zürich und Wardt stammen; die Zahl der deutschsprachigen Bundesräte soll vier, die der französisch sprechenden zwei betragen; hinzu kommt ein Vertreter des italienisch sprechenden Tessin.
Dieses Proporzgremium kann und will nicht als Regierung im parlamentarischen Sinne angesehen werden, sondern als Spitze der Verwaltung. Das kommt in der Stellung der Regierung gegenüber dem Parlament zum Ausdruck. Wird eine Vorlage des Bundesrates von der Bundesversammlung abgelehnt, so gilt das als eine Entscheidung in der Sache, nicht als eine Entscheidung gegen die Person des zuständigen Bundesrates oder gar das ganze Gremium. Die kollegiale Exekutive bleibt im Amt. Die Opposition ist im Schweizerischen Regie-

rungssystem nicht Angelegenheit einer außerhalb der Regierung stehenden Partei, sondern wird von den in der Regierung vertretenen Parteien ausgeübt. Eine Möglichkeit der Opposition ergibt sich aus der Struktur des Bundesrates, dessen Geschäfte nach Departements (Ministerien) unter den Mitgliedern des Bundesrates verteilt sind. Das erleichtert es den Regierungsparteien, gegen Departementsvorsteher aus anderen Parteien Opposition zu machen (*„Bereichsopposition"* − Kirchheimer). Schließlich kann es vorkommen, daß die Bundesparteien die Regierungspolitik unterstützen, aber aus den eigenen Kantonalparteien Opposition erwächst (Steiner).

Schon frühzeitig überließ das Parlament die ihm zukommende Gesetzesinitiative mehr und mehr dem Bundesrat. Dieser Verzicht, verstärkt durch allmählich wachsende Aufgaben des Bundes, veränderte die Position des Bundesrates: aus einer Beraterstelle rückte er in eine politische Führungsposition. Die meisten Gesetzentwürfe werden von ihm vorbereitet und in der Bundesversammlung eingebracht. Es besteht die Tendenz, daß sich das zuständige Departement und die direkt Interessierten schließlich auf eine gemeinsame Lösung einigen. An diesem Entscheidungsprozeß werden auch Parlamentarier beteiligt, so daß sich die Haltung der nicht beteiligten Parlamentarier relativ genau im voraus berücksichtigen läßt (Steiner). Die Achtung vor der politischen Führung geht so weit, daß die Anwendung der üblichen parlamentarischen Kontrollen weitgehend entfällt.

Einen gewissen Ausgleich für die fehlende parlamentarische Kontrolle schaffen Volksbegehren und Volksentscheid (s. Kap. III, B): Auf Antrag einer bestimmten Zahl von Stimmberechtigten müssen politische Sachfragen zur Volksabstimmung gestellt werden. Darin liegt einerseits ein Mittel zur Kontrolle von Bundesversammlung und Bundesrat, andererseits eine Einflußmöglichkeit für Parteien und Verbände. Für organisierte Gruppen ist es nämlich nicht allzu schwierig, die erforderliche Zahl von Unterschriften zu sammeln. Die „Volksrechte" sind eine wirksame Möglichkeit zur Opposition (u. a. der kleinen Parteien) gegen die Regierungspolitik. Von daher ist dann wieder die Beteiligung aller wichtigen Parteien an der Regierung, der Bundesratsproporz, ein Mittel zur Kontrolle des Referendums (Lehmbruch, „Proporzdemokratie", Tübingen 1967).

Darüber hinaus hat das Referendum im Rahmen der bei föderativer Gewaltenteilung (s. Kap. III, C, 2) unvermeidbaren Auseinandersetzungen zwischen Bund und Kantonen besondere Bedeutung erlangt. Durch die entsprechenden Verfassungsänderungen oder Ergänzungen ließ sich eine gewisse Elastizität der Kompetenzverteilung erreichen. Das Referendum erfüllt also in der Schweiz ähnliche Funktionen wie der Oberste Gerichtshof in den USA (s. Kap. IV, B, 1). Während die Tendenz zu wachsenden Bundeskompetenzen der Schweiz und den USA gemeinsam ist, weisen die demokratischen Entscheidungsprozesse in beiden Ländern beträchtliche Unterschiede auf.

Wenn Sie prüfen wollen, ob Sie den Stoff dieses Kapitels gründlich durchgearbeitet haben, beantworten Sie bitte die folgenden *Kontrollfragen:*
1. Nennen Sie das wichtigste Merkmal parlamentarischer Regierungssysteme!
2. Welche Aufgabe wies Bagehot im vorigen Jahrhundert dem Parlament in einem parlamentarischen Regierungssystem zu?
3. Stehen Auflösungsrecht des Regierungschefs und parlamentarisches Mißtrauensvotum in einem politischen Zusammenhang?
4. Bezeichnen und beschreiben Sie die politischen Aufgaben des Staatsoberhauptes im parlamentarischen Regierungssystem!
5. Welche politische Bedeutung hatten die Vorschriften des Art. 63 GG für die Wahl der bisherigen Bundeskanzler?
6. Arbeiten Präsident und Parlament im präsidialen Regierungssystem immer vertrauensvoll zusammen?
7. Beschreiben Sie die Rolle der öffentlichen Meinung bei präsidialer Regierung!
8. Das richterliche Prüfungsrecht bei Gesetzen ist umstritten. Nennen Sie wenigstens ein Argument dafür und dagegen!
9. Nennen Sie das wichtigste Merkmal des direktorialen Regierungssystems?
10. Welche Bedeutung hat das Referendum für das schweizerische Regierungssystem?

Antworten zu diesen Fragen finden Sie auf Seite 156.

Kapitel V: Demokratie als politischer Entscheidungsprozeß

Wählt man die systematischen Unterschiede der politischen Verfassungen als Ansatzpunkt für eine Typenbildung demokratischer Regierungssysteme, dann treten der Prozeßcharakter und der gesellschaftliche Bezug politischer Entscheidungen gegenüber institutionellen Fragestellungen in den Hintergrund. Bereits die Typologie politischer Systeme (s. Kap. II, B, 2) zeigte aber, daß sich Demokratien auch durch die unterschiedlichen Verfahren politischer Konfliktregelung unterscheiden lassen.

In den meisten Lehrbüchern der Politikwissenschaft klingt die Auffassung an, daß ein politisches System, nämlich das angelsächsische, die höchste Entwicklungsstufe der Konfliktregelung in einer hochindustrialisierten Gesellschaft darstellt. Im Gegensatz dazu fordert Lehmbruch eine vergleichende Untersuchung der politischen Systeme ohne „kurzschlüssige Normativsetzung" eines Typs. Er schlägt vor, drei Modelle einer demokratischen Regelung gesellschaftlicher Konflikte in Industriegesellschaften zu unterscheiden: das von Downs untersuchte Konkurrenzmodell und das von ihm selbst formulierte Konkordanzmodell sowie ein (noch nicht weiter untersuchtes) Modell bürokratischer Konfliktregelung mit demokratischer Kontrolle. Steiner („Majorz und Proporz", in: PVS 1970) ordnet den beiden ersten von Lehmbruch genannten Modellen die Begriffe „Majorzmuster" und „Proporzmuster" zu und sieht diese als Extremfälle eines Kontinuums. Keines dieser Modelle entspricht unmittelbar der politischen Wirklichkeit in irgendeinem demokratisch regierten Land, vielmehr finden sich die verschiedenen Arten der Konfliktregelung in unterschiedlicher Mischung. In manchen politischen Systemen überwiegt jedoch ein bestimmtes Konfliktregelungsmuster sehr stark.

A. Konkurrenzmodell

Ausgehend von wenigen Annahmen über das politische Verhalten von Wählern und Parteien formuliert Downs ein Modell der Willensbildung in demokratischen Staaten, insbesondere in solchen mit einem Zweiparteiensystem

(s. Kap. VIII, B, 1). Dieses *Konkurrenzmodell* soll nicht die Wirklichkeit genau beschreiben, sondern dazu dienen, die Wirkungsweise einiger entscheidender Bestimmungsfaktoren abzuleiten. Schwerwiegende Bedenken gegen den empirisch prüfbaren Wirklichkeitsgehalt der Annahmen seines Modells führt Downs selbst an; dennoch vermag seine Arbeit wichtige Einsichten in den politischen Prozeß in einem Zweiparteiensystem zu vermitteln.

1. Ausübung politischer Macht

Als grundsätzliches Motiv für politisches Handeln unterstellt Downs die Verfolgung eigennütziger Absichten. Außerdem nimmt er an, daß alles politische Verhalten in wirtschaftlich sinnvoller Weise mit einiger Konsequenz auf die Erreichung bewußt gewählter Ziele gerichtet *(„rational")* ist. Politiker werden vor allem durch das persönliche Verlangen nach Prestige, Macht und/ oder Einkünften motiviert. Um diese Ziele zu erreichen, müssen Politiker bestrebt sein, die Macht im Staate zu übernehmen. Diesem Zweck dienen die *politischen Parteien* als Gruppen von Personen, die zusammenarbeiten, um in regelmäßig abgehaltenen Wahlen den Regierungsapparat unter ihre Kontrolle zu bringen.

Dazu bedarf die erfolgreiche Partei der Zustimmung einer Mehrheit der Wähler. Alle Parteien werden also bestrebt sein, mehr Stimmen als jede andere zu erhalten. Um ihren politischen Anhang unter den Wählern möglichst groß werden zu lassen, richten die Parteien ihre Politik so ein, daß damit ein möglichst großer Gewinn an Stimmen erzielt werden kann. Den Politikern dienen politische Programme und Aktionen also nur als Mittel, um Wahlen zu gewinnen. Ihre Aufgaben im Rahmen der gesellschaftlichen Arbeitsteilung erfüllen die Parteien deshalb gewissermaßen als Nebenprodukt und nur solange das zu dem gewünschten Wahlsieg beiträgt. Die regierende Partei gestaltet im Rahmen der Verfassung die Politik des Staates so, wie es ihr notwendig erscheint, um erneut eine Mehrheit zu gewinnen: sie tätigt jene Ausgaben, die möglichst viele Stimmen einbringen, mit Hilfe von Finanzierungsmaßnahmen, die am wenigsten Stimmen kosten (Downs).

Jede Regierung findet bei ihrem Amtsantritt eine Menge von Verpflichtungen vor, von denen bekannt ist, daß sie ihre in Stimmen ausgedrückten Kosten wert sind. Eine neue Regierung wird nur jene – relativ geringfügigen – Änderungen durchführen, von denen sie unter Beachtung der Finanzierung annimmt, daß sie mehr Wähler befriedigen als verärgern, und Handlungen zu vermeiden suchen, die entgegengesetzte Wirkungen haben. Durch wirtschaftliche und andere Maßnahmen sucht die Regierung ihr Ansehen bei den Wählern so zu verändern, daß sie sich die Stimmen der Mehrheit sichert.

Verhielte die Regierungspartei sich anders, dann könnte die Oppositionspartei die nächste Wahl gewinnen, indem sie sich die Vorstellungen der Bevölkerungsmehrheit zu eigen macht. Die Wettbewerbssituation zwingt die Parteien auch zu politischen Neuerungen *(Innovationen)*, um so neuen gesellschaftlichen Bedürfnissen der Bevölkerungsmehrheit zu entsprechen. Da jeder Wähler nur eine Stimme hat und die Regierung davon eine Mehrheit gewinnen möchte, besteht bei ungleicher Einkommensverteilung eine Tendenz demokratischer Regierungen, das Einkommen von wenigen Reichen auf viele weniger Reiche umzuverteilen (Downs).

2. *Ungewißheit und Information*

Diese Tendenz wird allerdings dadurch wesentlich abgeschwächt, daß alle politisch Handelnden unter dem Mangel an sicherem Wissen über gegenwärtige und zukünftige Ereignisse *(„Ungewißheit")* leiden. Jeder muß deshalb versuchen, durch Informationen einen höheren Grad an Zuversicht zu erhalten. Die Parteien wissen beispielsweise nicht, welche Politik die Mehrheit der Wähler will. Vor allem kann die personelle Zusammensetzung der Mehrheit bei den verschiedenen Entscheidungen wechseln. Gäbe es keine Ungewißheit, dann könnte die Opposition jedesmal die Regierung schlagen, indem sie entweder den Wahlkampf auf eine Frage beschränkt, in der die Regierung eine andere Position eingenommen hat als die Mehrheit der Bevölkerung, oder aus den unterschiedlichen Minderheiten zu einzelnen Aspekten der Regierungspolitik eine Koalition von Wählergruppen bildet.

Die Ungewißheit stellt die Chancengleichheit der beiden Parteien wieder her. Weder die Regierung noch die Opposition wissen genau, welche Personen in einer Frage Mehrheit und Minderheit bilden und mit welchem Nachdruck sie ihren Standpunkt vertreten. Die Oppositionspartei wird deshalb die Strategie einer Koalition von Minderheiten nur anwenden, wenn die regierende Partei schon lange an der Macht ist. Dann nämlich hat die Regierung sich wahrscheinlich viele Feinde gemacht. Außerdem ist damit zu rechnen, daß innerhalb eines längeren Zeitraumes unterschiedliche Personen jeweils die Mehrheit gebildet haben.

Normalerweise machen sich jedoch beide Parteien jede politische Auffassung zu eigen, die eine Mehrheit der Wähler stark bevorzugt. Keine Partei kann eine Wahl gewinnen, wenn sie den Standpunkt der Minderheit einnimmt, es sei denn, die Minderheit vertritt ihre Ansichten entschiedener als die Mehrheit. Die Mehrheit der Bevölkerung bestimmt die Richtlinien der Politik, wenn ihre Übereinstimmung sich sowohl auf die Wichtigkeit einer Streitfrage als auch auf die Richtigkeit einer bestimmten Lösung erstreckt (Downs).

Die Parteien sind stets bemüht, ihre Politik auf eine solche Mehrheit auszurichten. Sie wissen aber möglicherweise nicht, wie sich bestimmte Maßnahmen auf die Wähler und ihre Ansichten auswirken werden, ob den Wählern die politischen Maßnahmen bewußt sind und welche Politik die gegnerische Partei verfolgen wird. Um die durch diese Situation verursachte und für ein rationales Handeln gefährliche Ungewißheit zu vermindern, müssen die Parteien sich ausreichende Informationen verschaffen. Vor allem die Regierung muß versuchen herauszufinden, was die Wähler wollen. Da die meisten Leute ihre Ansichten der Regierung nicht von sich aus mitteilen, ist sie gezwungen, Vermittler zwischen sich und der Bevölkerung einzuschalten.

Die wichtigsten Vermittler sind die *Repräsentanten* der eigenen Partei, die als Spezialisten die öffentliche Meinung (s. Kap. VII, A) feststellen, weitergeben und analysieren. Ihre Informationen und Ansichten haben einen starken Einfluß auf die Politik der Regierung, die auf diese Weise ihre Macht dezentralisiert. Dadurch verringert sich aber die Fähigkeit der Regierung, ihre Aktionen aufeinander abzustimmen. Die technische Entwicklung von Nachrichtenverbindungen und Verkehrseinrichtungen trägt allerdings dazu bei, diese Tendenz zur Dezentralisierung abzuschwächen. Eine zweite Gruppe von Informationsvermittlern bilden die *Verbände,* die versuchen, die Regierung davon zu überzeugen, was bestimmte Gruppen der Bevölkerung wünschen. Die Regierung wird einerseits wegen dieser Informationen auf die Verbände hören, andererseits muß sie prüfen, wieviele Wähler den jeweiligen Verband und seine Vorschläge wirklich unterstützen (Downs).

Die Orientierung der Regierung (und auch der Opposition) an den durch die Informationen der Verbände und der Repräsentanten übermittelten Vorstellungen ist nicht das Ergebnis eines Strebens nach der Erfüllung gesellschaftlicher Aufgaben. Vielmehr unterliegen Regierung und Opposition einem Zwang, der sich aus dem allgemeinen Wahlrecht ergibt. Die Erfüllung gesellschaftlicher Aufgaben durch die Regierung (z. B. Bereitstellung kollektiver Güter) liegt nämlich im Interesse der Bevölkerung, während die Parteien an den persönlichen Vorteilen der Machtausübung interessiert sind. Die Verbindung dieser Interessen wird über das Wahlrecht hergestellt, das den Bürgern die Möglichkeit verschafft, eine Rolle bei der Auswahl der Regierung zu spielen. Durch ihre Stimmen können die Wähler einer Partei den Machtbesitz verschaffen. Als Gegenleistung erwarten sie von der Regierung ihrerseits persönliche Vorteile. Als Maßstab für die erwarteten Vorteile dienen dem einzelnen Wähler die Ströme von Nutzen, die ihm aus der staatlichen Tätigkeit zufließen *(„Nutzeneinkommen").* Seine Stimmabgabe wird dabei nicht durch die absolute Höhe des gegenwärtigen oder erwarteten Nutzeneinkommens bestimmt. Der Wähler muß vielmehr den Unterschied feststellen zwischen dem Nutzeneinkommen, das ihm in der abgelaufenen Wahlperiode tatsächlich zugeflossen ist, und dem, das er erhalten hätte, wenn die Oppositionspartei an der Macht gewesen wäre (Downs). Da das Ergebnis einer Wahl entweder „Kontinuität" oder „Wandel" sein kann, muß der rationale Wähler versuchen, den Nutzenzuwachs abzuschätzen, den er von beiden Wahlergebnissen zu erwarten hat. Liefern beide Parteien einem bestimmten Wähler die gleiche Nutzeneinkommen, dann wird er sich trotz der Unterschiede ihrer Politik und ihrer Programme der Stimme enthalten. Die Zahl der Stimmenthaltungen wird dadurch beträchtlich erhöht, daß der Unterschied zwischen den Parteien groß genug sein muß, um dem Wähler aufzufallen, d. h. seine Wahrnehmungsschwelle zu passieren. Die ihm bekannte Politik der Parteien muß der Wähler mit seinem persönlichen Bild von einer „guten Gesellschaft" vergleichen und dabei sein Urteil über jede Partei auf die ihm zur Verfügung stehenden Informationen aufbauen. Damit unterliegt auch das Wahlverhalten der Ungewißheit.

Ein zu geringer Informationsgrad bedeutet nicht nur eine möglicherweise falsche Entscheidung bei der Wahl, sondern auch in jedem Falle wenig Einfluß auf die Politik der Regierung. Je weniger politische Einzelheiten der Bürger kennt, desto unwahrscheinlicher ist es, daß er wegen einer Einzelfrage seine Einstellung zur Regierung ändert, und desto unwahrscheinlicher ist es, daß die Regierung ihn bei politischen Entscheidungen berücksichtigt. Die Ungewißheit hebt also die Gleichheit aller Stimmen in ihrer Wirkung teilweise auf und beeinflußt so die Machtverteilung in der Demokratie. Ein Bürger kann auf die Politik der Regierung nur einwirken, wenn er in einer bestimmten Sachfrage ein festes Interesse hat und der Regierung dieses Interesse vorträgt. Dazu muß er über die politischen Möglichkeiten informiert sein (Downs). Die Formulierung einer Politik erfordert also mehr Informationen als die Wahl zwischen vorgegebenen Alternativen. Wer Einfluß nehmen will, muß Informationen sammeln, verarbeiten und der Regierung übermitteln. Das gilt auch für Gruppen von Bürgern (z. B. Verbände).

Da bei einem solchen Prozeß z. T. erhebliche Kosten anfallen, sind bestimmte Personen im Vorteil gegenüber anderen. Beispielsweise erwerben Produzenten die notwendigen Fachinformationen im Rahmen ihrer wirtschaftlichen Tätigkeit. Der breiten Masse von Konsumenten fehlt diese Möglichkeit und folglich ein wirksamer Einfluß auf die Entscheidungen der Regierung. Die Bezieher hoher Einkommen werden ebenfalls durch die Ungewißheit begünstigt: Durch ihre Berufstätigkeit werden sie besser informiert. In der Regel erleichtert ihnen eine längere Schulbildung die Verarbeitung von Informationen. Schließlich ermöglicht ihnen ihr Einkommen, die anfallenden Informationskosten (insbesondere die der Verarbeitung) zu tragen. Ungewißheit und Informationskosten wirken also der grundsätzlichen Neigung demokratischer Regierungen zu einer Umverteilungspolitik entgegen.

Diese Entwicklung wird in modernen Demokratien dadurch begünstigt, daß die meisten Bürger wegen der hohen Kosten Informationen für ihre politische Willensbildung nicht selbst sammeln und verarbeiten. Um die Kosten der Willensbildung zu vermindern, müssen die Wähler ihre Aufmerksamkeit auf die wichtigsten Daten und die umstrittenen Fragen richten. Dazu können sie sich zunächst ihrer Bekannten und Freunde bedienen. Außerdem stehen ihnen besondere Institutionen zur Verfügung (Massenmedien, Parteien und Verbände). Diese Institutionen haben sich im Rahmen der gesellschaftlichen Arbeitsteilung entwickelt und nehmen den Wählern die Informationssammlung und -verarbeitung weitgehend ab (Downs).

3. Ideologie und Wahlverhalten

Die Parteien sind nicht nur an den Auffassungen der Wähler interessiert, sie versuchen auch, durch Repräsentanten und andere Formen der Übermittlung von Informationen das Volk davon zu überzeugen, daß es ihrer Politik zustimmen kann. Dazu bedienen sich die Parteien nicht nur gezielter Informationen über ihre augenblickliche Politik, sondern sie formulieren auch *Ideologien*. Das sind auf bestimmte gesellschaftliche Gruppen abgestellte Programme für eine ideale Gesellschaft und den Weg dorthin. Ideologien helfen sowohl den Wählern als auch den Parteien, die Informationskosten zu senken. Sie ersparen es den Parteien, bei jedem einzelnen Problem die Einstellung der Wähler zu ermitteln, und konzentrieren die Aufmerksamkeit der Wähler auf die Unterschiede zwischen den Parteien.

Um diese Vorteile wirksam werden zu lassen, müssen die Ideologien mit den Aktionen und Wahlkampfäußerungen der Parteien so weit übereinstimmen, daß man daran die zukünftige Politik möglichst genau ablesen kann. Der Wettbewerb um die Wählerstimmen zwingt die Parteien zu einem erheblichen Maß der von den Wählern geschätzten *Verläßlichkeit* (Übereinstimmung von Politik und Programm). Der Wunsch, sich die bisherigen Wähler zu erhalten, treibt jede Regierungspartei zur *Verantwortlichkeit,* d. h. zur weitgehenden Beibehaltung ihres Programms. Andererseits veranlaßt das Bestreben, politischen Ballast loszuwerden, die Opposition zur Änderung ihres Programms. Weil einzelne Politiker mit bestimmten Konzepten identifiziert werden, muß eine Partei häufig erst ihre Führungsgruppe auswechseln, bevor sie das Programm ändern kann. Die Ungewißheit darüber, welche Vorschläge die meisten Stimmen bringen, erlaubt die Koexistenz verschiedener Ansichten innerhalb einer Partei und bewirkt schließlich eine dauernde Umgestaltung und Anpassung der Ideologie im Zusammenhang mit innerparteilichen Machtkämpfen (Downs).

Dieser inner- und zwischenparteiliche Anpassungsprozeß bewirkt, daß die Programme der rivalisierenden Parteien sich ähneln. Ursache dafür ist die – für ein stabiles Zweiparteiensystem typische – Wählerverteilung mit nur einem Punkt großer Häufigkeit der politischen Positionen („mathematische Zufallskurve"). Jede Partei wird versuchen, ihre Politik so zu gestalten, daß der Schwerpunkt ihrer politischen Konzepte den Vorstellungen der gemäßigten

Wählermehrheit entspricht. Nur einige Programmpunkte dürfen sich als Konzessionen an die Extremisten der eigenen Richtung davon entfernen. Die Parteien werden in ihren Programmen nicht nur versuchen einander ähnlich, sondern auch möglichst vieldeutig zu sein. Die Vieldeutigkeit erhöht nämlich die Zahl der möglicherweise anzusprechenden Wähler. Andererseits wollen die Parteien Wähler an die Wahlurne bringen, was nicht gelingen kann, wenn die Programme den Wählern als gleich erscheinen oder nicht nachprüfbare Wahlversprechen enthalten.

Die Wähler sind allerdings auf Informationen der Parteien nicht angewiesen. Die verschiedenen Verbände informieren regelmäßig, z. T. durch Vermittlung der Massenmedien, über die sie interessierenden, strittigen Fragen – vor allem die gerade aktuellen. Daneben gibt es die von den Massenmedien selbst ausgewählten und übermittelten Informationen. Alle diese Informationen kosten den Wähler vor allem Zeit: Er muß fachkundige und seinen Interessen entsprechende Informationsquellen auswählen, ihre Mitteilungen aufnehmen und aus der Gesamtmenge der Informationen seine Stimmabgabe entwickeln. Ein rationaler Wähler wird versuchen, seine Informationskosten dadurch zu senken, daß er die Beschaffung und Analyse von Informationen zu verschiedenen Sachbereichen fachkundigen Einzelpersonen aus seinem Bekannten- und Freundeskreis überläßt. Deren Urteil zu einzelnen Sachbereichen kann er seiner Einschätzung der Parteien zugrunde legen. Allerdings läuft er dabei Gefahr, fremde Bewertungsmaßstäbe ungeprüft zu übernehmen und sich deshalb bei der Wahl falsch zu entscheiden, weil er sein eigenes Nutzeneinkommen auf Grund der so erhaltenen Informationen falsch eingeschätzt hat (Downs).

Will ein Wähler das Risiko nicht eingehen, dann sieht er sich möglicherweise erheblichen Informationskosten gegenüber. Bevor er sich eingehende Informationen zu verschaffen sucht, muß der rationale Wähler deshalb die Bedeutung eines unterschiedlichen Wahlausgangs für sein Nutzeneinkommen und das Gewicht seiner eigenen Stimme abschätzen. In vielen Fällen wird er dabei zu dem Ergebnis kommen, daß seine Stimme nicht über den Wahlausgang entscheidet und daß es bei annähernd gleichen Wahlprogrammen für sein Nutzeneinkommen nahezu gleichgültig ist, wer die Wahl gewinnt. Der geringfügige Vorteil einer richtigen Entscheidung wiegt den Nachteil der erheblichen Informationskosten nicht auf. Für viele Wähler kann es deshalb rational sein, sich nur wenig Informationen über Politik zu beschaffen und sich bei der Wahl der Stimme zu enthalten. Diese Stimmenthaltung bedeutet dann nicht, daß die Wähler mit der Politik der Parteien oder mit dem politischen System unzufrieden sind. Sie zeigt aber, daß für diese Wähler die Kosten der politischen Beteiligung (Partizipation) durch Beschaffung von Informationen und Gang zur Wahlurne größer sind als der daraus erwartete Vorteil.

Unter Berücksichtigung der psychologischen Schwellen, die überwunden werden müssen, ist deshalb die Wahlbeteiligung in den angelsächsischen Demokratien recht hoch. Eine Erklärung hierfür liegt darin, daß manchen Wählern der Wahlausgang zwar gleichgültig sein mag, durch eine allzu niedrige Wahlbeteiligung aber die Demokratie gefährdet werden könnte. Die Wahlbeteiligung hängt also von folgenden Faktoren ab:

- Wie stark die Wähler die Möglichkeit schätzen, in einer Demokratie zu leben;
- Wie sehr es sie interessiert, welche Partei gewinnt;
- Wie knapp sie den Wahlausgang einschätzen;
- Wie hoch die erwartete Wahlbeteiligung ist.

Das Interesse am Fortbestand der Demokratie kommt somit als zusätzliches Wahlmotiv in Betracht (Downs). Wähler, die aus diesem Grunde ihre Stimme abgeben, entscheiden sich auf Grund familiärer Traditionen oder aus Vorliebe für bestimmte Kandidaten (s. Kap. VII, B, 2).

Der Fortbestand eines demokratischen Regierungssystems hängt aber nicht nur von der Wahlbeteiligung ab, sondern vor allem von den politischen Einstellungen der Bevölkerung und ihrer Verteilung. Zerfällt die Wählerschaft in zwei große Gruppen mit stark entgegengesetzten Ansichten in den wesentlichen politischen Fragen, dann können Konflikte die Tendenz zur Zusammenarbeit überwiegen. Bei einer Polarisierung der Wähler kann keine leistungsfähige demokratische Regierung zustande kommen. Diese Feststellung wird von Downs freilich nur für ein Zweiparteiensystem und bei Anwendung des Mehrheitsprinzips auf politische Entscheidungen nachgewiesen. Zwingt die politische Situation eines Landes zum Verzicht auf diese wesentlichen Elemente des Konkurrenzmodells demokratischer Willensbildung, dann vermag das von Lehmbruch formulierte Konkordanzmodell Möglichkeiten zur Errichtung einer stabilen Demokratie aufzuzeigen.

B. Konkordanzmodell

Die politischen Systeme der Schweiz und Österreichs sind die reinsten Ausprägungen eines Typs „kooperativer Konfliktregelung". Dieses *Konkordanzmodell* hat sich durch ein bemerkenswertes Zusammentreffen der diesen Ländern eigentümlichen politischen Tradition mit wichtigen Entwicklungstendenzen der Industriegesellschaft herausgebildet. Es stellt insofern einen extremen Gegentyp zum „Konkurrenzmodell" dar, als politische Konflikte vorwiegend durch „gütliches Einvernehmen" *(„amicabilis composito")* geregelt werden. Ein solches „Einvernehmen" ist das Ergebnis von Verhandlungen aller Gruppen, die ein politisches Mitspracherecht erlangt haben, seien es Sprachgruppen, Regionen, Religionsgemeinschaften oder politische Parteien. Diese Gruppen gehen davon aus, daß ihre Zielvorstellungen einander ausschließen. Für Entscheidungen über religiöse, sprachliche und ideologische Gegensätze gibt es auch keine gemeinsamen Maßstäbe, keinen Kompromiß durch Entgegenkommen „auf halbem Wege", wie bei Fragen der Einkommensverteilung oder der Steuergesetzgebung. Der Konflikt wird dadurch stabilisiert, daß sich die zahlenmäßige Stärke der einander gegenüberstehenden Gruppen im Zeitablauf nur wenig verändert. Eine Stimmenmaximierungsstrategie würde nicht zum Erfolg führen. Keine Minderheit kann es unter diesen Umständen zulassen, in allen für sie wichtigen Fragen überstimmt zu werden. Mehrheitsentscheidungen kann in einer solchen Situation nur untergeordnete Bedeutung zukommen, wenn nicht der Bestand des politischen Systems gefährdet werden soll (Lehmbruch). Alle gesellschaftlich relevanten Gruppen werden deshalb entsprechend ihrer zahlenmäßigen Stärke („proportional") am Entscheidungsprozeß beteiligt, dessen wesentliches Ziel das Aushandeln von Kompromissen ist, die für alle Beteiligten annehmbar sind (Steiner).

1. Techniken der Konfliktregelung
Bei unterschiedlichen historischen Bedingungen im Einzelfall haben sich bestimmte Techniken der *„kooperativen Konfliktregelung"* entwickelt, die das Konkordanzmodell kennzeichnen:

– Öffentliche Ämter, insbesondere Ministerposten, werden den wichtigsten Gruppen im Verhältnis ihrer zahlenmäßigen Stärke zugeteilt. Dieser Grundsatz der *„Parität"* bzw. des *„Proporzes"* sichert die Mitwirkung der beteiligten Gruppen in Einzelfragen.

– Bestimmte räumlich oder sachlich abgegrenzte Bereiche der staatlichen Organisation werden den beteiligten Gruppen zur selbständigen Durchführung ihrer eigenen Politik überlassen („Reichshälften").

– Kompromisse in wichtigen politischen Fragen werden häufig dadurch zustande gebracht, daß strittige Fragen gleichzeitig geregelt werden *(„Junktim")*. Dabei wird dann Streitfrage I im Sinne der Gruppe A und Streitfrage II nach den Vorstellungen der Grupe B geregelt. So ergibt sich durch gegenseitige Zustimmung zu Maßnahmen, die für mindestens einen der Beteiligten eigentlich „unannehmbar" sind, eine Erfüllung der Wünsche jeder Gruppe in einem bestimmten Teilbereich.

Für die Bevorzugung von Konkordanzstrategien in einem politischen System nennt Lehmbruch eine Anzahl von wesentlichen Bedingungen, u. a.:

a) starke Segmentierung in religiöse, sprachliche, ethnische, ideologische u. a. Subkulturen,
b) traumatische Erinnerungen an gewaltsame Auseinandersetzungen zwischen den Subkulturen,
c) starke Traditionen des „gütlichen Einvernehmens",
d) Internalisierung von kooperativen Strategien als Konfliktregelungsnorm,
e) außenpolitische Neutralität eines politischen Systems geringer Größe.

zu a) Steiner bezeichnet ein politisches System als segmentiert, wenn die meisten Mitglieder der einzelnen Subkulturen zwei oder mehr soziale Merkmale mit politischer Relevanz gemeinsam haben. Die *Segmentierung* kann durch ein einzelnes Merkmal dominiert sein. Dann handelt es sich um eine „unidimensionale" Segmentierung, die Lehmbruch in Anlehnung an den niederländischen Sprachgebrauch „Versäulung" nennt. *Versäulung* liegt vor, wenn die ideologischen Bindungen bei konkurrierenden Gruppen so stark überwiegen, daß sich alle anderen gesellschaftlichen Beziehungen und Interessen ihnen unterordnen. So haben die beiden großen Parteien in Österreich die Tendenz, sich jedes organisierbare Interesse organisatorisch einzuverleiben. Die Konflikte bestehen zwischen weltanschaulich abgeschlossenen und in sich durchorganisierten „Lagern", für die eine ziemlich straffe Parteidisziplin typisch ist.

Eine andere Art der Segmentierung findet man in Belgien, wo sich der sprachliche und religiöse-antireligiöse Gegensatz überlagern. So bestehen beispielsweise innerhalb der christlich-sozialen und der sozialistischen Partei je eine flämische und eine wallonische Subkultur. Hier spricht Steiner von einer bidimensionalen Segmentierung.

In der Schweiz liegt schließlich eine multidimensionale Segmentierung vor, da sich hier Sprache, Konfession, soziale Schichtzugehörigkeit und Region als Dimensionen gegenseitig überschneiden, so daß eine relativ große Zahl von Subkulturen besteht. Lehmbruch verwendet hier den Begriff *Sektionalismus* und bezeichnet damit die geschlossene Interessenvertretung einer innerhalb eines abgegrenzten Gebietes zusammenlebenden Gruppe. Dieser Fall ist durch die konfessionelle und sprachliche Geschlossenheit der einzelnen Kantone in der Schweiz gegeben. Die Konflikte bestehen also zwischen Landesteilen. Dem entspricht die sehr weitgehende Selbständigkeit der kantonalen Parteiorganisationen. Sektionalismus und Versäulung bezeichnen typische Integrationsformen politischer Gruppen, die nach außen weitgehend abgeschlossen und durch möglichst geringe Mobilität ihrer Mitglieder gekennzeichnet sind.

zu b) Wenn solche in sich geschlossenen Gruppen ihre Konflikte in gewaltloser Form durch Anwendung von Konkordanzstrategien austragen, dann haben dazu abschreckende Erfahrungen mit gewaltsamen Auseinandersetzungen in bestimmten Perioden der Landesgeschichte wesentlich beigetragen. Für die Schweiz nennt Steiner den Sonderbundskrieg von 1847 und den Generalstreik von 1918. Für Österreich kommt den Auseinandersetzungen um einen nationalen Ausgleich innerhalb der Monarchie, die 1914 zum Ersten Weltkrieg führten, und dem Bürgerkrieg von 1934 entsprechende Bedeutung zu.

zu c) Darüber hinaus hat die kooperative Konfliktregelung in beiden Ländern eine ehrwürdige Tradition: In der Schweiz wurde beispielsweise zunächst der konfessionelle Gegensatz zwischen Protestanten und Katholiken durch „amicabilis composito" und „Paritäts"vereinbarungen geregelt. Die Aufnahme von Vertretern aller wichtigen Gruppen in die Regierung läßt sich auf die Gewohnheiten der aristokratischen Stadtregierungen zurückführen. In Österreich bildete die ständische Interessenvertretung zunächst ein wesentliches Merkmal der Parlamente. Bei den Auseinandersetzungen der Nationalitäten bis zum Ende des Kaiserreichs wurden die dargestellten Techniken kooperativer Konfliktregelung vollkommen ausgebildet: „paktierte Gesetzgebung", „Völkerministerium", Besetzung bestimmter Ministerien durch Beamte gleicher Nationalität. Die Verfahren einer kooperativen Regelung gesellschaftlicher Konflikte haben sich in den betreffenden Ländern seither erhalten, sie sind Bestandteile der politischen Kultur (s. Kap. II, B, 2) dieser Länder geworden.

zu d) Von den jeweiligen politischen Elitegruppen, die sich dieser Konfliktregelungsmuster bedienen, werden sie im Lernprozeß einer besonderen politischen *Sozialisation* (Eingliederung in die Gesellschaft) auf alle neu in die Elite eintretenden Personen übertragen. So erlangen diese Verhaltensweisen eine große Beständigkeit im Zeitablauf. Auf diese Weise können sich die Verfahren der Konfliktregelung so fest in der politischen Kultur verankern, daß sie auch dann beibehalten werden, wenn die Art der gesellschaftlichen Konflikte sich verändert (Lehmbruch). Die Existenz grundsätzlicher Konflikte ist dann für die Anwendung dieser Techniken nicht mehr notwendig. Da die kooperative Konfliktregelung ein elitenspezifisches Verhalten darstellt, müssen nur die politischen Führungsgruppen, nicht aber ihre Wähler die jeweiligen Zielvorstellungen für grundsätzlich unvereinbar halten. Es besteht also die Möglichkeit, daß gesellschaftliche Konflikte nur von den Eliten als Ausdruck der Gegensätze in Grundsatzfragen ausgelegt (gewissermaßen „ideologisch aufgeladen") werden.

zu e) Dadurch verstärkt sich allerdings die Gefahr, daß ein politisches System unter Entscheidungsdruck geraten kann. Ein mögliches Gegengewicht gegen ein dadurch bewirktes Auseinanderfallen des Systems in seine verschiedenen Subkulturen bietet ein starker Druck des internationalen Systems (Steiner, „Majorz...", a. a. O.). Von einem solchen Druck, dem Kleinstaaten stärker ausgesetzt sind als Großstaaten, gehen vor allem zwei Wirkungen aus: zum einen erhöht sich die Solidarität der Subkulturen, zum anderen wird der betroffene Kleinstaat eine außenpolitisch neutrale Rolle anstreben (Lehmbruch).

2. Kompromißfähigkeit und Lernkapazität

Dem Konkordanzmodell wird in Vergleichen mit dem Konkurrenzmodell häufig ein geringeres Leistungsvermögen zugeschrieben:

- Innovationen (s. Kap. V, A, 1) unterbleiben, weil sie zwangsläufig auf Kosten der etablierten Interessen einzelner Gruppen erfolgen müßten.
- Koordination und Planung sind nicht möglich, weil die beteiligten Gruppen sich nicht auf gemeinsame Ziele einigen können.
- Kontrolle entfällt, weil die Opposition fehlt und eine Ablösung der Regierungsmitglieder nicht zu erwarten ist.

Bei solchen Feststellungen ist nach Ansicht von Lehmbruch aber Vorsicht geboten, solange nicht eingehende Untersuchungen vorliegen. Zunächst ist zu beachten, daß jedes Regierungssystem neben den Sachaufgaben (Leistungsfunktionen) auch Integrationsaufgaben zu erfüllen hat. Pulzer („The Legitimizing Role of Political Parties", in: Government and Opposition 1969) hat am Beispiel Österreichs dargestellt, wie die Anwendung von Konkordanzstrategien einen Konsens der wichtigsten gesellschaftlichen und politischen Gruppen entwickelt und die Legitimität der politischen Institutionen geschaffen hat, so daß nunmehr die Stabilität demokratischer Regierungsweise gewährleistet ist. Selbst der oft kritisierte „Ämterproporz" führt nicht notwendig zu geringeren fachlichen Qualifikationen der Amtsinhaber (s. Kap. IX, B, 2). Er wird vielmehr erst dann problematisch, wenn eine anspruchsberechtigte Gruppe infolge eines „Bildungsdefizits" nicht über genügend qualifiziertes Personal verfügt. Das „Junktim" führt erst in Verbindung mit einem Zweierproporz zur beschränkten Entscheidungsfähigkeit, weil dann der Zwang zum Junktim besonders stark ist und eine Frage so lange ungelöst bleibt, bis ein geeignetes Junktim gefunden wird.

Steiner („Majorz ...", a. a. O.) nimmt allerdings an, daß eine zunehmende Bedeutung von Formen kooperativer Konfliktregelung die „Lernfähigkeit" eines politischen Systems vermindert. Unter *Lernfähigkeit* versteht er in Anlehnung an Deutsch („Politische Kybernetik", Freiburg 1969) die Verbindung eines hohen Grades an Vielseitigkeit und Originalität mit schneller Verfügbarkeit und großer Treffsicherheit in bezug auf Herausforderungen, die an eine Organisation von ihrer Umwelt gestellt werden. Die Ursache für eine verminderte Lernkapazität von Konkordanzsystemen liegt im Zusammenhang zwischen Lernkapazität und Kompromißfähigkeit.

Die Kompromißfähigkeit eines segmentierten politischen Systems ist u. a. um so größer

- je häufiger und informeller die Eliten der verschiedenen Subkulturen unter Ausschluß der Öffentlichkeit interagieren,
- je länger die Amtsdauer der politischen Rollenträger ist,

- je mehr Zeit für die einzelnen politischen Entscheidungsprozesse zur Verfügung steht,
- je kleiner der Innovationsspielraum beim politischen Entscheidungsprozeß ist,
- je geringer die politische Partizipation der einfachen Mitglieder des Systems ist,
- je größer die Zahl der selbständigen politischen Gruppen ist.

Hier zeigt sich, weshalb das schweizerische Vielparteiensystem mit einer stark föderalistischen Gliederung und relativ geringer Parteidisziplin (s. Kap. IV, B, 2) eher in der Lage ist, Blockierungen durch Beschlüsse wechselnder Mehrheiten zu vermeiden als das vor allem auf Versäulung beruhende österreichische System des Zweierproporzes. Hinzu kommt, daß in der Schweiz Volksentscheid und Volksbegehren „funktionale Kanäle für die Artikulation von Dissens" (Steiner) darstellen, also ein „Sicherheitsventil" bilden, das zwar selten wirklich benötigt wird, aber zu Kompromissen anregt.

Von den Bestimmungsfaktoren für ein hohes Maß an Kompromißfähigkeit wirken sich vor allem die lange Dauer des Entscheidungsprozesses, ein geringes Maß an Innovationsspielraum, die lange Amtsdauer der politischen Rollenträger und eine geringe Partizipation der einfachen Mitglieder des Systems negativ auf die Lernfähigkeit des politischen Systems aus. Für den Zusammenhang von Lernfähigkeit und Kompromißfähigkeit muß also eine optimale Lösung in der Weise angestrebt werden, daß

- der politische Entscheidungsprozeß weder zu schnell noch zu langsam verläuft,
- der Innovationsspielraum im politischen Entscheidungsprozeß weder zu groß noch zu klein ist,
- die Amtsdauer der politischen Rollenträger weder zu lang noch zu kurz ist, und schließlich
- die politische Partizipation der einfachen Mitglieder des Systems weder zu stark noch zu schwach ist.

Wird diese optimale Lösung erreicht, kann die Regelung politischer Konflikte durch Konkordanzstrategien – also gewaltlos – erfolgen. In bestimmten Situationen erweist es sich allerdings als notwendig, durch Gewaltanwendung die Lernfähigkeit des politischen Systems zu erhöhen. Genießt die soziale Norm der Gewaltlosigkeit besondere Wertschätzung, dann ist es wichtig, darauf zu achten, daß durch eine kurzfristige Gewaltanwendung nicht die Kompromißfähigkeit des politischen Systems auf lange Sicht verloren geht (Steiner). Damit sind zugleich Möglichkeiten und Grenzen demokratisch organisierter politischer Entscheidungsprozesse aufgezeigt.

Wenn Sie prüfen wollen, ob Sie den Stoff dieses Kapitels gründlich durchgearbeitet haben, beantworten Sie bitte die folgenden *Kontrollfragen:*
1. Nennen Sie die Grundannahme des Konkurrenzmodells von Downs!
2. Bestimmen Sie den Begriff der Ungewißheit und seine Bedeutung für das Konkurrenzmodell!
3. Bringen Sie die politische Rolle von Repräsentanten, Verbänden und Massenmedien auf eine kurze Formel!
4. Welche Bedeutung hat das Nutzeneinkommen für das Wahlverhalten im Konkurrenzmodell?
5. Haben Ideologien im Konkurrenzmodell Einfluß auf das Wahlverhalten?
6. Kann Stimmenthaltung rational sein?
7. Nennen Sie die Techniken der Konfliktregelung im Konkordanzmodell!
8. Welche Arten der Segmentierung politischer Systeme kennen Sie?
9. Erfolgt eine kooperative Konfliktregelung nur, wenn in einer Gesellschaft unvereinbare Wertvorstellungen bestehen?
10. Kritiker der Konkordanzdemokratie verweisen auf ihr geringes Leistungsvermögen. Welche Argumente führen Sie an?

Antworten zu diesen Fragen finden Sie auf Seite 156 f.

Kapitel VI: Diktatur als System politischer Herrschaft

Wesentliches Kennzeichen eines der Demokratie entgegengesetzten politischen Systems ist der alleinige Machtträger. Er kann eine Einzelperson (Diktator), eine Versammlung, ein Ausschuß oder eine Partei sein (Loewenstein). Es gibt keine weiteren, von ihm unabhängigen, Entscheidungszentren und keine wirksamen verfassungsmäßigen Kontrollen seiner Macht. Für ein politisches System der Gegenwart, das zu diesem Typ gehört, wird gelegentlich der Begriff Autokratie, meist aber der Begriff Diktatur verwendet (s. Kap. II, A, 1). Wie die Demokratie enthält auch diese politische Ordnung zahlreiche Gestaltungsmöglichkeiten. Um die in der politischen Wirklichkeit zu beobachtende Vielfalt einigermaßen in den Griff zu bekommen, hat sich auch hier die Bildung von Typen durchgesetzt. Für eine wissenschaftliche Einteilung autokratischer Ordnungen bietet sich die Unterscheidung von autoritären und totalitären Diktaturen an (s. Kap. II, A, 3), wobei die totalitäre Diktatur als der am weitesten entwickelte Typ gilt.

A. Totalitäre Diktatur

Friedrich sieht in der *totalitären Diktatur* „eine mit gewissen Zügen der heutigen Industriegesellschaft verknüpfte Entwicklungsform der politischen Ordnung". Diese Form wird im allgemeinen an den Beispielen der Sowjetunion unter Stalin, des faschistischen Italien und nationalsozialistischen Deutschland untersucht.

1. Merkmale totalitärer Systeme
Die Begriffe „totalitäre Diktatur" oder *Totalitarismus* bezeichnen ein System, in dem die technisch fortgeschrittenen Instrumente politischer Machtausübung von der zentralisierten Führung einer sich selbst als Elitebewegung verstehenden politischen Gruppe uneingeschränkt ausgenützt werden. Ihr Ziel ist eine totale gesellschaftliche Umwälzung einschließlich einer Neuformung des Menschen. Dies geschieht auf der Grundlage gewisser ideologischer Voraussetzungen, die von der Führung willkürlich proklamiert werden und in einer Atmosphäre erzwungener Einmütigkeit der gesamten Bevölkerung (Friedrich).

Bei einer Analyse dieser Systeme und insbesondere der in ihnen entwickelten Herrschaftstechniken fällt auf, daß die faschistischen und kommunistischen totalitären Diktaturen sich in ihren wesentlichen Zügen gleichen, und zwar untereinander mehr als gegenüber anderen Systemen staatlicher Ordnung. Von dieser Annahme ausgehend entwickelt Friedrich ein Modell, das die wichtigsten Merkmale aller totalitären Diktaturen enthalten soll. Die sechs kennzeichnenden Merkmale dieses „klassischen" Totalitarismus-Modells totalitärer Diktaturen und *Totalitarismus* sind: die Ideologie, die Partei, die Geheimpolizei, das Nachrichtenmonopol, die zentral gelenkte Wirtschaft und das Waffenmonopol. Löwenthal (in: Löwenthal/Meissner, „Sowjetische Innenpolitik", Stuttgart 1968) faßt diese Merkmale zusammen und führt drei Monopole als Kennzeichen eines totalitären Systems an:

– das *Parteimonopol*, d. h. die Zulassung nur eines Trägers der politischen Willensbildung,
– das *Organisationsmonopol*, d. h. die Ausschaltung der gesellschaftlichen Organisationen,
– das *Informationsmonopol*, das sowohl eine Zensur der Meinungsäußerung als auch der Meinungsbildung bewirkt.

Neben den drei Monopolen nennt Löwenthal als viertes institutionelles Merkmal
– den Terror von oben.

Wird das Militär von der obersten Führung beherrscht – wie in der Sowjetunion und im Dritten Reich – so besitzt der Staat ein fast vollkommenes *Waffenmonopol*. Dieses Waffenmonopol vereitelt jeden bewaffneten Widerstand. Der einzelne Bürger oder auch größere Gruppen von Bürgern – selbst wenn sie über Handfeuerwaffen verfügen – können sich nicht gegen die überwältigende technische Überlegenheit moderner Waffen und Geräte verteidigen. Der Staat als Inhaber des Waffenmonopols kann jederzeit die Bevölkerung mit Gewalt seinem Willen unterwerfen. Hinzu kommt als weiteres Kontrollinstrument die *zentral geleitete Wirtschaft*. Sie wird durch eine bürokratische Gleichschaltung und Beherrschung aller vorher unabhängigen wirtschaftlichen Einheiten ermöglicht und durch entsprechende Maßnahmen der gesamtwirtschaftlichen Planung jeweils verwirklicht. Für die Herrschaftstechnik der totalitären Diktatur sind vor allem die übrigen Merkmale (Ideologie, Einheitspartei, Geheimpolizei und Nachrichtenmonopol) von besonderer Bedeutung.

2. Ideologie

Friedrich versteht *Ideologie* als ein System von Ideen über die Veränderung und Verbesserung einer bestehenden Gesellschaft unter Einschluß einer mehr oder weniger eingehenden Kritik an der bestehenden oder vorhergehenden

Gesellschaft. Eine totalitäre Ideologie zielt mithin ab auf die totale Zerstörung und den totalen Wiederaufbau einer bestehenden Gesellschaft unter Anwendung von Gewalt. Die Ideologie wird von den totalitären Bewegungen nicht nur wegen der Nützlichkeit ihres Inhalts benutzt, der sie einst „zur Waffe im politischen Kampfe einer Klasse, eines Volkes, einer Nation machte". Wichtig ist vor allem ihre eigenartige Form „der unfehlbaren, allwissenden Voraussage" (Arendt, „Elemente und Ursprünge totaler Herrschaft", Frankfurt 1957). Totalitäre Ideologien lassen sich unter dem Gesichtspunkt der letzten Werte oder Zweckvorstellungen in universale und partikulare Ideologien unterteilen. Diese Typenbildung führt zu einer Unterscheidung zwischen der universalen kommunistischen Ideologie und den partikularen faschistischen Ideologien. Die *kommunistische Ideologie* richtet sich an die Proletarier der ganzen Welt, deren geschichtliche Sendung es ist, die Menschheit aus den Banden des Kapitalismus zu befreien. Die *faschistischen Ideologien* wenden sich an ein bestimmtes Volk, dessen Ruhm, Macht und geschichtliche Sendung zu verwirklichen sie vorgeben (Faschismus und Nationalsozialismus).

Die totalitären Führer gestalten ihre ideologischen Werkzeuge so, „wie es dem geistigen Niveau der von ihnen angesprochenen Masse entspricht, denn die Ideologie hat für sie ja wesentlich die Funktion eines Werkzeuges zum Zweck der Machtergreifung und Machterhaltung" (Friedrich). Aufgrund von Eingebung oder wissenschaftlicher Erkenntnis ist die Parteiführung in der Lage, die für eine Verwirklichung der endzeitlichen Ideologien notwendig erscheinenden Voraussetzungen zu schaffen. Sowohl der Kommunismus als auch der Faschismus bestehen darauf, daß sich die Wahrheit ihrer Lehre durch Revolutionen bestätigen lasse und auf diese Weise bestätigt werden müsse. Daraus ergibt sich das Erfordernis einer revolutionären Bewegung („Partei" genannt), die notwendigerweise als die Elite des Proletariats oder der Nation erscheint.

3. Einheitspartei

Der Begriff „totalitäre Diktatur" beinhaltet, daß ein *Diktator* mit absoluter Macht an der Spitze steht. Hitler, Mussolini und Stalin waren solche diktatorischen Alleinherrscher; ihre Ansichten waren entscheidend, ihre Macht absolut, wobei Stalins Machtstellung schließlich ein Ausmaß an Totalität erreichte, das weder Hitler noch Mussolini verwirklichen konnten. Die Gefolgschaft eines totalitären Diktators wird ebenso wie die eines politischen Führers im demokratischen Verfassungsstaat als *Partei* bezeichnet. Nach außen besitzen diese totalitären Gefolgschaften zwar die Formen einer Partei (s. Kap. VIII, B, 1), innerparteilich sind sie jedoch anders aufgebaut. Die Mitglieder werden nicht – wie bei demokratischen Parteien – frei aufgenommen, sondern sie müssen Proben für die Aufnahme erfüllen und können durch eine Entscheidung der Parteiführung ausgeschlossen werden. Schließlich fällen die Parteimitglieder auch dann keine Entscheidungen, wenn sie abstimmen oder die Parteiführung wählen. „Die Partei ist in ihrem ganzen Aufbau hierarchisch-autokratisch" (Friedrich). Diese Struktur („*Führerprinzip*") erklärt sich ebenso wie das betont kämpferische Wesen totalitärer Bewegungen aus der Kampflage solcher Gruppen vor der Machtergreifung. Aber auch danach bleiben diese Parteien autokratisch strukturiert. „Man kann ... von der Partei als einer ‚Elite' der totalitären Gesellschaft sprechen" (Friedrich). Trotz vieler Gemeinsamkeiten totalitärer Systeme gab es einen wichtigen Unterschied im Verhältnis von Partei und Staat. In Italien war – entsprechend der Bedeutung des Staats in der faschistischen Ideologie – die Regierung zunächst der Partei übergeordnet. In den späten 30er Jahren standen hier – wie im nationalsozialistischen Deutschland – Partei und Staatsapparat etwa auf gleicher Ebene. Von Hitler wurde die Zwei- und Mehrgleisigkeit der Herrschaftsstruktur bewußt herbeigeführt. In dem vielfältigen Kompetenzgewirr des nationalsozialistischen Herrschaftssystems verkörperte der „Führer" die einzig sichere Verbindung. Die Allmacht seiner Stellung beruhte nicht zuletzt auf diesem ungeklärten Verhältnis zwischen Partei und Staat: er allein konnte die systemnotwendigen Kompetenzkonflikte lösen.

Stand und fiel der nationalsozialistische wie der faschistische Totalitarismus mit dem Führer und dem Führerprinzip, so haben die sowjetischen Kommunisten immer darauf bestanden, daß ihre Partei eine demokratisch organisierte Bewegung der klassenbewußten Arbeiter und Bauern sei. Als ihr Organisationsprinzip gilt der *demokratische Zentralismus:* vor einer Entscheidung besteht volle Freiheit der Diskussion, aber wenn die Entscheidung gefallen ist, sind die unteren Organisationseinheiten angehalten, die Politik restlos durchzuführen. Tatsächlich sind jedoch Autorität und Entscheidung zentralisiert. Dieses System konzentrierter Machtausübung ist eng mit der Entwicklung der Parteibürokratie verknüpft.

Wenn das Sowjetsystem nach Stalins Tod nicht zusammenbrach, so bedeutet das nicht, daß Stalin kein absoluter Diktator gewesen sei. Vielmehr hatte sich das System aufgrund eines hochentwickelten Netzes bürokratischer Verwaltungsinstanzen bereits so weit verfestigt, daß es in der Zeit des Kampfes um die Nachfolge von den Unterführern weitergeleitet werden konnte. Die Unterführer sitzen nämlich schon zu Lebzeiten des Diktators an den Schalthebeln der Macht, während der Diktator noch die Befehle erteilt. „Diese entscheidende Rolle der *Unterführer* ist für das Verständnis des totalitären Systems sehr wichtig; denn diese Unterführer verwalten die totalitäre Macht" (Friedrich). Das Unterführertum weist vier wesentliche Merkmale auf:
– das bürokratische Moment: der Unterführer muß die „politische Maschine" beherrschen können;

– das feudalistische Moment: die Macht wird vertikal und horizontal an die Unterführer verliehen;
– das demokratische Moment: die Unterführer-Elite ist gegenseitig gleich gestellt;
– das demokratische Moment: die Unterführer-Elite ist gegenseitig gleichge-
Kampf jeglichen Widerstand in ihrem Bereich.
Beim Tod des Diktators (Lenin, Stalin) traten die Unterführer als „kollektive Führung" vorübergehend gemeinsam an seine Stelle. Solange die Auseinandersetzungen um die Nachfolge andauern, wird die Führung symbolisch durch die Partei als Trägerin der ideologischen Kontinuität wahrgenommen. Wer im Machtkampf um die Nachfolge „die Oberhand gewinnt, ist eine Frage der Persönlichkeit, der erfolgreichen Kontrolle über den Apparat und der geschickten Handhabung der für einen solchen Wettbewerb zur Verfügung stehenden Mittel" (Friedrich). Der Kampf um die Nachfolge vollzieht sich zwischen den obersten Unterführern unter Geheimhaltung, bis der Sieger feststeht und dies der Bevölkerung mitgeteilt wird. Die Geheimhaltung und vollkommene Loslösung dieses Vorgangs von der Masse macht einen Zerfall der totalitären Diktatur im Zusammenhang mit dem Kampf um die Nachfolge unwahrscheinlich.

4. Nachrichtenmonopol

Propaganda und Terror, die beiden Mittel der Massenbeeinflussung in einer totalitären Diktatur, sind eng miteinander verbunden. „Weil der Terror das Monopol der Massenbeeinflussung überhaupt erst ermöglicht, kann totalitäre Propaganda nur in seinem Rahmen verstanden werden. Umgekehrt bekommt aber der Terror dadurch seine alles durchdringende Schärfe, daß seine Gegenwart durch die dauernde Wiederholung bestimmter Parolen ständig verseucht wird" (Friedrich). Da die Propaganda zentral gesteuert wird, ist es nicht entscheidend, ob der Staat die Massenmedien selber besitzt (Sowjetunion) oder ob sie sich weiterhin in Privateigentum befinden (Italien, Deutschland). In beiden Fällen handelt es sich um ein Herrschaftsmonopol. Aus der Kontrolle über die Nachrichtenmittel entspringt die tatsächliche Kontrolle über den gesamten Inhalt.
In der totalitären Diktatur zielt die gesamte Propaganda letzlich auf eine Machterhaltung der Partei ab. Aber auch bei den Machtkämpfen innerhalb der totalitären Partei spielt die Propaganda eine bedeutsame Rolle: so vernichtete Stalin seine parteiinternen Gegner zuerst propagandistisch und dann auch physisch. Die fast vollständige Kontrolle über alle Mittel der Massenbeeinflussung erleichtert es der totalitären Diktatur, Art und Richtung der Propaganda schnell und wirksam zu ändern. Das zeigt sich insbesondere in der Außenpolitik. So betonten nach dem Abschluß des Hitler-Stalin-Paktes (1939) plötz-

lich kommunistische und nationalsozialistische Propagandisten gemeinsame Züge beider Systeme und den Gegensatz zu den Demokratien des Westens. Nach der Machtergreifung versucht die totalitäre Bewegung ihre Macht auf alle Bereiche des gesellschaftlichen Lebens auszubreiten, sie total zu gestalten. Diese totale Umgestaltung der Gesellschaft wird durch Unterdrückung jeglicher Opposition eingeleitet und durch Organisation eines Terrors, der schließlich die gesamte Bevölkerung erfaßt, fortgesetzt.

Dieser *Terror* (= Schreckensherrschaft) bedient sich der modernsten technischen Mittel, so daß es keine Zuflucht vor ihm gibt. Jeder etwaige Widerstand bleibt isoliert und wird durch das Gefühl hoffnungsloser Vereinsamung gelähmt. Die „Unfehlbarkeit" des ideologischen Dogmas zwingt das totalitäre Regime zu immer größerem Terror, will seine ideologische Unduldsamkeit in ein leidenschaftliches Streben nach vollkommener Einstimmigkeit ausartet. Die daraus entstehende allgemeine Angst führt leicht dazu, die wirkliche innere Stärke einer solchen Diktatur zu überschätzen, was dann wieder dazu beiträgt, den Anschein der Einstimmigkeit aufrecht zu erhalten. „Diese Übereinstimmung, die ihren Ausdruck in erzwungenen Volksabstimmungen und Wahlen findet, darf aber nicht passiv sein" (Friedrich). Vielmehr bestehen die totalitären Herrscher darauf, daß eine begeisterte Einstimmigkeit im politischen Verhalten der ihnen unterworfenen an den Tag gelegt wird. Hermens nennt diese Art der Zustimmung *„pervertierten Konsens"*. Auch diejenigen, die zunächst nicht betroffen sind, fühlen sich schließlich verfolgt, obwohl die Geheimpolizei sie überhaupt nicht beachtet (Friedrich).

5. Geheimpolizei
Geheimpolizei, Säuberungen und Konzentrationslager gehören zu den typischen Herrschaftstechniken einer totalitären Diktatur. Sie dienen dazu, ein „Volk" gegen „seine" Feinde zu schützen, gleichgültig, ob dieser Schutz gewünscht wird oder nicht. Der Kampf gegen die Feinde des Volkes dauert ununterbrochen an und wird um so intensiver geführt, je gefestigter und sicherer das totalitäre Regime ist. Sobald die anfängliche Geduld und Vorsicht weichen, nimmt der Terror mit der Stabilisierung des Systems an Umfang und Heftigkeit zu. Richtet sich der Terror kurz nach der Machtergreifung vor allem gegen die offensichtlichen Feinde, so wendet er sich nach der Vernichtung dieser Feinde gegen die breite Masse: „erst nachdem die Ausrottung der wirklichen Gegner durchgeführt ist und die Jagd nach ‚potentiellen' Feinden angefangen hat, wird der Terror zum eigentlichen Inhalt der totalitären Herrschaftssysteme" (Arendt, a. a. O.).

Da die meisten Volksfeinde nicht zu bekehren bzw. umzuerziehen sind, werden sie in der Regel vernichtet („liquidiert"). In diesem Zusammenhang haben die Nationalsozialisten den Begriff des objektiven Gegners entwickelt. Der *„objek-*

tive Gegner" unterscheidet sich von dem „*Verdächtigen*" früherer Zeiten dadurch, daß er nicht durch irgendeine eigene Handlung, sondern durch die Politik des totalitären Systems selbst zum Gegner wird. Wer zu verhaften und zu liquidieren ist, steht von vornherein fest, sein tatsächliches Denken oder Planen interessiert dabei überhaupt nicht. Worin sein Verbrechen besteht, läßt sich objektiv, ohne Zuhilfenahme subjektiver Faktoren feststellen. Wenn man von einem Rechtsdenken der totalitären Diktatur sprechen könnte, so müßte der „objektive Gegner" sein zentraler Begriff sein (Arendt, „Elemente ...", a. a. O.).

Wesentlicher Bestandteil des terroristischen Apparates ist die Geheimpolizei: in der Sowjetunion die Tscheka und ihre Nachfolgeorganisationen, im Dritten Reich die Geheime Staatspolizei (Gestapo) und die SS. Eine verfeinerte Form des totalitären Terrors stellen die *Säuberungen* dar. Sie haben die Aufgabe, unbrauchbar gewordene Parteigänger zu beseitigen und neuen Kräften den Anreiz zum Aufstieg zu geben. Während jedoch der Terror die gesamte Gesellschaft umfaßt, beschränken sich die Säuberungen auf die Mitglieder der totalitären Bewegung. Mitglieder, die möglicherweise den Willen der Parteiführung in Frage stellen, werden beseitigt und so der innere Zusammenhalt der Bewegung wiederhergestellt. Gerade die Erfahrungen in der Sowjetunion zeigen, daß die bemerkenswerte Einheit der kommunistischen Partei durch wiederholte Säuberungsaktionen geschmiedet worden ist (Friedrich).

Die Konzentrationslager, „die eigentliche zentrale Institution des totalen Macht- und Organisationsapparates" (Arendt, a. a. O.) sind ein weiteres wichtiges Herrschaftsmittel totalitärer Diktaturen. Ihre Aufgabe ist es, „diejenigen Elemente aufzunehmen, die aus dem einen oder anderen Grund angeblich unfähig oder nicht gewillt sind, sich ... anzupassen. Im Konzentrationslager soll ihnen eine Möglichkeit gegeben werden, sich zu bessern und zu nützlichen Mitgliedern der Gesellschaft zu werden" (Friedrich). Daß die meisten Opfer bei dieser Behandlung zugrunde gehen, ist für die totalitären Machthaber Nebensache.

Sowohl Friedrichs modelltheoretische als auch Arendts phänomenologische Analyse des Totalitarismus betonen sehr stark die Herrschaftstechniken. Bei dieser Einseitigkeit setzt die Kritik der neueren Totalitarismusforschung an.

B. Kritik am Totalitarismusmodell

Friedrichs wissenschaftliches Bemühen um ein Modell der totalitären Diktatur vollzog sich vor dem politischen Hintergrund des kalten Krieges. Von daher bestand die Gefahr, daß ungeprüft weltanschaulich bedingte Wertungen in die Untersuchung eines Herrschaftssystems eingingen. Der ursprünglich vor allem am Nationalsozialismus gewonnene negativ-wertende Begriff des Totalitarismus wurde ohne weiteres zur Beschreibung der kommunistischen Welt verwendet. Die totalitäre Diktatur erschien geradezu als das polemische Gegenbild des demokratischen Verfassungsstaates. Das Modell diente der Auseinandersetzung mit den faschistischen und kommunistischen Herrschaftsformen und ist mit dieser Hypothek des Aktuell-Politischen belastet. Von daher ergibt sich die Gefahr fragwürdiger Grundannahmen.

1. Fragwürdigkeit der Grundannahmen

Besonders fragwürdig ist die Auffassung, der Kommunismus sei nicht nur im Prinzip dasselbe „wie der Nationalsozialismus, dessen verheerende Folgen man soeben erlebt hatte, sondern, als die aktuelle Gestalt des Totalitarismus, weit gefährlicher und müsse deshalb mit allen Mitteln bekämpft werden" (Kühnl, in: Greiffenhagen/Kühnl/Müller). Dieses Verständnis der Totalitarismustheorie erwies sich als ein wirksames Mittel, um den durch ihre Kooperation mit dem faschistischen Staat diskreditierten gesellschaftlichen Gruppen ein gutes Gewissen zu verschaffen und ihr soziales Ansehen wiederherzustellen.

Sieht man einmal von den gesellschaftlichen Wirkungen einer ideologisch überspitzten These ab, dann stellt sich zunächst die Frage nach einer angemessenen Bestimmung des Begriffes „totalitär". Eine Gruppe von linken Theoretikern vertritt beispielsweise die Auffassung, die hochentwickelten kapitalistischen Gesellschaften der Gegenwart seien trotz ihrer formal-demokratischen Verfassung als totalitär zu bezeichnen, weil das System über so umfassende und raffinierte Manipulationsmittel verfüge, daß die Bevölkerung auch ohne Einsatz terroristischer Methoden im gewünschten Sinne lenkbar sei. Zwar herrsche Denk-, Rede- und Gewissensfreiheit, dies täusche aber über die politisch-geistige Gleichschaltung hinweg. Dazu komme eine Gleichschaltung der Bedürfnisse. Gegenüber dieser systembedingten dauerhaften Verformung der Gesellschaft werden die trotz veränderter Eigentumsverhältnisse in sozialistischen Gesellschaften auftretenden totalitären Tendenzen nur für Entartungserscheinungen gehalten, „die durch die Herstellung wirklich sozialistischer Produktionsverhältnisse beseitigt werden können" (Kühnl, a. a. O.).

Kühnl, der dieser Auffassung im Grundsatz zustimmt, führt aber auch einige Kritikpunkte dazu an. Vor allem verweist er auf die Gefahr der Verabsolutierung: auch die raffinierten Manipulationsmethoden des Kapitalismus hätten nicht ausgereicht, um die Fortexistenz bzw. Neuentstehung von Opposition zu verhindern. Es sei nicht gelungen, alle Schichten zu integrierten Bestandteilen des Systems zu machen. Die westlichen Industriegesellschaften könnten deshalb nicht als totalitär bezeichnet werden. Allerdings bestehe die Gefahr, daß im Falle einer Bedrohung des Systems die herrschende Klasse erneut nach Möglichkeiten suchen werden, den Verfassungsstaat zu liquidieren.

Legt man aufgrund dieser Zweifel die überlieferte Begriffsbildung zugrunde, dann bleibt fraglich, welche Erkenntnismöglichkeiten sich ergäben, wenn man faschistische und kommunistische Modelle öffentlicher Herrschaft (s. Kap. II, B, 1) unter dem Begriff totalitäre Diktatur zusammenfaßt. „Die Frage, ob Nationalsozialismus und Kommunismus gemeinsam in einer Theorie des Totalitarismus einzufangen sind, entscheidet sich allein nach den Kriterien, die für eine solche Totalitarismustheorie gelten sollen" (Greiffenhagen, in: Greiffenhagen/Kühnl/Müller). Hält man die Durchsetzung eines neuen gesellschaftlichen Wertsystems unter Einsatz herrschaftlichen Zwanges für das wesentliche Merkmal des Totalitarismus, dann ergibt sich, daß der Totalitarismusbegriff auf den Nationalsozialismus nur bedingt, auf den italienischen Faschismus gar nicht, aber auf die stalinistische Phase der Sowjetunion voll zutrifft. Ein idealtypisches Modell, das diese Unterschiede in den Grundlagen übersieht, wird damit wertlos.

Totalitäre Diktatur kann dann nicht mehr als eine allgemein feststellbare „Entwicklungsform der politischen Ordnung" (Friedrich), sondern nur noch als Entwicklungsphase einer bestimmten politischen Ordnung begriffen werden. Genaugenommen bezeichnet der Begriff „totalitär" nicht einen in der Wirklichkeit feststellbaren Sachverhalt, sondern nur eine Tendenz zur Totalität, die sich abschwächt, sobald der angestrebte herrschaftliche Umbau der Gesellschaft bestimmte Ergebnisse zeitigt. Hier wird deutlich, daß es in der politischen Geschichte auf Dauer weder eine totalitär verfaßte Gesellschaft noch einen totalitären Staat je gegeben hat.

Das nationalsozialistische Deutschland kann schon deshalb nicht als Beispiel angesprochen werden, weil das Ziel der „totalitären Bewegung" keine Revolution im Sinne eines gesellschaftlichen Strukturwandels gewesen ist. Völkische und rassische Ideen waren in Deutschland lange vor dem Auftauchen des Nationalsozialismus bekannt. In seiner Ideologie war kein Bild angestrebter gesellschaftlicher Veränderungen angelegt; die Nationalsozialisten hatten gar nicht vor, die herrschende Gesellschaftsordnung zu stürzen. Schließlich ist ihr System in Deutschland auch nicht als neue Wertordnung empfunden worden (Greiffenhagen, a. a. O.). Im Gegensatz zum völligen Umbau der wirtschaftlichen und gesellschaftlichen Basis in der Sowjetunion hat das nationalsozialistische Regime die privatkapitalistische Struktur der deutschen Wirtschaft nie angetastet. An diesen Feststellungen ändert sich auch dann nichts, wenn man den Nationalsozialismus als eine Herrschaftsform ansieht, die in Deutschland den Weg zu einer modernen Industriegesellschaft freigemacht hat. Zwar hat der Nationalsozialismus einen wesentlichen Schritt in die Moderne vollzogen; dem entsprach jedoch kein revolutionärer Umbruch auf wirtschaftlichem Gebiet.

Faschismus und Nationalsozialismus gingen vielmehr von gegenrevolutionären Gesellschaftsbildern aus. Ihre Ideologien waren aufgrund ihrer geistesgeschichtlichen Herkunft voneinander sehr verschieden, beruhten auf sehr vagen und wenig durchdachten theoretischen Annahmen und dienten vor allem als Mittel der Machtsicherung für die betreffenden Machthaber. Demgegenüber enthält die kommunistische Ideologie den rationalen Kern einer dogmatisierten Theorie, die als Begründung für eine umfassende Gesellschafts- und Wirtschaftsplanung dienen kann. Diese Ideologie hat sich darüber hinaus als fähig erwiesen, den verschiedenen gesellschaftlich-politischen Situationen in der Sowjetunion Rechnung zu tragen (Stammer, in: Politische Bildung in der Demokratie, hrsg. v. G. Doerry, Berlin 1965). Die Ideologie unterliegt somit selber einem Wandel und man kann deshalb nicht von *der* Ideologie sprechen (Ludz).

Auch die Wirtschaftsordnungen beider Systeme können nur gleichgesetzt werden, wenn man von der Eigentumsordnung absieht. Dem Nationalsozialismus ging es bestenfalls darum, Auswüchse in der Eigentumsordnung des Kapitalismus zu bekämpfen. Im wesentlichen blieben die bürgerlichen Produktions- und Besitzverhältnisse unangetastet. In Hitlers Wertskala rangierte die Wirtschaft eindeutig hinter Volk, Rasse, Staat und Partei, während der Marxismus das System wirtschaftlicher Bedürfnisse theoretisch durchdringt. Bedürfnisreichtum und Bedürfnissteigerung sind im Kommunismus Unterpfand des gesellschaftlichen Fortschritts (Müller, in: Greiffenhagen/Kühnl/Müller). „Trotz mancher Ähnlichkeiten ... in der gesellschaftlich-politischen Struktur, in der Funktionalisierung der politischen Ideologie zur Rechtfertigung und Aufrechterhaltung der Herrschaft in der Anwendung moderner wissenschaftlicher und technischer Mittel zur Organisation der Wirtschaft und zur Beherrschung der Menschen" bestehen also zwischen den als totalitäre Diktaturen bezeichneten politischen Systemen bedeutsame Unterschiede (Stammer, a. a. O.). Dies wird besonders deutlich bei der Frage nach dem Zweck des verstärkten Einsatzes politischer Zwangsmittel.

Der Stalinismus ist einerseits der bedeutendste Beispielfall für den Totalitarismus; andererseits beweist er aber auch, daß die herrschaftlich organisierte Umgestaltung der Gesellschaft zur Erreichung eines politischen Zukunftszieles ein „historisches Zwischenspiel" (Loewenstein) gewesen ist. Hier liegt ein wesentlicher Unterschied zum Nationalsozialismus. Dessen Einsatz von Zwangsmitteln war ideologisch und praktisch auf Dauer angelegt und hatte weniger eine Umerziehung des Volkes als vielmehr eine grundsätzliche Unterscheidung zwischen Herrschern und Beherrschten zum Ziele (Greiffenhagen, a. a. O.). Der nationalsozialistische Terror richtete sich vornehmlich gegen einzelne Gruppen der Gesellschaft, z. B. die Juden, der kommunistische Terror gegen das ganze Volk. Auch Löwenthal (in Löwenthal/Meissner, a. a. O.) sieht den Totalitarismus nicht nur als ein bestimmtes System von politischen Institutionen, sondern gerade auch als eine spezielle Form des sozialen Wandels: „im totalitären System sehen die Träger der politischen Gewalt es als ihre Aufgabe an, die gesellschaftliche Struktur langfristig und mit allen ihnen zur Verfügung stehenden Mitteln in Richtung auf ein vorgegebenes utopisches Ziel umzuwälzen". Die Institutionen werden also durch den Zweck der Umwälzung legitimiert.

Die älteste Totalitarismusforschung neigte dazu, diese und andere Unterschiede zu vernachlässigen, weil vor allem die Herrschaftsstruktur und die Herrschaftstechnik im Vordergrund ihres Interesses standen. Politische Zwangsmittel, Willkür und Terror wurden als notwendige Bedingungen für jede totalitäre Bewegung und folglich auch für deren theoretische Erfassung hervorgehoben. Jede Bestimmung totalitärer Bewegungen über die verschiedenen Formen des Terrors erweist aber ihre Unhaltbarkeit, wenn sie auf die nachstalinistische Entwicklung in der Sowjetunion angewendet wird. Damit stellt sich die Frage nach dem politischen Wandel in totalitären Systemen.

2. Wandel totalitär verfaßter Gesellschaften

Gerade die geschichtliche Entwicklung der letzten Jahrzehnte hat die politische und noch stärker die wirtschaftliche und gesellschaftliche Wandelbarkeit und damit Eigendynamik bisher als „totalitär" bezeichneter Gesellschaftssysteme (besonders der Sowjetunion) deutlich gemacht. Ob auch faschistische Systeme wandlungsfähig sind, ist heute noch nicht ausdiskutiert. Kühnl (a. a. O.) behauptet, ein faschistisches System, das sich etabliert habe, entwickele aus sich heraus keine Tendenzen zur inneren Liberalisierung. Von Beyme („Vom Faschismus zur Entwicklungsdiktatur", München 1971) hält diese These nur dann für zutreffend, wenn der Faschismusbegriff unzulässig auf Deutschland und Italien eingeengt wird. Da diese beiden Systeme von außen zerstört wurden, kann Kühnls Theorem nicht mehr falsifiziert werden.

„Kommunistische Gesellschaftssysteme sind aus sich heraus – trotz der alleinigen Herrschaft einer elitären Partei, die Propaganda und die organisierten Massen kontrolliert und immer neue Formen der Kontrolle erfindet – wandlungsfähig" (Ludz). Die zweifellos immer neuen Formen des organisatorischen Zwanges und das Bemühen um eine totale Politisierung aller Lebensbereiche sind aus einem kommunistischen Herrschaftssystem schwer fortzudenken. Es ist deshalb nicht auszuschließen, daß ein Totalitarismus-Modell nicht in der Lage ist, die politische Wirklichkeit des sowjetischen Regierungssystems unabhängig vom Zeitablauf angemessen darzustellen. Die nachlassende Geschlossenheit des Sowjetblocks, die beginnende Liberalisierung auf ökonomischem Felde sowie andere Wandlungen im Sowjetsystem lassen es nicht zu, weiterhin von *dem* Totalitarismus zu sprechen (Ludz).

Die Ursache für ein Auseinanderfallen von Abbild und Wirklichkeit liegt in der Möglichkeit ständiger Wandlungsprozesse in Gesellschaften und politischen

Systemen. Tatsächlich formulierte Friedrich sein Modell des Totalitarismus zu einer Zeit, als das politische System der Sowjetunion bereits in eine Phase entscheidender Wandlungen eingetreten war. Das Modell betont vor allem die bis dahin unbekannten neuen Herrschaftsinstrumente, deren Einsatz erst durch eine hochentwickelte Technik, insbesondere unter den Bedingungen der industriellen Massengesellschaft, möglich wurde. Darin liegt sein wesentlicher Beitrag zur Totalitarismus-Forschung.

Um den politischen Wandel „totalitärer" Gesellschaften zu erfassen, bedarf es jedoch eines darüber hinausgehenden Ansatzes. Dabei ist von einigen grundlegenden Beobachtungen auszugehen: die totalitäre Durchdringung der Gesellschaft durch das ideologische Wollen ist gegenwärtig in weit schwächerem Maße gegeben als die klassische Totalitarismus-Theorie annahm. Es zeigen sich Konflikte um verschiedene gesellschaftliche Entwicklungstendenzen. Diese wirken in Subsysteme der Gesellschaft hinein bzw. werden von diesen (z. B. der Partei, wie Ludz am Beispiel der SED nachweist) ausgelöst. Daneben gibt es innerhalb der Subsysteme selbst Ansatzpunkte für Konflikte. Unter diesen Bedingungen wird der ursprüngliche Terror in steigendem Maße durch ein breit angelegtes und fein abgestuftes System institutionalisierter sozialer Kontrollen abgelöst. Die Parteiführung ist darauf angewiesen, die quasi-pluralistischen Kräfte immer wieder auszubalancieren. Diese Schwankungen im Sanktionsvollzug bedeuten faktisch eine Einschränkung der Kontrolle und damit der politischen Macht der Einheitspartei. Vorstellungen einer „totalitären", gleichsam über der Sozialstruktur liegenden und dieser einseitig ihren Willen aufzwingenden Partei müssen fallengelassen werden. Die für totalitär verfaßte Gesellschaftssysteme kennzeichnende Verknüpfung von Staats- und Parteiapparat zeigt gewisse Veränderungserscheinungen; in der DDR sind beispielsweise Tendenzen zur Verselbständigung des Staatsapparats gegenüber dem Parteiapparat festzustellen (Ludz).

Die von Ludz für die DDR festgestellten Tendenzen zeigen sich auch in der UdSSR: bei Fortbestehen der totalitären Institutionen ist ein weitgehender Stillstand der totalitären Dynamik zu beobachten. „Es haben sich partei- und ideologiefreie Räume entwickelt. Der Terror, soweit er als Herrschaftsmittel noch benutzt wird, hat sich auf kleinere Bevölkerungsgruppen spezialisiert. Eine Tendenz zur Institutionalisierung des Konfliktaustrags im sozialistischen Staat ist zu beobachten" (von Beyme, in: Löwenthal/Meissner, a. a. O.). Jedoch versucht die Partei als Interpret aller Bedürfnisse der Gesellschaft die Konfliktaustragung organisierter und unorganisierter Interessen auf systemtragende Gruppen zu beschränken. Spontane Bewegungen von unten werden unter strenger Kontrolle gehalten. Jede von der Partei nicht kontrollierbare Bewegung wird ausgeschaltet. Partei und Regierung müssen aber zunehmend den Verhaltensweisen und Wünschen der Bevölkerung Rechnung tragen. „Mögliche

Konzessionen liegen im Bereich der Erhöhung des Lebensstandards, der Rechtssicherheit und der Entideologisierung" (Meyer, in: Löwenthal/Meissner, a. a. O.).
Nach Ansicht von Ludz nehmen die ideologischen Aussagen immer mehr „Leerformelcharakter" an. Darin findet das Bemühen der herrschenden Gruppen, die Unterschiede der gesellschaftlichen Wirklichkeit notdürftig zu überdecken ebenso einen Niederschlag wie das Unvermögen einer weiteren „totalen" Kontrolle der Gesellschaft. Als Leerformel unterliegt die Ideologie einem Wandel zur gesellschaftlichen „Funktionsanweisung". Freilich bleibt sie Lenkungsinstrument der herrschenden Gruppe. Der von der Partei eingeleitete Wandel gewinnt jedoch an Eigendynamik und schränkt die Kontrolle der Einheitspartei immer mehr auf zentrale planerische Regelungen ein. Durch Überlegungen dieser Art gelingt es, die gesellschaftlichen Gesetzmäßigkeiten und das wirtschaftlich-soziale Kräftespiel kommunistischer Einparteiensysteme in den Griff zu bekommen.

Als Ergebnis seiner Untersuchung formuliert Ludz einen Ansatz, der das in der bisherigen Totalitarismus-Forschung vorherrschende Integrationsmodell totalitär verfaßter Gesellschaften durch ein Konfliktmodell erweitert. Auf diese Weise wird es möglich, den sich in jeder Industriegesellschaft entwickelnden gesellschaftlichen Wandlungen und Rollenkonflikten auf die Spur zu kommen. Dabei knüpft Ludz an eine Typenbildung von Likert an, der vier Entwicklungsformen eines Herrschaftssystems unterscheidet: exploitativer, Wohltätigkeits-, konsultativer und partizipatorischer Autoritarismus. Unter Verwendung dieser Begriffe schlägt Ludz vor, die These von der totalitären Partei durch die Einsicht in eine sich „autoritären" Mustern annähernde Herrschaftspraxis zu ersetzen, die als *„konsultativer Autoritarismus"* bezeichnet werden kann. Diese Herrschaftsform ist gekennzeichnet durch Aufgeschlossenheit gegenüber neuen Erfahrungen, eine beachtliche Kommunikation zwischen Beherrschten und Herrschern sowie eine wachsende Elitenkonkurrenz. Damit nähern sich die ursprünglich als totalitär angesehenen politischen Systeme nicht nur von der Bezeichnung, sondern auch von der Struktur her dem bereits genannten Typ der autoritären Diktatur.

C. Autoritäre Diktatur

Mit den Begriffen autoritäre Diktatur und *Autoritarismus* werden politische Systeme bezeichnet, in denen ein alleiniger Machtträger die politische Macht auf sich vereinigt und den Machtunterworfenen keine wirksame Beteiligung am politischen Entscheidungsprozeß gestattet. Hermens verwendet den Begriff *„autoritäre Diktatur"* nur ungern, da er den Eindruck eines Gegensatzes zwi-

schen Demokratie und Autorität hervorruft. Freiheit und Autorität sind aber nach seiner Ansicht sich ergänzende Begriffe. Trotz dieser Bedenken hält er jedoch an dem Begriff fest, da dieser sich weitgehend durchgesetzt hat.
Die Machtergreifung eines autoritären Diktators beginnt – im Gegensatz zur totalitären Diktatur – nicht mit der Gründung einer Massenpartei. Die Grundlage der Machtergreifung autoritärer Diktatoren sind vielmehr hohe Positionen in der Armee oder in der Regierung. Schon von daher stützen sich die Machthaber in erster Linie auf die Armee, die Polizei und die staatliche Verwaltung. Sobald diese drei Institutionen der staatlichen Macht die Rolle von Machtsäulen einer Diktatur übernehmen, tendieren sie dazu, sich zu politisieren. Im Gegensatz zur totalitären Massenpartei und ihren Unterorganisationen ist die „politische Klasse" einer autoritären Diktatur schon rein zahlenmäßig klein. Diese intermediären Gruppen eignen sich zwar zur Unterdrückung der Opposition, sie bringen aber keine positiven Erfolge „totalitärer Art" zustande. In Spanien war beispielsweise die Unterdrückungspolitik selbst auf ihrem Höhepunkt während des zweiten Weltkrieges nie auf totale Gesinnungskonformität gerichtet. Gewissensfreiheit wurde – vielleicht auch mangels ausreichender Kader – im privaten Bereich zugelassen. „Das Regime verlangte nur äußere Konformität" (von Beyme, „Vom Faschismus zur Entwicklungsdiktatur – Machtelite und Opposition in Spanien", a. a. O.).
In der Regel begnügt sich das autoritäre Regime mit der politischen Kontrolle des Staates, ohne Anspruch darauf zu erheben, das gesamte gesellschaftliche Leben zu beherrschen oder die geistige Haltung der Bevölkerung nach einer Ideologie zu formen. Falls neben dem obersten Machtträger (Diktator) weitere Staatsorgane existieren, unterliegen sie entweder völlig seiner Kontrolle oder werden bei einem Konflikt mit ihm zum Nachgeben gezwungen (Loewenstein). Der Opposition sind zwar enge Grenzen gesetzt, dennoch bleibt ihr ein gewisser Spielraum: „Während es den Bürgern unmöglich gemacht wird, zu sagen, was sie denken, besteht im allgemeinen doch kein Zwang, das sagen zu müssen, was man nicht denkt. Es bleibt den Gegnern die Möglichkeit des würdevollen Schweigens" (Hermens). Mangelnde Erfolge der Opposition in Spanien lassen sich einmal auf die Perfektion des Repressionsapparates, zum anderen aber auch auf mangelnde Zusammenarbeit der verschiedenen Oppositionsgruppen zurückführen. Wesentliche Gruppen haben einander bisher nicht als bündnisfähig betrachtet (von Beyme, „Vom Faschismus ...", a. a. O.). Allerdings muß davor gewarnt werden, autoritäre Diktaturen für weniger unerträglich zu halten als totalitäre. Gerade wegen der geringeren organisatorischen Mittel (einer indirekten sozialen Kontrolle durch Ideologie, Partei und gesellschaftliche Anhängerorganisationen) können autoritäre Diktatoren zu wesentlich nackterer Gewalt greifen, so daß „Volksdemokratien", gemessen an der Zahl der politischen Gefangenen oder der Erschießungen günstiger wegkommen.

Wie für jede Diktatur, ist auch für autoritäre Systeme das Problem der Nachfolge von besonderer Bedeutung. Allerdings ist es schwieriger zu lösen, weil eine Partei als Garant der Kontinuität des politischen Systems fehlt. Die Person des Diktators ist der Motor des ganzen Regierungssystems, eine geregelte Nachfolge ist nicht möglich. Das liegt vor allem daran, daß kein Diktator einen Nachfolger mit den nötigen Fähigkeiten auswählen und heranbilden wird. Da ein Diktator über ungewöhnliche persönliche Energie verfügen muß, bestünde nämlich die Gefahr, daß ein wirklich geeigneter Nachfolger bestrebt sein könnte, schneller als vorgesehen die Macht zu übernehmen. Deshalb beachten Diktatoren das Nachfolgeproblem nicht oder bezeichnen einen ungeeigneten Mann als ihren Nachfolger. „Ein neuer Diktator muß sich im allgemeinen den Weg an die Spitze erst erkämpfen; die experimentelle Auslese ist die einzige Methode, mit welcher der erforderliche Menschentyp gefunden werden kann" (Hermens).

Weitere Merkmale einer autoritären Diktatur sind die Sicherung der Rechte auf Leben, Freiheit und Eigentum, soweit sie nicht mit der Zielsetzung oder Ausübung politischer Herrschaft in Konflikte geraten. Eine Ideologie spielt in autoritären Regimen kaum eine Rolle. Sie beschränkt sich in den meisten Fällen darauf, „die bestehende Machtgestaltung als traditionsbedingt zu verteidigen und zu rechtfertigen. Die vielleicht allgemeinste und üblichste Ideologie moderner autoritärer Regime ist der Nationalismus" (Loewenstein). Häufig kommt noch eine „semantische Verfassung" (s. Kap. III, A) hinzu. Von Beyme („Vom Faschismus ...", a. a. O.) zeigt am Beispiel Spaniens, daß mit zunehmender Rationalisierung der Machtausübung in autoritären Systemen die durch Pseudorepräsentation des Volkes weiterentwickelte Funktion der Einstimmigkeit nicht mehr darüber hinwegtäuschen kann, daß in wachsendem Umfang die Konfliktregelungstechniken des Konkordanzmodells (s. Kap. V, B, 1) angewandt werden. „Der rudimentäre Pluralismus im autoritären System Spaniens ist jedoch bisher allenfalls ein Elitenpluralismus" (von Beyme, „Vom Faschismus ...", a. a. O.). Für die westliche Demokratietheorie, die Pluralismus und Demokratie nahezu identifiziert, zeigt sich an der desintegrierenden autoritären Diktatur Spaniens, daß ein starkes Maß an Pluralismus noch kein Beweis für ein ähnliches Maß an Demokratie ist.

Autoritäre Diktaturen entstehen, wenn demokratische Institutionen nicht funktionieren oder die wirtschaftlichen und sozialen Voraussetzungen für eine demokratische Regierungsform fehlen. Ein Zusammenwirken beider Ursachen ist möglich. Zwei Modelle autoritärer Diktatur sollen etwas eingehender betrachtet werden: der Neopräsidentialismus (Loewenstein) und die Entwicklungsdiktatur.

Der Begriff *Neopräsidentialismus* bezeichnet ein politisches System, in dem bestimmte Verfassungsregeln dafür sorgen, daß der Regierungschef – der Präsident – über mehr politische Macht verfügt als andere Staatsorgane. „Keinem anderen Organ ist es erlaubt, zum Range eines echten Machtträgers aufzusteigen und dem Präsidenten sein faktisches Monopol streitig zu machen oder ihn zu kontrollieren (Loewenstein). Ein neopräsidentielles Regime verzichtet keineswegs auf ein eigenes Parlament, eine Regierung und dem Namen nach unabhängige Gerichte, doch sind diese Institutionen durch die verfassungsmäßige Machtverteilung dem Präsidenten vollständig untergeordnet. Die Bevölkerung wird durch ein eingeschränktes Wahlrecht oder durch manipulierte Wahlverfahren von einer wirksamen Beteiligung am politischen Entscheidungsprozeß ausgeschlossen.

Bei der Errichtung eines solchen Systems wird mit gewissen örtlich bedingten Veränderungen ein einheitliches Schema befolgt: nach der Machtübernahme durch Staatsstreich oder Putsch werden Wahlen für eine verfassungsgebende Versammlung ausgeschrieben. Entweder werden diese Wahlen von der Regierung manipuliert oder der „starke Mann" zwingt der einigermaßen ehrlich gewählten Versammlung den Entwurf einer autoritären Verfassung auf. Häufig lassen die Machthaber dann die neue Verfassung durch eine Volksabstimmung bestätigen. Anfangsformen des Neopräsidentialismus waren die Diktaturen von Horthy in Ungarn, Kemal Pascha in der Türkei, Dollfuß und Schuschnigg in Österreich, Pilsudski in Polen und Vargas in Brasilien. Neuere Beispiele sind die Regime Nassers (Ägypten), Diems (Vietnam) und Syngman Rhees (Korea). Besonders häufig ist der Neopräsidentialismus in Staaten, die sich aus der Kolonialherrschaft befreit haben. Insofern überschneidet sich das von der Herrschaftstechnik ausgehende Modell des Neopräsidentialismus mit dem auf den Zweck der Diktatur aufbauenden Modell der Entwicklungsdiktatur.

Vom nahen und mittleren Osten aus verbreiteten sich in den Staaten, die früher unter Kolonialherrschaft standen, autoritäre Diktaturen. „Sowohl die Form der Militärdiktatur als auch die des Einparteienstaates mit charismatischer Führung haben ihren Erfolg in den Entwicklungsländern den überaus starken örtlichen monarchischen und obrigkeitsstaatlichen Traditionen zu verdanken" (Newman, „Die Entwicklungsdiktatur und der Verfassungsstaat", Frankfurt 1963). Mit der Unabhängigkeit wurde in den ehemaligen Kolonialgebieten Asiens und Afrikas der Parlamentarismus des Westens eingeführt. Aber schon bald trat die Enttäuschung über das Scheitern der demokratischen Regierungsweise ein. Größtenteils läßt sich diese Ernüchterung auf die besonderen Schwierigkeiten aller Anfangsdemokratien zurückführen. Der schwerste Teil des demokratischen Lehrstoffes scheint bei jedem Volk das Tolerieren von Opposition zu sein. Darüber hinaus waren die demokratischen Eliten klein und auf die Übernahme der Macht nicht vorbereitet. Das Verlangen nach nationaler Einigkeit ließ die Forderung nach persönlichen Freiheitsrechten als zweitrangig erscheinen. Das alles führte zur Machtübernahme durch Diktatoren, deren erklärtes Ziel es ist, möglichst rasch die wirtschaftliche und gesellschaftliche Entwicklung des jeweiligen Landes voranzutreiben (*„Entwicklungsdiktatur"*).

Die Entwicklungsdiktatur kann somit als ein Sonderfall autoritärer Diktatur angesehen werden, bei dem von Anfang an innovatorische Impulse entwickelt werden. Spanien wäre demnach im Gegensatz zum Kemalismus in der Türkei keine Entwicklungsdiktatur. „Es ist überhaupt fraglich, ob der Typus der Entwicklungsdiktatur, wenn er auf sehr unterschiedliche Systeme von Indonesien bis Spanien angewandt wird, sehr viel hergibt, da er die Entwicklungsunterschiede dieser Systeme außer acht läßt und das Ausmaß der sozialen Kontrolle nicht angibt, das im Dienst der Entwicklung ausgeübt wird" (von Beyme „Vom Faschismus ...", a. a. O.). Gemeinsam ist den Systemen, die als Entwicklungsdiktatur bezeichnet werden, allerdings die demokratische Tarnung der Diktatur, von der „Basisdemokratie" Ayub Khans (Pakistan) und der „gelenkten Demokratie" Sukarnos (Indonesien) über die „selektive Demokratie" Stroessners (Paraguay) und die „Neodemokratie" Trujillos (Haiti) bis zur „organischen Demokratie" Francos (Spanien). In allen Fällen waren aber keine demokratischen Entscheidungsprozesse festzustellen, in denen etwa Wahlen und der öffentlichen Meinung eine politische Funktion zukam.

Wenn Sie prüfen wollen, ob Sie den Stoff dieses Kapitels gründlich durchgearbeitet haben, beantworten Sie bitte die folgenden *Kontrollfragen:*
1. Nennen Sie die politischen Systeme, die dem Modell der totalitären Diktatur zugrunde gelegt wurden!
2. Welche sechs wesentlichen Merkmale eines totalitären Systems verwendet Friedrich?
3. Unterscheiden Sie kommunistische und faschistische Ideologien!
4. Beschreiben Sie die Rolle der Unterführer in totalitären Systemen!
5. Inwiefern unterscheidet sich der objektive Gegner vom Verdächtigen?
6. Nennen Sie einige Kritikpunkte der neueren Totalitarismusforschung an Friedrichs Modell der totalitären Diktatur!
7. Beschreiben Sie die heutige Rolle der Ideologie in kommunistischen Systemen!
8. Kann eine autoritäre Diktatur das Problem der Nachfolge lösen?
9. Skizzieren Sie Entstehung und Bedeutung von Verfassungen im Neopräsidentialismus!
10. Ist der Begriff Entwicklungsdiktatur sinnvoll?
Antworten zu diesen Fragen finden Sie auf Seite 157.

Kapitel VII: Wahlen und öffentliche Meinung

Politische Willensbildung soll sich in demokratischen Staaten unter wesentlicher Beteiligung der gesamten Bevölkerung vollziehen. Unabhängig davon, wie intensiv diese politische Beteiligung der Bevölkerung ist, kann sie sich in einer repräsentativen Demokratie (s. Kap. III, B) vor allem in zwei Formen äußern: einmal in Wahlen, zum andern als öffentliche Meinung. Als eine Form politischer Willensbildung enthalten Wahlen zwei Elemente: Im Akt der Stimmabgabe (= *Wahl* im engeren Sinne) finden bestimmte politische Auffassungen und Neigungen (Präferenzen) der einzelnen Wähler ihren für die Machtverteilung bedeutsamen Ausdruck; der vorhergehende Wahlkampf bewirkt eine aktuelle Politisierung der gesamten Bevölkerung, von der nur ein Teil sich als „öffentliche Meinung" auch zwischen den Wahlen zu politischen Fragen äußert.

A. Öffentliche Meinung

Die gelegentlich anklingende Auffassung, Demokratie bedeute Herrschaft der öffentlichen Meinung, ist eine jener Vereinfachungen, die geeignet sind, das Verständnis für die Rolle der öffentlichen Meinung in einer Demokratie zu erschweren (Fraenkel). Die Bedeutung der öffentlichen Meinung ist nur aus ihrer Stellung im gesamten politischen Willensbildungs- und Entscheidungsprozeß, aus ihrem Zusammenhang mit der politischen Ordnung zu begreifen. „Die öffentliche Meinung soll nicht regieren, sie soll ... billigen oder mißbilligen" (Hennis), ihrer kritischen Beurteilung soll jede Handlung staatlicher Organe unterliegen.

Das Parlament kann nur durch diese ständige Kontrolle der öffentlichen Meinung ein Organ demokratischer Willensbildung bleiben. Die Kritik jeder parlamentarischen Opposition (s. Kap. IV, A, 1) wird erst dann wirksam, wenn es ihr gelingt, die öffentliche Meinung davon zu überzeugen, daß eine Ablösung der Regierung erforderlich ist. Die öffentliche Diskussion im Parlament ist aber eine wesentliche Möglichkeit für eine entsprechende Beeinflussung der öffentlichen Meinung. Insofern stellt „die öffentliche Meinung einen unentbehrlichen und maßgeblichen Faktor" im Prozeß demokratischer Willensbildung dar (Fraenkel). Darin liegt der richtige Kern einer falschen Vereinfachung. Diese Überlegungen zeigen zwar die Rolle der öffentlichen Meinung im politischen Entscheidungsprozeß, tragen aber zur Bestimmung des Begriffes selbst wenig bei.

1. Begriff der öffentlichen Meinung

Gerade über diesen Begriff herrscht in der Politikwissenschaft eine große Verwirrung; zuweilen scheint es so, als ob er sich einer genauen Definition entzieht. Hennis lehnt eine Definition, die den Begriff öffentliche Meinung von den Massenmedien (s. Kap. VII, A, 2) her bestimmt, als zu eng ab. Er geht davon aus, daß wir öffentliche Meinung tagtäglich erfahren „in Gestalt des Urteils unserer Mitmenschen über Dinge, von denen sie meinen, daß sie sie etwas angehen". Von diesem Ansatz her bestimmt Hennis *öffentliche Meinung* zunächst als „das Urteil eines Publikums über Verhalten, Tun und Unterlassen der Mitmenschen". Eine solche Definition ist aber wohl zu weit gefaßt, weil sie so unterschiedliche Sachverhalte wie den Dorfklatsch und den Konsens über politische Institutionen (s. Kap. III, A) einschließt.

Wie bei allen Theoretikern der öffentlichen Meinung sei auch hier versucht, von den Begriffsbestandteilen „öffentlich" und „Meinung" her den Zugang zu einem umfassenden und zugleich genauen Verständnis der öffentlichen Meinung zu finden. „Meinen ist ein Fürwahrhalten ohne die Evidenz (= Offensichtlichkeit – d. Verf.) des Wissens, ist ein Urteil nach wahrscheinlichen Gründen" (Hennis). Fraenkel fügt hinzu, daß dieses Fürwahrhalten weder auf Erkenntnis (dann wäre es Wissen) noch auf Offenbarung (dann wäre es Glauben) beruht.

„Öffentlich" ist, was weder geheim noch privat ist (Fraenkel). Damit ist zwar eine Abgrenzung getroffen, aber der Begriff inhaltlich noch nicht bestimmt. Hennis unterscheidet drei Bedeutungsschichten des Öffentlichen: Öffentlich ist
a) was sich weder heimlich noch verborgen abspielt, sondern vor jedermann;
b) was jedermann zugänglich ist, woran jedermann mitwirken kann;
c) was den Zustand des politischen Gemeinwesens betrifft.

Ordnet man alle drei Bedeutungsschichten dem Begriff zu, dann ist *öffentliche Meinung* „öffentlich kundgetane Reaktion auf öffentliche Akte" (Hennis). Für diese Meinung müssen bestimmte Personen oder Institutionen verantwortend einstehen. Von solchen Überlegungen ausgehend kommt Hennis zu einem normativen Begriff der öffentlichen Meinung, der gekennzeichnet ist durch
– die „Zurückführbarkeit auf eine bestimmte Quelle",
– einen „repräsentativen, der Wahrheit verpflichteten Charakter",
– die Beschränkung auf das „Bejahen oder Mißbilligen politischer Akte".

Damit unterscheidet er öffentliche Meinung von der *gemeinen Meinung*, jenem allgemeinen Raunen und wirren Meinen, das häufig für öffentliche Meinung gehalten oder ausgegeben werde. Öffentliche Meinung als eine qualitative Größe entziehe sich jeder Erfassung durch quantitative Methoden (Hennis). Eine quantitative Erfassung mit Hilfe von Meinungsumfragen (s. Kap. VII, A, 3) versucht aber die empirische Sozialforschung. Ihre Vertreter bemühen sich, eine Wertung, wie sie Hennis vornimmt, zu vermeiden, und gehen verständlicherweise von einem anderen Begriff der *öffentlichen Meinung* aus: Schmidtchen („Die befragte Nation", Frankfurt 1965) bezeichnet die Summe aller Reaktionen der Bevölkerung oder sozialer Gruppen, die durch politisches Handeln hervorgerufen werden oder neues Handeln in der Öffentlichkeit zur Folge haben, als öffentliche Meinung.

Für einen solchen Begriff der öffentlichen Meinung wird die Manipulierbarkeit zu einem bedeutsamen Problem. Es fragt sich, wie öffentliche Meinung unter dem Gesichtspunkt der eigenen Interessen oder Ideologien zu gestalten ist. In diesem Zusammenhang ist es besonders wichtig, verschiedene Arten oder Erscheinungsformen der öffentlichen Meinung zu unterscheiden. Wenn die vorgeschlagene Lösung eines Problems in der Bevölkerung überwiegend hingenommen oder gebilligt wird *(„konsolidierte öffentliche Meinung")*, sind die Möglichkeiten der Manipulation gering (Fraenkel). Größer ist die Gefahr, wenn sich im Streit um die Regelung einer Frage noch keine Position deutlich durchgesetzt hat *(„fluide öffentliche Meinung")*. Dabei fällt den Massenmedien eine bedeutende Aufgabe zu, nämlich öffentliche Meinung zu beeinflussen und zu verbreiten.

2. Aufgaben der Massenmedien

Massenkommunikationsmittel oder *Massenmedien* (Presse, Rundfunk, Fernsehen) sind Einrichtungen zur gleichzeitigen Übermittlung von massenhaften Informationen. Im engeren Sinne zeichnen sie sich durch sachliche und räumlich distanzierte, mittelbare Beziehungen zwischen Informationsgebern und Informationsempfängern aus. Als technische Hilfsmittel können sie ebenso Bestandteil totalitärer Herrschaftstechniken sein, die zur Unterstützung demokratischer Willensbildungsprozesse dienen. Die Beurteilung ihrer Massenmedien und Wirkungen hängt also von den Zwecken ab, zu denen sie eingesetzt werden.

In demokratischen Systemen sollen die Massenmedien drei Funktionen erfüllen: Informations-, Artikulations- und Kontrollfunktion (Zoll). Im Rahmen ihrer *Informationsfunktion* übermitteln die Massenmedien Nachrichten über Tatsachen und berichten über Stellungnahmen der verschiedensten Gruppen zu bestimmten Ereignissen und Problemen. Die Vermittlung dieser Informationen soll vollständig, objektiv und verständlich sein. Vollständigkeit der Information durch ein einzelnes Medium ist technisch unmöglich; jedes Medium muß die von ihm verbreiteten Nachrichten auswählen. Damit verbunden ist die Gefahr der einseitigen Auswahl von Informationen, die dem jeweiligen Träger (oder Redakteur) des Mediums wichtig oder angebracht erscheinen. Objektivität gilt als der oberste Grundsatz jeder Berichterstattung. Auch hier bleibt ein großer Spielraum für das subjektive Element, das nicht nur bei der Beobachtung und Darstellung von Ereignissen wirksam wird. Verständlichkeit der Darstellung ist das Erfordernis demokratischer Informationsübermittlung. Die Medien müssen über Ereignisse und Probleme so berichten und vor allem ihre eigenen Kommentare so anlegen, daß auch in der jeweiligen Frage nichtsachverständige Bürger die Information aufnehmen und verarbeiten können. In allen Fällen ist der informationssuchende Bürger allerdings darauf angewiesen, daß die Unvollkommenheit des einzelnen Berichts durch die Vielfalt der Informationsquellen auch ausgeglichen wird (Wildenmann/Kaltefleiter).

Eine zweite Aufgabe der Massenmedien in einem demokratischen Staat ist es, unterschiedliche Ansichten in der Gesellschaft zum Ausdruck zu bringen und im Wahlkampf den Wählern die Fragen der Wahlentscheidung vorzutragen (*Artikulationsfunktion*). Auf diese Weise schaffen die Medien Möglichkeiten der ständigen öffentlichen Diskussion über politische Fragen zur Bildung einer öffentlichen Meinung. Wesentliche Bedingung für die Erfüllung der Artikulationsfunktion ist neben der Vielfalt der Medien ihre gegenseitige Unabhängigkeit, die vor allem mit Hilfe eines offenen Zugangs zu den Medien und einer Unabhängigkeit der Redaktionen durchgesetzt werden kann.

Die dritte Aufgabe der Massenmedien in der Demokratie ist ihre *Kontrollfunktion*. Die Medien sollen alle Institutionen des öffentlichen Lebens kritisch beobachten, ständig kommentieren und dadurch kontrollieren. Ihre Kritik erstreckt sich auf Sach-, Personal- und Verfahrensfragen und besteht in wertenden Beiträgen zur öffentlichen Diskussion. Die Regierung ist dabei der Kritik der Massenmedien stärker ausgesetzt als die Opposition. Hierin liegt ein gewisser Ausgleich für den Vorteil, den die Regierung als wichtigster Träger von politischen Entscheidungen durch die Verbreitung von Nachrichten in der Fülle der Informationsfunktion erlangt. Wesentliche Bedingung für die Erfüllung der Kontrollfunktion ist, daß die Verfügung über Massenmedien nicht monopolisiert wird, sondern für alle gesellschaftlichen und politischen Gruppen freier Zugang besteht.

Neben der rechtlichen Voraussetzung der Garantie freier Meinungsäußerung und freier Wahl der Informationsquellen nennen Wildenmann und Kaltefleiter zwei politische Bedingungen für die Funktionsfähigkeit von Massenmedien in der Demokratie:
– Wirksamkeit der verbreiteten Meinung im politischen Prozeß,
– Vielfalt an Informationsquellen und freier Zugang zu den Medien.

Diese Betrachtung birgt allerdings die Gefahr, daß durch einen rein formalen Demokratiebegriff und einen individualistischen Ansatz die gesamtgesellschaftliche Bedeutung der Massenmedien, vor allem ihre gesellschaftliche Wirksamkeit, nur unzureichend berücksichtigt wird. Einmal ist davon auszugehen, daß die Medien „vorhandene Meinungen, Einstellungen und Verhaltensdispositionen" verstärken, indem „eine Vielzahl von Medienaussagen bloße Meinungen zu Einstellungsmustern verfestigt" (Zoll). Gerade in einer sich wandelnden Welt lassen sich aber zunehmend Bereiche feststellen, für die noch keine Einstellungen vorhanden sind; hier besitzen die Medien prägende Kraft. Weiterhin ist auch zu berücksichtigen, daß heranwachsende Menschen in steigendem Maße ihre Einführung in die Gesellschaft durch Massenmedien erfahren, die damit zumindest neben die traditionellen Institutionen gesellschaftlicher Sozialisation wie Familie oder Schule treten. Schließlich werden gerade in einer spätkapitalistischen Industriegesellschaft die Massenmedien immer stärker zu einer Institution, die Öffentlichkeit des gesellschaftlichen Lebens nicht lediglich vermittelt, sondern erst herstellt.

Weil auch die Medien den Mechanismen des Wirtschaftsprozesses unterworfen sind, kommt es zu einem Gegensatz zwischen Pressefreiheit und Gewerbefreiheit (Holzer, in: Zoll). Das Medienangebot wird in Großbetrieben hergestellt (Konzentration der privaten Presseunternehmen; öffentlich-rechtliches Rundfunk- und Fernsehmonopol). Das Verhältnis dieser Großbetriebe zueinander bezeichnet die Wirtschaftswissenschaft als Oligopolsituation: Zwischen Großbetrieben kommt es nicht zu einem für die Existenz aller Beteiligten gefährlichen Wettbewerb, wie er von der klassischen Wettbewerbstheorie erwartet wird. Die wirtschaftliche Situation der Medienproduzenten bleibt nicht ohne Rückwirkung auf die von ihnen erfüllten gesellschaftlichen Funktionen. Hier sind vor allem folgende Wirkungen zu nennen:
a) Abhängigkeit der Medien von den Werbeeinnahmen,
b) Bestehen lokaler Monopole,
c) Verkaufsförderung durch ein Konzept „journalistischer Lebenshilfe",
d) Ausrichtung der Mediennutzung auf bestimmte Teilgruppen der Bevölkerung.

zu a) Massenmedien verbreiten nicht nur politische Informationen, sondern auch Unterhaltung und Werbung. Dieser Zusammenhang ist keineswegs neu. Die finanzielle Situation der Träger hat sich aber längst so entwickelt, daß der Hauptteil aller Einnahmen aus Werbeeinnahmen besteht. Das gilt vor allem für Zeitungen und Zeitschriften (60–80 %) aller Einnahmen) aber auch für ein Fernsehprogramm (ZDF: 40–50 %). Beim öffentlich rechtlichen organisierten Hörfunk und den übrigen Fernsehprogrammen decken die Werbeeinnahmen die nicht durch Gebühren finanzierten Ausgaben und sichern gerade damit die finanzielle Handlungsfähigkeit. Allerdings geraten so fast alle Medien in wirtschaftliche Abhängigkeit von der Markenartikelindustrie und deren dem Konjunkturverlauf angepaßten Werbeaufwendungen (Hennig, in: Zoll). Überspitzt ließe sich sagen, die Medien verkaufen Werbemöglichkeiten, deren Verbreitung durch die Beigabe von Informationen und Unterhaltung gesichert wird.

zu b) Maßgebend für die Medienvielfalt im Bereich der Presse ist nicht etwa die Zahl der im Bundesgebiet vorhandenen, voneinander unabhängigen Zeitungen, sondern das Ausmaß der Überschneidungen ihrer regionalen Verbreitung. Gerade hier ist festzustellen, daß Zeitungen mit regionaler Verbreitung häufig lokale Monopolstellungen aufgebaut haben. Diese Situation ist vor allem für die Kommunalpolitik von besonderer Bedeutung, weil lokale Informationen zwar auf großes Interesse stoßen, aber durch örtliche Meinungsmonopole geprägt sind. Die Berichterstattung der lokalen Monopolzeitungen hat aber auch gesamtgesellschaftliche Wirkungen. Zunächst einmal betrifft nur ein geringer Teil der lokalen Berichterstattung überhaupt politische Gegenstände. „Die politischen Artikel der Lokalteile übernehmen praktisch nur die Verbreitung von Nachrichten, an deren Veröffentlichung die informierenden ... Personen ein Interesse haben" (Haenisch/Schröter, in: Zoll). Dadurch wird die Lokalzeitung zum Forum für die Selbstdarstellung der örtlichen Honoratioren. Kritisiert werden vor allem politische Parteien und Mandatsträger, also Institutionen der kommunalen Demokratie. Diese Berichterstattung der Lokalpresse spiegelt eine „heile und hierarchische Welt" und reproduziert damit absolutistische Traditionen und Strukturen.

zu c) Der Zwang, Nachrichten als Ware zu verkaufen, hat dazu geführt, das journalistische Konzept der „Lebenshilfe" zu schaffen, das auf die Unsicherheiten und Ängste der Mediennutzer eingeht und ihnen eine heile Welt vorgaukelt. Durch diese „Papier-Seelsorge" werden die Ängste und Unsicherheiten bestenfalls vorübergehend beseitigt, aber keine Orientierungshilfen gegeben, die dazu beitragen „über entsprechende Informationen, Hintergrund, Daten und Zusammenhänge zu selbständigen Entscheidungen zu gelangen" (Zoll). Anpassung an die bestehenden gesellschaftlichen Verhältnisse werden zum bestimmenden Grundsatz journalistischer Arbeit. „Massenmedien bedienen sich festgestellter Wünsche und Ängste zum Zweck wirtschaftlichen Erfolgs; Stabilisierung und Reproduktion bestehender Vorurteile sind das Ergebnis – Vernebelung statt Erhellung des Bewußtseins" (Jaenicke, in: Zoll). Dazu dienen die „Personalisierung gesellschaftlicher Tatbestände" ebenso wie die „Intimisierung öffentlicher Angelegenheiten" durch das von den Massenmedien vermittelte Gefühl, dabeigewesen zu sein (Holzer, in: Zoll).

zu d) Im Zuge einer zielbewußten Absatzstrategie hat auch bei den Massenmedien längst die Bildung von Teilmärkten begonnen, so daß die einzelnen Medien sich nicht mehr an eine abstrakte Gesamtöffentlichkeit, sondern jeweils an konkrete, genau definierte und überschaubare Zielgruppen wenden. An den

Erwartungen dieser Zielgruppen wird der Inhalt der Medien ausgerichtet. Je mehr die Medien diesen Erwartungen entsprechen, um so sicherer sind ihre Absatzmöglichkeiten, um so genauer ihr Streuerfolg als Werbeträger, um so geringer aber auch ihr Beitrag zur Vermittlung einer Meinungsvielfalt. Holzer zeigt am Beispiel der Presse, daß sowohl „BILD" als auch „DER SPIEGEL" den Bedürfnissen ihrer Leser entsprechend entgegenkommen. BILD erscheint seinen Lesern als Instanz, die Orientierung in einer komplizierten, unverständlichen Welt und Vertretung der Unterprivilegierten gegenüber den Mächtigen verspricht. Die Zeitung erweckt durch Nachrichten und Kommentare ein Gefühl von geordneten Fakten und übersichtlichen Verhältnissen und bietet die Möglichkeit einer direkten Konfrontation mit gesellschaftlichen Problemen durch verfremdete Unterhaltung zu entgehen. DER SPIEGEL hat zwar durchaus Verdienste als demokratisierende Instanz, kommt aber vor allem durch die distanzierende Darstellung dem Bedürfnis seiner Leser nach Stützung des eigenen sozialen Status und Fundierung ihres Selbstverständnisses als Teil der gesellschaftssteuernden Eliten entgegen. So sichern diese Medien dem bestehenden System ökonomischer und politischer Herrschaft die Loyalität der lohnabhängigen Massen und der sich unabhängig dünkenden Intellektuellen.

Hinter diesen Fragestellungen tritt das in der medienpolitischen Diskussion vorherrschende Problem einer privatwirtschaftlichen oder öffentlich-rechtlichen Organisation der Massenmedien zurück. Zwischen beiden Organisationsformen bestehen vor allem im Hinblick auf ihre Abhängigkeit von Werbeeinnahmen bestenfalls quantitative, aber keine qualitativen Unterschiede (Hennig, in: Zoll). Dennoch ist die öffentlich-rechtliche Organisation von Massenmedien insoweit wichtig, als auf diese Weise die Absicherung eines Zwanges zur politischen Informationsgebung erfolgen kann. Auch wenn die öffentlich-rechtliche Organisation einen Schutz gegen das Verlangen der Werbewirtschaft und/oder des Publikums nach mehr Unterhaltung bildet, überwiegen doch in allen Medien Werbung und Unterhaltung gegenüber politischer Information.

Politische Information erreicht entweder nur Teilgruppen der Gesellschaft, vor allem die sogenannte obere Mittelschicht und die Meinungsführer, und ist in wesentlichen Bereichen durch Personalisierung deformiert oder, wie das Beispiel der Lokalpresse zeigt, ihrer eigentlichen Aufgabe, eine demokratische Öffentlichkeit zu schaffen, entfremdet. Zur Umstrukturierung der Massenmedien in der BRD wird u. a. vorgeschlagen: „Herstellung einer politisierten Öffentlichkeit durch Aktivierung inner- und überbetrieblicher Mitbestimmung; Abbau der unmittelbaren Abhängigkeit der Medien von der werbungstreibenden Industrie durch Einrichtung von Anzeigengenossenschaften, Installierung einer innerbetrieblichen Mitbestimmung von Journalisten durch Fixierung von Redaktionsstatuten und Etablierung von Redaktionsräten" (Holzer, in: Zoll). Nur von der Verwirklichung derartiger Vorschläge kann man erwarten, daß die Massenmedien zu einem Mittel der Demokratisierung werden und nicht ein Herrschaftsinstrument bleiben, wie es gegenwärtig auch die Meinungsforschung darstellt.

3. Rolle der Meinungsforschung

„Solange es politische Herrschaft gibt, haben die Herrschenden ein Interesse daran gehabt zu wissen, was in den Köpfen ihrer Untertanen vorgeht" (Hennis). Seit der Einführung des allgemeinen Wahlrechts gehört dieses Wissen zu den Lebensnotwendigkeiten eines erfolgreichen Politikers. Während Politiker noch vor wenigen Jahrzehnten aus der Klassenlage ihrer möglichen Anhänger auf deren politische Wünsche schließen konnten, bedürfen sie angesichts des allmählichen Verlusts von „Klassenbewußtsein" neuer Hilfsmittel, um festzustellen, was der Wähler denkt. Auf diese Weise erfahren die Politiker, welche Politik der Erhaltung oder dem Erwerb der politischen Macht nützt oder schadet. Ein solches Hilfsmittel stellt die empirische Sozialforschung in Gestalt der Befragung eines repräsentativen Querschnitts der Bevölkerung (*„sample"*) auf Grund gleichartiger Fragebogen *(standardisierte Interviews)* bereit. Dieses als *Meinungsforschung* bekanntgewordene Instrument ist allerdings stark umstritten.

Die Anhänger der Meinungsforschung verweisen auf deren Beitrag zur Rationalisierung politischer Entscheidungen: Die Meinungsforschung verschafft den Politikern Informationen über die Wählermeinungen (Scheuch, „Sozialer Wandel und Sozialforschung", in: KZfS 1965). Daran können sie ihren eigenen Entscheidungsspielraum ablesen: Hat sich bereits eine konsolidierte öffentliche Meinung (s. Kap. VII, A, 1) gebildet, so können die Politiker diese berücksichtigen; besteht noch eine fluide öffentliche Meinung, so haben die Politiker einen entsprechenden Handlungs- und Entscheidungsspielraum. Zugleich sind sie in der Lage, Ansprüche der Verbände unter Bezug auf die tatsächliche Meinung der Bevölkerung zurückzuweisen. Schließlich erlauben die Ergebnisse der Meinungsforschung es den Politikern, eine angemessene Wahlkampfstrategie festzulegen und so ihr Wählerpotential möglichst erfolgreich anzusprechen und auszuschöpfen.

Auch die Befürworter der Meinungsforschung (z. B. Kevenhörster, „Politische Meinungsforschung", in: die neue ordnung 1969) verkennen nicht, daß hier „Machtwissen" angehäuft wird, weil die Verfügung über Umfrageergebnisse ein Mittel politischer Auseinandersetzung sein kann. Hennis weist darauf hin, daß Meinungsumfragen in der BRD kein bloßes Informationsmittel darstellen, sondern zu einem anerkannten Instrument der politischen Auseinandersetzung geworden sind und als Technik moderner Herrschaftsformen kaum mehr weggedacht werden können. In diesem Zusammenhang fordert Fraenkel, daß Meinungsforschung in demokratischen Staaten eine öffentliche Angelegenheit

sein müsse und nicht zur Geheimwissenschaft werden dürfe. Die Chancengleichheit zwischen Regierung und Opposition müsse gewahrt bleiben; Umfrageergebnisse dürften keine staatliche Geheimsache werden. Dies ist aber nur einer der Ansatzpunkte für die umfassende Kritik von Hennis.
Hauptansatz seiner Kritik ist die Annahme, daß „die Meinungsforschung den Prozeß des Abbaus der tragenden Grundlagen der repräsentativen Demokratie fördert und beschleunigt". Das geschehe einmal durch die Verwendung von Umfragedaten als scheinplebiszitären Argumenten im politischen Entscheidungsprozeß: Verbände und Parteien berufen sich auf den darin zum Ausdruck kommenden „Wählerwillen". Zum anderen versuchen die Politiker sich den in Umfragen erkennbaren Wünschen und Neigungen anzupassen. Eine solche Verwendung der Meinungsforschung heißt aber, daß nicht der Kompaß, sondern der Wetterhahn zur Richtschnur wird (Hennis). Sie führte letztlich zu einem Schwund der politischen Führungsbereitschaft, die nicht zu verstehen sei als Bereitschaft zu einer Art Geschäftsführung, sondern als ein verantwortlicher öffentlicher Auftrag. Aufgabe eines politischen Führers sei es, nicht nur zu wissen, was das Volk will, sondern auch, was es braucht. Der Meinungsforschung fehle aber jeder sozialreformerische Impuls.
„Die Neigung vieler Meinungsforscher, Fragen zu stellen, ... auf die mit voraussehbarer Gewißheit ein erheblicher Teil der Befragten nur mit einem verlegenen Achselzucken, beschämten Nichtwissen oder ... mit etwas schnell Dahergeredetem aufwarten kann" (Hennis), zeigt ein weiteres Problem auf: Der grundsätzliche Unterschied zwischen dem „vagen Raunen und Meinen" (s. Kap. VII, A, 1) und den Ansichten eines verantwortlichen Bürgers wird übersehen. Ebenso ergeht es dem Unterschied zwischen der unverbindlichen Äußerung gegenüber einem Meinungsforscher und der mit politischen Folgen verbundenen, verantwortlichen Stimmabgabe in einer Wahl.

B. Wahlen

Wahluntersuchungen sind schon seit Jahren ein besonders beliebter Gegenstand der politischen Soziologie. Diederich führt dafür zwei Gründe an: Erstens stellen Wahlen und Wahlvorbereitungen Entscheidungsprozesse unter beinahe experimentellen Bedingungen dar. An der Wahlentscheidung können sowohl die individuellen als auch die kollektiven Aspekte der Entscheidung zwischen politischen Alternativen untersucht werden. Zweitens ist die Wahlentscheidung für das Funktionieren eines demokratischen politischen Systems besonders wichtig, weil sie eine Verknüpfung zwischen der politischen Führung und dem Staatsbürger herstellt. Die Aufmerksamkeit der Wahlforschung richtet sich also auf das *Wahlverhalten,* als eine für das politische System entscheidende, quantitativ meßbare Form politischen Verhaltens unter weitgehend kontrollierbaren Bedingungen.

1. Gegenstand und Methoden der Wahlforschung

Im Mittelpunkt der Untersuchung stehen bei der empirischen Wahlforschung drei Aspekte des Wahlverhaltens:
- die Ursachen der Stimmenthaltung (Untersuchung von Wahlbeteiligung und Nichtwählen);
- die Erklärung der Stimmabgabe für die einzelnen Parteien (Untersuchung der Parteipräferenzen) und
- die Bedingungen wechselnden Abstimmungsverhaltens (Untersuchung der Wechselwähler).

Zu allen drei Fragestellungen haben die Wahlforscher, vor allem die amerikanischen, eine Anzahl von empirisch abgesicherten Thesen entwickelt. Der Informationswert dieser Thesen ist allerdings sehr stark von den Methoden der einzelnen Untersuchung abhängig. Bei seinem internationalen Überblick unterscheidet Diederich vier grundsätzliche Methoden der Wahlforschung: Wahlkampfbeschreibung, wahlstatistische Untersuchung, wahlgeographische Forschung und Analyse der persönlichen Motive für das Wahlverhalten.

Bei den *Wahlkampfbeschreibungen* handelt es sich um zeitgeschichtliche Arbeiten, die bestrebt sind, allgemein beobachtbare Vorgänge zu beschreiben. Allgemein bekannt sind die regelmäßigen Untersuchungen der britischen Unterhauswahlen durch Mitglieder des Nuffield College, zuletzt durch Butler und Pinto-Duschinsky („The British General Election of 1970", London 1971). Diese Werke beschreiben die wichtigsten politischen und gesellschaftlichen Ereignisse während der abgelaufenen Wahlperiode sowie Äußerungen und Handlungen von Parteien und anderen Gruppen während des Wahlkampfes, die das Wahlergebnis beeinflußt haben könnten. Die Wahlkampfbeschreibungen werden zwar ohne ausgesprochene Untersuchungshypothesen durchgeführt, enthalten aber eine unausgesprochene Annahme, die erhebliche Zweifel an den Ergebnissen zur Folge haben muß: Da die Forschungsaufgabe vom Wahlergebnis her bestimmt ist, liegt in der Darstellung des Wahlkampfes und der Auswahl seiner bedeutsamen Elemente die Annahme, daß gerade diese Elemente das Wahlergebnis beeinflußt haben. „Die Auswahl der Daten und ihre Darstellung ist also zugleich ein Urteil über ihre ... Wichtigkeit für das Wahlergebnis" (Diederich). Auf diese Weise lassen sich gültige Aussagen über das Wahlverhalten aber kaum gewinnen, es fehlt der Schritt vom Prozeß der Beeinflussung zur Messung seines Einflusses auf das Wahlverhalten.

Eine Messung des Wahlverhaltens ermöglicht die *Wahlstatistik*. Sofern sich das statistische Bemühen nicht auf reine Umrechnungen des Wahlergebnisses beschränkt, erlauben die entsprechenden Zahlen erste Deutungen des Wahlverhaltens. Dabei sind Arbeiten, die sich auf die Werte der Wahlstatistiken beschränken und diese im Zeitvergleich untersuchen (Trendstudien) weitgehend unzureichend. Zur Deutung des Wahlverhaltens besser geeignet (wenn auch nur zur Formulierung von Thesen) ist die korrelative Wahlstatistik, die versucht, Beziehungen zwischen Merkmalen *(Korrelationen)* der sozialen Struktur und dem Wahlverhalten herzustellen. Die individuell korrelierende Analyse vergleicht beschreibbare Eigenschaften einzelner Personen (z. B. Geschlecht und Alter) mit deren Wahlverhalten. Der Vorteil dieses Verfahrens, das die statistischen Ämter bei ihren Sonderauszählungen anwenden, liegt in der Möglichkeit, die untersuchten Zusammenhänge mit Gewißheit festzustellen. Sein Nachteil ist die Beschränkung der Untersuchung auf ganz wenige Merkmale. Diese Einschränkungen umgeht das massenkorrelierende Verfahren: Wahlergebnisse und soziale Merkmale, möglichst kleiner Gebietseinheiten, werden einander gegenübergestellt. Diese Korrelationen beruhen auf der Annahme, daß sich die Häufigkeit zweier statistisch meßbarer Erscheinungen, die miteinander zusammenhängen, in einer Masse statistischer Einheiten mit einer gewissen Gleichmäßigkeit verändert. Die Gefahr dieses Verfahrens liegt in der Möglichkeit, daß Korrelationen nur scheinbar sein oder auf einer gemeinsamen Abhängigkeit von einem unbekannten dritten Faktor beruhen können.

Die wahlgeographische Forschung versucht, solche Schwierigkeiten durch regionale Beschränkung auf ein sehr genau abgegrenztes Gebiet und durch inhaltliche Ausdehnung der Untersuchung auf alle denkbaren Merkmale der sozialen, kulturellen und landschaftlichen Umwelt zu vermeiden. Diederich rechnet zu diesem methodischen Ansatz sowohl die von Siegfried durchgeführten und angeregten Arbeiten der französischen geographie électorale (= *Wahlgeographie)* als auch die auf Heberle zurückgehenden Arbeiten der amerikanischen political ecology *(= politische Ökologie).* Diederich weist aber darauf hin, daß Heberle insofern über Siegfried hinausgeht, als er auch statistische Korrelationsverfahren anwendet. Grundsätzlich sind alle Forscher dieser beiden Schulen bestrebt, unterschiedliche Wahlergebnisse auf Abweichungen in den gesellschaftlichen, wirtschaftlichen und kulturellen und (möglicherweise) landschaftlichen Merkmalen dieser Gebiete zurückzuführen. Man könnte diese Untersuchungsmethode als „integralistisch" bezeichnen, weil sie versucht, alle „denkbaren Gesichtspunkte, von denen her das politisch-soziale Verhalten überhaupt erklärbar erscheint, zur Geltung kommen zu lassen" (Diederich). Der besondere Wert dieser Arbeiten liegt in ihrer Untersuchung der „Kulturlandschaft" als Bestimmungsfaktor für die wirtschaftliche Struktur, die gesellschaftlichen Interessen und die politischen Einstellungen, die ihren Ausdruck im regionalen Wahlverfahren finden. Das Problem dieses Verfahrens liegt in seiner regionalen Beschränkung – insbesondere auf ländliche Gebiete.

Diese und andere Beschränkungen entfallen bei Anwendung der *Meinungsforschung* zur Untersuchung der individuellen Motive für das Wahlverhalten. Hierbei werden nicht – wie bei allen bisher dargestellten Ansätzen – vorliegende Daten ausgewertet, sondern eigens für Zwecke der Untersuchung Daten erhoben. Dadurch erhalten die Forscher eine Möglichkeit, nicht nur mehr oder weniger zufällig vorhandene Informationen mit dem Wahlverhalten in Verbindung zu bringen, sondern alle ihnen bedeutsam erscheinenden Aspekte zu berücksichtigen. Voraussetzung für eine Anwendung der Umfrageforschung zur Untersuchung des Wahlverhaltens war allerdings, daß Fragebogentechnik und Stichprobentechnik nahezu vollkommen entwickelt wurden. Lazarsfeld und seine Mitarbeiter wandten dann erstmalig ein zusätzliches Mittel zur Erforschung des Meinungsbildungsprozesses an: Sie befragten in regelmäßigen Abständen wiederholt dieselben Personen über ihre Meinung und andere relevante Daten *(„panel"-Technik)*. Auf diese Weise gewonnene Daten ermöglichen Aussagen über den Prozeß der Wahlentscheidung bei Einzelpersonen, Wählergruppen und der Gesamtwählerschaft sowie seine Verknüpfung mit persönlichen Merkmalen aller Art. Während die Gruppe um Lazarsfeld („Wahlen und Wähler", Neuwied 1969) relativ viele Wiederholungsbefragungen durchführte, aber sich auch auf bestimmte regionale Einheiten beschränkte, haben Campbell und seine Mitarbeiter mit zwei Befragungswellen bei einem repräsentativen Querschnitt der gesamten amerikanischen Wählerschaft andere Akzente gesetzt. Hinzu kommt – als bedeutender Unterschied beider „Schulen" – das mehr auf psychische Motive des Einzelwählers abgestimmte Vorgehen Campbells gegenüber der Betonung des sozialbestimmten Wahlverhaltens bei Lazarsfeld. Hauptzweck dieser Verhaltensuntersuchungen ist in jedem Falle „die Erforschung der Einflüsse auf die Stimmabgabe und das politische Verhalten, auf die Erhaltung, Generierung (= Entstehung – d. Verf.) und Veränderung von Meinungen" (Diederich). Hierzu hat – insbesondere mit Hilfe der zuletzt dargestellten Methode – die internationale Wahlforschung eine Vielzahl von Thesen formuliert.

2. Thesen über das Wahlverhalten

Grundlage aller Wahlforschung ist die Ansicht, daß Wahlverhalten
– beobachtbar sei,
– eine gewisse Dauerhaftigkeit besitze und
– bestimmten Gesetzmäßigkeiten unterliege.
Hinzu kommt die Erfahrung, daß Wahlverhalten als menschliches Verhalten von der gesellschaftlichen Umwelt beeinflußt ist.
Lazarsfeld und seine Mitarbeiter haben vor allem auf drei gesellschaftliche Bestimmungsformen hingewiesen:
– den sozio-ökonomischen Status,

- die religiöse Bindung und
- den Wohnort.

Für die Messung des sozio-ökonomischen Status entwickelten diese Forscher verschiedene „SES"-Stufen (von „socio-economic status"), die ihnen als allgemeiner Schichtungsindex für die gesellschaftliche Stellung der Befragten dienten. Die SES-Gruppen sind eng mit Gruppen der formalen Ausbildung und den Berufsgruppen verbunden. Je mehr die Stellung des Befragten im SES-Gruppen-Schema stieg, desto häufiger wurde seine Zuneigung zu den Republikanern, der als konservativ geltenden Partei. Ein protestantisches Bekenntnis und ein Wohnsitz in ländlichen Gebieten führten statistisch gesehen zu ähnlichen Ergebnissen. Angehörige niedriger SES-Gruppen, Katholiken und die Stadtbevölkerung neigten stärker zu den Demokraten, die als fortschrittlich gelten.

Campbell und seine Forschungsgruppe haben bedeutsame Ergänzungen dieser Ergebnisse erarbeitet. Die objektive, rein statistische Zugehörigkeit zu sozialen Gruppen reicht zur Erklärung politischen Verhaltens nicht aus. Bei genauer Untersuchung weist die Identifikation mit bestimmten Gruppen, die subjektive Zugehörigkeit, eine stärkere Aussagekraft für die Deutung des Wahlverhaltens auf. Hinzu kommt, daß die Gruppenzugehörigkeit zwar die große Stabilität der Parteipräferenzen erklärt, nicht aber die ebenfalls bemerkenswerten Schwankungen von Wahl zu Wahl. Die Ursache hierfür sehen Campbell und seine Mitarbeiter in den psychischen Reaktionen der Wähler auf Kandidaten und politische Forderungen. Neben der Parteipräferenz (party preference) sind also Kandidatenorientierung (candidate orientation) und Beeinflussung durch politische Probleme (issue orientation) zu berücksichtigen. Die beiden zuletzt genannten Elemente können Abweichungen von der gruppenbestimmten Parteipräferenz (s. Kap. VIII, B, 1) bewirken.

Eine weitere Schwierigkeit besteht für die Erklärung des Wahlverhaltens bei Zugehörigkeit zu Gruppen, die im allgemeinen ein unterschiedliches Wahlverhalten auslösen. Lazarsfeld, Berelson und Gaudet haben hier mit dem Einfluß sich kreuzender sozialer Kreise (Simmel), dem sie den Begriff „crosspressures" zuordnen, ein geeignetes Mittel der Deutung bereitgestellt. *Crosspressures* sind Widersprüche zwischen den für das Wahlverhalten maßgebenden Faktoren, Konflikte beispielsweise zwischen den Statusmerkmalen des Wählers und seiner Umgebung. Wähler dieser Kategorie weisen zwei wichtige gemeinsame Merkmale auf: Sie sind nur wenig interessiert und entscheiden sich nur zögernd für eine bestimmte Partei. Möglicherweise bleiben sie sogar der Wahl fern, um so dem psychischen Entscheidungszwang auszuweichen.

Die Personen mit dem geringsten Interesse sind zugleich am wenigsten bestrebt, sich zu informieren. Andererseits bilden sie den Kreis der potentiellen Wechselwähler. (Dieses Ergebnis macht ein kritisches Überdenken mancher Elemente der normativen Demokratietheorie erforderlich.) Aus diesem Grunde sind sie die Zielgruppe aller Wahlkämpfe. Die Wirkung des Wahlkampfes liegt in der Organisierung von latent vorhandenen Meinungsverschiedenheiten. Durch die Propaganda werden also nicht neue Meinungen geformt, sondern nur bestehende Einstellungen aktiviert, d. h. wieder zum Vorschein gebracht. Dabei fällt auf, daß von den Anhängern einer Partei nur Wahlkampfmaßnahmen der eigenen Partei zur Kenntnis genommen werden. Die Tätigkeit der jeweiligen Parteiorganisationen im *Wahlkampf* verstärkt diese Tendenz, indem sie vor allem die eigenen Anhänger anspricht.

Die Arbeiten empirischer Wahlforscher in verschiedenen Ländern haben diese Grundthesen im allgemeinen bestätigt. Eine bemerkenswerte Ausnahme bildet die Untersuchung der Wechselwähler in der deutschen Bundestagswahl 1961 durch Kaase („Wechsel von Parteipräferenzen", Meisenheim 1967). Zwar bestätigt auch er, daß die Wechselwähler sich erst kurz vor der Wahl entscheiden. Er bestreitet aber, daß Wechselwähler vorwiegend bestimmten sozialen Schichten angehören oder grundsätzlich wenig an Politik interessiert und über Politik informiert sind. Die von ihm ausgewerteten Umfragen einer Kölner Forschungsgruppe (vgl. als ersten Bericht „Zur Soziologie der Wahl", hrsg. von Scheuch und Wildenmann, 2. Aufl., Opladen 1968) lassen für die untersuchte Wahl eher das Gegenteil als richtig erscheinen. Offenbar unterscheiden sich also die Wechselwähler bei verschiedenen Wahlen oder in verschiedenen Ländern voneinander. Als wichtigste Ursache des Wählerwechsels in der Bundestagswahl 1961 nennt Kaase die Kritik an Bundeskanzler Adenauer.

Neben solchen personenbezogenen Momenten können auch gesellschaftliche Krisen das Verhalten von Wechselwählern beeinflussen. Die klassische Theorie der politischen Parteien nimmt an, daß Extremisten an beiden Enden des politischen Spektrums zur Diktatur neigen, während Bewegungen der Mitte die Demokratie verteidigen. Demgegenüber behauptet Lipset, daß in jeder größeren Gesellschaftsschicht moderner Massengesellschaften sowohl demokratische als auch extreme politische Tendenzen vorhanden sind. Er unterscheidet:

Links-	Mittel-parteien	Rechts-
Diese stützen sich auf: die Arbeiterklasse	den Mittelstand	die Oberschicht
Die demokratischen Bewegungen sind: die Sozialisten	die Liberalen	die Konservativen
Die extremen Alternativen sind: die Kommunisten	die Faschisten	die traditionellen Autoritären

Von den demokratischen Bewegungen stützen sich
- die sozialistische Linke:
 auf Industriearbeiter und ärmere bäuerliche Schichten.
- die liberale Mitte:
 auf den Mittelstand, vor allem Kaufleute und Büroangestellte.
- die konservative Rechte:
 auf Industrielle und Gutsbesitzer, leitende Angestellte und freie Berufe, sowie Anhänger traditionalistischer Institutionen (vor allem der Kirche).

Die Anhänger der extremistischen Ideologien entsprechen in ihren sozialen Merkmalen denen der demokratischen Alternativen. Worauf beruht nun die Anziehungskraft extremistischer Bewegungen in industrialisierten Gesellschaften?

Lipset spricht von *„autoritären Prädisponierungen"*, die sich u. U. im Zulauf zu extremistischen Bewegungen äußern können. In hochgradig gespannten Situationen stellen Faschismus und Kommunismus die einfachste Alternative dar; vor allem die unteren Schichten trauen ihnen zu, sofort eine Erleichterung der Situation herbeizuführen. Die Hauptursachen einer autoritären Prädisponierung sind:
- ein niedriger Bildungsgrad,
- Abschließung gegen andere sowie
- ein relativ hohes Maß an wirtschaftlicher und sozialer Unsicherheit.

Dies zeigt sich besonders deutlich beim Faschismus, dem Extremismus des Mittelstandes. Er stützt sich neben den Bauern auf die kleinen Geschäftsleute der Provinzstädte, also jene Gruppen, die von der großstädtischen Kultur isoliert sind und hinsichtlich der Schulbildung zurückstehen. Diese Gruppen finden sich in weniger entwickelten Gebieten industrialisierter Gesellschaften. Ihr Extremismus beruht auf der Empfindlichkeit des ländlichen und städtischen Kleinunternehmertums gegenüber dem Großbürgertum und machtvollen Arbeiterbewegungen (Gewerkschaften). Gegensätzliche Einflüsse (in diesem Zusammenhang vor allem religiöse Verbundenheit) können die deutlichsten Wirkungen der extremistischen Prädisponierung unterdrücken.

Zu ähnlichen Ergebnissen wie diese international vergleichende Untersuchung Lipsets kommt Kaltefleiter („Wirtschaft und Politik in Deutschland", 2. Aufl., Opladen 1968) bei seiner Analyse der wirtschaftlichen Konjunktur als eines Bestimmungsfaktors für das Wahlverhalten in Deutschland. Sein Untersuchungsergebnis läßt sich zunächst in zwei Thesen zusammenfassen:
a) Wirtschaftliche Krisen erhöhen die Wahlchancen der Oppositionsparteien, bei Anwendung von Verhältniswahlsystemen (s. Kap. III, D, 1) insbesondere die Chancen radikaler Protestparteien.
b) Wirtschaftliche Zufriedenheit erhöht die Wahlchancen der Regierungspartei und vermindert die Wählerschaft kleiner Parteien.

Diese beiden Auswirkungen auf das Wahlverhalten durchlaufen verschiedene sozialpsychologische Filter. Zunächst einmal sind Gruppen mit starken Bindungen an die katholische Kirche oder die Gewerkschaften den Einflüssen der wirtschaftlichen Lage auf ihr Wahlverhalten nicht unterworfen. Bei den übrigen Bevölkerungsgruppen löst nicht die tatsächliche wirtschaftliche Situation die angeführten Wirkungen aus, sondern die bei den Wählern darüber bestehende Vorstellung. Die Bevölkerung muß also eine (positive oder negative) Veränderung der wirtschaftlichen Lage wahrnehmen. (Kaltefleiter spricht von „*Perzeption*".). Mit Hilfe dieser Instrumente lassen sich die Einflüsse der wirtschaftlichen Entwicklung auf die Wahlergebnisse in der Weimarer Republik als auch in der BRD nachweisen.

In der Weltwirtschaftskrise erzielte die NSDAP bei wachsender Arbeitslosigkeit steigende Stimmenanteile. Die Arbeitslosigkeit stellt dabei aber nur einen Gradmesser für das Ausmaß der wirtschaftlichen Unsicherheit dar. Gewählt wurde die NSDAP nicht so sehr von den Arbeitslosen als vielmehr vom protestantischen „Mittelstand" in landwirtschaftlichen Gebieten und Kleinstädten, dem eine „Proletarisierung" drohte. Dabei neigte der selbständige „alte" Mittelstand (Bauern, Handwerker, Kleinhandel) noch stärker zur NSDAP als der unselbständige „neue" Mittelstand (Beamte und Freiberufler). Dem Anfang der fünfziger Jahre beginnenden „Wirtschaftswunder" in der BRD folgte „das deutsche Wahlwunder" (Faul), die Bundestagsmehrheit der CDU/CSU, die erste absolute Parlamentsmehrheit einer Partei in der deutschen Geschichte. Damit begann eine – nur von den wahlwirksamen Folgen der wirtschaftlichen Rezession der Jahre 1966/67 unterbrochene – Konzentration der Wählerstimmen auf die beiden großen Parteien.

Dieser Entwicklung waren Anfang der fünfziger Jahre beachtliche Erfolge einer politischen Protestpartei, der neofaschistischen SRP in Niedersachsen und Bremen (1951) und einer Interessenpartei (BHE) in fast allen Bundesländern vorausgegangen. Zwischen 1953 und 1965 ist es nur in drei Fällen einer extremen Partei gelungen, mindestens 5 % der Stimmen zu erzielen: 1955 der KPD in Bremen, 1959 der DRP in Rheinland-Pfalz und 1960 der DDU im Saarland. In allen diesen Fällen lassen sich deutlich die aus der schwierigen wirtschaftlichen Lage bestimmter Gebiete oder Bevölkerungsgruppen stammenden Ursachen für das Wahlverhalten aufzeigen. Diese Ausführungen zeigen, welche Bedeutung für die Stabilität eines demokratischen Regierungssystems dem Wahlverhalten als einem wesentlichen Bestimmungsfaktor für die Stärke politischer Parteien zukommt.

Wenn Sie prüfen wollen, ob Sie den Stoff dieses Kapitels gründlich durchgearbeitet haben, beantworten Sie bitte die folgenden *Kontrollfragen:*
  1. Versuchen Sie den Begriff ‚Öffentliche Meinung' zu bestimmen!

2. Welche Bedeutungsschichten des Öffentlichen unterscheidet Hennis?
3. Bezeichnen Sie die Aufgaben der Massenmedien in demokratischen Regierungssystemen!
4. Welche wirtschaftlichen Tatbestände gefährden den Beitrag der Massenmedien zur demokratischen Willensbildung?
5. Bieten Meinungsumfragen Möglichkeiten zur Rationalisierung der politischen Entscheidungen?
6. Nennen Sie Argumente gegen die Meinungsforschung!
7. In der empirischen Wahlforschung lassen sich beim internationalen Vergleich verschiedene Methoden feststellen. Kennzeichnen Sie die wichtigsten Richtungen!
8. Entsprechen die Forschungsergebnisse über Wechselwähler den Anforderungen der normativen Demokratietheorie?
9. Inwiefern unterscheidet sich Lipsets Vorstellung über politische Parteien von dem üblichen Rechts-Links-Schema?
10. Bedeuten die Möglichkeiten der modernen Konjunkturpolitik eine Gefährdung der Demokratie?

Antworten zu diesen Fragen finden Sie auf Seite 157 f.

Kapitel VIII: Parteien als Instrumente demokratischer Regierungsweise

Politische Parteien im eigentlichen Sinne sind kaum einhundert Jahre alt. Ihre Entwicklung ist mit der Durchsetzung des allgemeinen Wahlrechts und der steigenden Bedeutung des Parlaments verbunden. Sie entstanden also im Zusammenhang mit der aktiven Beteiligung der Bevölkerung an der Staatsführung, mindestens aber mit der Aussicht auf Mitbestimmung bei politischen Entscheidungen.

Zunächst entwickelten sich Gruppen im Parlament (Fraktionen), dann wurden örtliche Wahlkomitees gegründet und schließlich stellte sich eine dauernde Verbindung zwischen beiden her. Es gibt auch Parteien, die von vorher bestehenden Organisationen ins Leben gerufen wurden, z. B. von Gewerkschaften oder konfessionellen Gruppen. Die geschichtliche Entwicklung der modernen Parteien und ihre unterschiedliche Stellung in demokratischen Regierungssystemen läßt keine einheitliche Begriffsbestimmung erwarten.

A. Begriffsbestimmung

Partei bedeutet zunächst einmal Absonderung, Teil der Gesamtheit. Gemeinsam ist den Begriffsbestimmungen der verschiedenen Autoren, daß *Parteien* als Zusammenschlüsse einer größeren Zahl von Menschen zur Erreichung bestimmter Zwecke und Ziele bezeichnet werden (Weber, in: Lenk/Neumann). Die politischen Ziele, die Parteien verfolgen, werden dabei einmal mehr personell, zum anderen eher sachlich bestimmt. Friedrich („Der Verfassungsstaat der Neuzeit", Heidelberg 1953) geht – beide Aspekte zusammenfassend – davon aus, daß Parteien für ihre Leiter oder Führer die Herrschaft im Staat erlangen wollen, um ihren aktiven Teilnehmern dadurch ideelle oder materielle Chancen zur Durchsetzung politischer Sachziele und/oder zur Erlangung von persönlichen Vorteilen zu sichern.

Neumann („Die Parteien der Weimarer Republik", Stuttgart 1965) weist auf den Kampfcharakter der Parteien hin: Sie wollen die entscheidende Bestimmung im politischen System gewinnen, d. h. die Regierungsmacht erlangen. Dabei bleibt offen, ob die Menschen, die sich zu einer Partei zusammenschließen, in bestimmten Zwecken und Zielen evtl. sogar in einer geschlossenen gesellschaftlichen Konzeption (Weltanschauung) übereinstimmen müssen, wie es z. B. von Loewenstein („Verfassungslehre", 2. Aufl., Tübingen 1969) gefordert wird. Parteien können – wie die Verbände – auch an einem speziellen Interesse orientiert sein *(Interessenparteien)*. Ihnen kommt trotzdem eine Sonderstellung zu, weil sie sich im Unterschied zu den Verbänden unmittelbar an der politischen Willensbildung im Parlament sowie an der Übernahme von Regierungsaufgaben beteiligen und in Wahlen zur Verantwortung gezogen werden können.

Unterschiedliche Auffassungen bestehen auch hinsichtlich des Organisationsgrades. Parteien werden meist als auf Dauer berechnet und mehr oder weniger stark organisiert angesehen. Friedrich („Verfassungsstaat" a. a. O.). verwendet das Merkmal der festen Organisation zur Abgrenzung moderner Parteien von ihren Vorläufern, den früher bestehenden *Parteiungen* oder *Faktionen* (z. B. Guelfen und Ghibellinen, Tories und Whigs). Hermens („Verfassungslehre", 2. Aufl., Opladen 1968) nennt als wesentliches Merkmal von Faktionen, daß bei ihnen der politische Zusammenhalt auf Traditionen oder familiären Bindungen beruht.

Für demokratische Parteien gilt demgegenüber das Prinzip der freiwilligen Mitgliedschaft und der (formal) freien Werbung (Weber, in: Lenk/Neumann). *Demokratische Parteien* gestatten jedermann den freien Eintritt und wollen durch effektive Machtkonkurrenz zwischen mindestens zwei Rivalen in freien Wahlen die Macht gewinnen. Dieses Kriterium grenzt sie gegenüber geschlossenen und konkurrenzlosen Organisationen *(„Einheitsparteien")* ab. Jellinek sah im Programm eine wesentliche Voraussetzung für die Parteieigenschaft: Er sprach von einer echten Partei, wenn diese ein umfassendes Programm für die Gestaltung des Staates vorgelegt hatte. Auch Neumann („Weimarer Republik", a. a. O.) nennt das Programm als Bestimmungselement der kontinental-europäischen *Parteien* neben der Organisation und dem Kampfcharakter. Häufig wird das Programm bis zur Schemenhaftigkeit abgeschwächt. Dennoch bildet es ein Merkmal zur Unterscheidung der einzelnen Parteien.

1. Parteiprogramme

Parteien legen in einem *Parteiprogramm* ihre politischen Ziele nieder. Aus diesem Programm kann jedoch nicht die Politik einer Partei völlig erschlossen werden. Diese wird neben dem Programm auch durch die organisatorische und soziale Struktur der Partei sowie durch den gesellschaftlichen Bezugsrahmen ihrer politischen Tätigkeit bestimmt. Hinzu kommt, daß manche Formulierungen in einem Programm zu allgemein sind, um als spezifisches Ziel

einer bestimmten Partei angesehen zu werden. So bekennen sich z. B. alle Parteien zu Demokratie, Freiheit und Frieden. Darin zeigt sich der Kompromißcharakter der meisten *Parteiprogramme*. Jedes Programm muß nämlich versuchen, sowohl den Mitgliedern als auch den Anhängern einer Partei gerecht zu werden (Selbstdarstellung der Partei).
Manche Parteien versuchen, diese Schwierigkeiten zu vermeiden, indem sie zwei Arten von Programmen herausbringen: ein *Grundsatzprogramm* und aktuelle Wahlprogramme. Ersteres enthält die langfristigen Ziele der Partei und ist vor allem für die Mitglieder und den Kern der Anhängerschaft gedacht. Die einzelnen *Wahlprogramme* versuchen den Wählern, die eine Partei jeweils besonders ansprechen möchte, gerecht zu werden und den Sonderinteressen einzelner, mit der Partei verbundener Gruppen, Rechnung zu tragen. Als *Aktionsprogramm* oder Plattform sind Wahlprogramme stärker auf den zukünftigen Kurs der Partei als Regierungspartei ausgerichtet und beziehen sich meist auf die Politik der Partei in der nächsten Legislaturperiode (Flohr).
Die Bedeutung des Programms ist nach Parteien, Ländern und Epochen verschieden. In der Frühphase der Parteibildung waren Programme bedeutender als heute, weil sich die Parteien als Ausdruck einer weitverbreiteten Unzufriedenheit gebildet haben und ihre Ziele zur Änderung des status quo in Programmen niederlegten *(Programmparteien)*. In den westlichen Industriegesellschaften hat eine Tendenz zur Entideologisierung dazu geführt, daß die deutlichen Gegensätze aus den Programmen der Parteien verschwunden sind. Während für Deutschland jedoch immer noch Programmparteien charakteristisch sind, werden von den Amtspatronageparteien der USA nur Plattformen aufgestellt. Allerdings ist auch in der BRD eine Tendenz zum Wahlprogramm unverkennbar.
Darüber, welche Bedeutung die Parteiprogramme in der Zukunft haben sollen, sind die Meinungen geteilt. Flohr sieht die Parteiprogramme als Grundlage für eine rationale Wahlentscheidung. Kirchheimer (in: Lenk/Neumann) steht Parteiprogrammen auch dann skeptisch gegenüber, wenn sie mehr als Allgemeinplätze enthalten, weil sich heutzutage Regierung und Opposition ständig neuen, unvorhergesehenen Problemen gegenübersehen. Aus den Überlegungen zur Begriffsbestimmung und zum Programm geht bereits hervor, daß Parteien sich in verschiedenen Gesichtspunkten unterscheiden können. Auch in der Literatur werden sie nach unterschiedlichen Merkmalen zu bestimmten Typen zusammengefaßt. Nicht alle Gliederungsversuche entsprechen den heutigen Parteitypen, manche sind rein historisch zu sehen.

2. Parteitypen
Eine weithin bekannte Einteilung ist die Unterscheidung nach den politischen Zielen der Parteien. Diese finden ihren Ausdruck entweder in der Prinzipien-

festigkeit einer *Weltanschauungspartei,* in der erkennbaren Interessenwahrung für eine bestimmte Gruppe (z. B. Landwirtschaft) bei der *Interessenpartei* oder in dem rein personellen Ziel einer *Amtspatronagepartei,* die inhaltlich gesinnungslos jeweils das Programm mit der besten Werbekraft vertritt (z. B. USA). Der Begriff Weltanschauungspartei ist im Zusammenhang mit den Parteien der westlichen Industriegesellschaften nur noch in Ausnahmefällen verwendbar.

Auch die Gliederung nach den Ideen der Zielsetzung in

– *konservative Parteien* (= Bewahrung der Autorität, der Tradition, Unterordnung unter die Verhältnisse),

– *liberale Parteien* (= Aufgeschlossenheit gegenüber dem Fortschritt und neuen Ideen) und

– *sozialistische Parteien* (= Befreiung des Menschen durch Überführung der Produktionsmittel in Gemeineigentum)

reicht heute zur wirklichkeitsnahen und umfassenden Typenbildung nicht mehr aus. Sie ist allerdings gerade dann recht brauchbar, wenn man die Parteien von ihrer Entstehung her betrachten will.

Eine andere Gliederung orientiert sich an der Bindung der Bevölkerung zur Partei und unterscheidet Mitglieder- und *Wählerparteien,* deren Einfluß nicht aus der Zahl der Parteimitglieder resultiert, sondern aus der Zahl der frei für sie abgegebenen Stimmen (Ellwein, „Das Regierungssystem der Bundesrepublik Deutschland", 2. Aufl., Opladen 1965). Da auch *Mitgliederparteien,* um Einfluß zu erlangen, möglichst viele Wähler gewinnen müssen, erscheint diese Gegenüberstellung vom begrifflichen her nicht glücklich. Dennoch erlaubt sie, strukturelle Unterschiede der einzelnen Parteien zu erläutern.

Nach strukturellen Unterschieden untergliedert Duverger einmal in Massen- oder Apparatparteien und Rahmenparteien. Während die Massen- oder *Apparatparteien* eine ständige Organisation haben und wesentlich mit den Mitgliederparteien übereinstimmen, werden die *Rahmenparteien* zur Vorbereitung der Wahl gebildet und sind nur für die Aufstellung von Kandidaten und den Wahlkampf von Bedeutung. Eine andere Gliederung kann von strukturellen Unterschieden der Mitgliedschaft ausgehen und Parteien mit unmittelbarer (Einzelwerbung) und mittelbarer Struktur (blockartige Übernahme der Mitglieder) unterscheiden (Duverger).

Sieht man die Parteitypen entwicklungsgeschichtlich, so lassen sich *Honoratiorenparteien* (Repräsentationsparteien) und Massenintegrationsparteien unterscheiden (Neumann, in: Lenk/Neumann). Für Repräsentationsparteien als Ausprägung des liberalen Parteibegriffs sind freie Werbung und absolute Entscheidungsfreiheit ihrer Repräsentanten kennzeichnend. Repräsentationsparteien sind insofern zugleich Rahmenparteien, als sie fast nur in Form eines Wahlkomitees vor den Wahlen aktiv werden. Diese Parteien waren im 19. Jhdt.

üblich, während seitdem die Integrationspartei (Neumann, in: Lenk/Neumann) oder *Massenpartei* (Duverger) vorherrscht. Für sie ist charakteristisch, die Forderung nach Einbeziehung aller Lebensbereiche und der ganzen Person. Ihr Mitgliederbestand beruht nicht auf freier Werbung in Wahlen, sondern ist als organisierte Anhängerschaft durchaus beständig. In der Führung zeigen sich bei den *demokratischen Integrationsparteien*, z. B. der Sozialdemokratie, gewisse oligarchische Tendenzen. Die *absolutistischen Integrationsparteien* (Faschismus, Bolschewismus, Nationalsozialismus) unterscheiden sich davon durch eindeutige persönliche Führung, hierarchischen Aufbau und straffe Durchorganisation mit der Tendenz zur Exklusivität. Die Zahl der aktiven Mitglieder, die in allen Lebensbereichen mit der Partei verbunden sind, bleibt dennoch fast immer gering gegenüber der Masse der Nur-Zahler und der Nur-Wähler, die viel größer ist (Neumann, „Weimarer Republik", a. a. O.).

Aus Massenintegrationsparteien, wie sie zur Zeit scharfer Klassengegensätze entstanden, wandeln sich die modernen Parteien immer mehr zu *Volksparteien*, die im Gegensatz zu Interessen- und Weltanschauungsparteien grundsätzlich für alle Gruppen offen sind. Sie unterscheiden sich voneinander nur noch im angebotenen politischen Personal, ihrer Grundeinstellung zur gesellschaftlichen Realität (fortschrittlich oder konservativ) und in ihren Stellungnahmen zu aktuellen politischen Einzelfragen, nicht aber in einer weltanschaulichen Ausrichtung oder dem Appell an genau abgrenzbare gesellschaftliche Gruppen. Ihr Ziel ist es nicht mehr, die Massen geistig oder moralisch einzugliedern. Vielmehr opfern Volksparteien die tiefere ideologische Durchdringung für einen rascheren Wahlerfolg: Ihr Ziel ist es, eine möglichst große Zahl von Wählern am Wahltag auf sich zu vereinigen. Kirchheimer (in: Lenk/Neumann) bezeichnet diesen Parteityp als *„Allerweltspartei"*. Die Ausbildung bestimmter Parteitypen steht in engem Zusammenhang mit dem jeweiligen Regierungssystem.

B. Parteien und Regierungssystem

Die Gesamtheit aller in einem Regierungssystem wirksamen Parteien sind in der Regel als *Parteiensystem* bezeichnet, weil diese Parteien erfahrungsgemäß in einem Verhältnis gegenseitiger Abhängigkeit stehen. Kaack zieht beide Aspekte in einer Definition zusammen und bezeichnet als Parteiensystem „die Gesamtheit der politischen Kräfte, die im Parlament vertreten sind oder wenigstens eine Vertretung im Parlament anstreben, in Anzahl, Größenordnung, Struktur und politischen Relationen (Beziehung – d. Verf.) zueinander".

1. Parteiensysteme
Eine Differenzierung der Parteiensysteme kann nach verschiedenen Gesichtspunkten vorgenommen werden. Im allgemeinen findet man als Typen von

Parteiensystemen das Viel-, Mehr-, Zwei- und Einparteiensystem. Der Begriff *Einparteiensystem* bezeichnet den Fall, daß nur eine Partei den Ablauf des politischen Prozesses bestimmt. Eigentlich ist dieser Begriff ein Widerspruch in sich, er hat sich aber im politischen Alltag eingebürgert. Das Einparteiensystem paßt nicht mehr in ein demokratisches Verfassungsmodell. Man könnte deshalb die Grenze zwischen Ein- und Zweiparteiensystem als Abgrenzung von Demokratie (mindestens zwei Parteien) und totalitärer Diktatur (nur eine Partei) ansehen. Diese Unterscheidung erweist sich aber bei näherer Betrachtung als unzureichender Ansatzpunkt für eine genaue Analyse der politischen Prozesse. Die Einheitspartei braucht nicht unbedingt totalitär zu sein und ist es beispielsweise in Italien und in der Türkei auch nicht gewesen (Duverger). Agnoli (in: Agnoli/Brückner, „Die Transformation der Demokratie", Frankfurt 1968) sieht im Funktionsverlust parlamentarischer Oppositionspolitik die Gefahr der Entwicklung („Involution") zu einem diktaturähnlichen Einparteiensystem, in dem die Kontrollfunktion einer parlamentarischen Opposition allenfalls als „Bereichsopposition" (Kirchheimer – s. Kap. IV, B, 2) zum Tragen kommt.

Die Begriffe Zwei-, Mehr- und Vielparteiensystem werden in der Literatur unterschiedlich verwendet. *Zweiparteiensystem* kann nicht bedeuten, daß nur zwei Parteien bestehen. Wesentlich ist aber, daß sich im Normalfall praktisch zwei Parteien in die Sitze des Parlaments teilen und dabei eine Partei über die parlamentarische Mehrheit verfügt und allein die Regierung bildet. Die andere Partei nimmt die Funktionen der Opposition wahr. Eine wirksame Machtkontrolle ist dann gegeben, wenn die Opposition in der nächsten Wahl eine tatsächliche Chance zur Machtübernahme hat (Duverger). Als Vorteil des Zweiparteiensystems werden sichere Mehrheiten, klare Verantwortlichkeiten und wirksame Kontrollmöglichkeiten angesehen. Typische Zweiparteiensysteme sind das amerikanische (s. Kap. IV, B, 1) und das britische (s. Kap. IV, A, 1), obwohl hier neben den beiden großen Parteien noch kleinere Parteien bestehen und zum Teil im Parlament vertreten sind (Duverger). Ein Zweiparteiensystem ist nur dann lebensfähig, wenn beide Parteien die Grundlagen der staatlichen Ordnung anerkennen. Neumann (in: Lenk/Neumann) bezeichnet Zweiparteiensysteme als eine praktische Einrichtung für zufriedene Völker. Friedrich („Verfassungsstaat", a. a. O.) meint, daß Zweiparteiensysteme eher eine Ausnahme als die Regel darstellen und weitgehend gleichartige (homogene) gesellschaftliche Strukturen voraussetzen.

Dem Zweiparteiensystem in seinen Wirkungen entgegengesetzt ist das *Vielparteiensystem*. Hierbei ist die Zahl der im Parlament vertretenen Parteien relativ groß. Das Parlament muß eine Koalitionsregierung bilden, wobei schließlich ebenso ein Kompromiß zustande gebracht wird, wie ihn im Zweiparteiensystem der Wähler auf Grund eigener politischer Einsicht bei seiner

Stimmabgabe schließen muß (Neumann, in: Lenk/Neumann). Die Entstehung eines Vielparteiensystems begründet Duverger durch das Auseinandertreten von Richtungen im Inneren einer Partei (z. B. Entstehung der Radikalen Partei in Dänemark und in den Niederlanden) oder durch die Überlagerung von Dualismen. Eine solche Überlagerung kommt zustande, wenn verschiedene Arten von dualistischen Gegensätzen nicht miteinander zusammenfallen. Beispiel hierfür ist das Parteiensystem in Frankreich, wo die wichtigsten Gegensätze in politischen Fragen nicht miteinander in Deckung sind: „Westliche – Östliche", „Klerikale – Laien", „Liberale – Sozialisten" (Duverger).

Der Begriff „*Mehrparteiensystem* wird nicht einheitlich verwendet. Neumann (in: Lenk/Neumann) verwendet ihn gleichbedeutend mit Vielparteiensystem. Bei Wildenmann („Macht und Konsens als Problem der Innen- und Außenpolitik", 2. Aufl., Opladen 1967) dient der Begriff Mehrparteiensystem zuweilen als Oberbegriff für alle Parteiensysteme mit der Chance des Machtwechsels durch das Wahlergebnis (Zweiparteiensysteme und Zweikräftesysteme gegnerischer Koalitionen). Duverger faßt unter dem Oberbegriff Mehrparteiensystem Drei-, Vier- und Vielparteiensysteme zusammen, wobei er eine gesonderte Typenbildung bei mehr als vier Parteien ablehnt. Dreiparteiensysteme können sich nach Ansicht von Duverger aus einem ursprünglichen Dualismus entwickeln, wenn die reformerische Partei nach Vollendung der Reformen konservativ wird. In dem durch sie zurückgelassenen Vakuum ist dann Platz für eine neue Linkspartei *(„Linksdrift")*. Da die ursprüngliche konservative Partei nicht so leicht verschwindet und somit der Dualismus wieder hergestellt werden kann, entwickelt sich ein Dreiparteiensystem. Ellwein („Bundesrepublik", a. a. O.) weist darauf hin, daß in einem solchen System die Spannungen in der jeweiligen Koalition größer sind als im Vielparteiensystem. Ein Vierparteiensystem kommt dadurch zustande, daß eine Agrarpartei zu dem Dreiparteiensystem aus Konservativen, Liberalen und Sozialisten hinzutritt (Duverger). Beispiele hierfür sind die skandinavischen Länder, die Schweiz (s. Kap. IV, B, 2) und Kanada.

Allgemeine Bestimmungsfaktoren unterschiedlicher Parteiensysteme sind das Wahlverfahren, die soziale Struktur der jeweiligen Gesellschaft sowie psychologische Veranlagungen und die politischen Einstellungen der Wähler *(„Parteipräferenzen")*. Diese Bestimmungsfaktoren entscheiden mit der Struktur des Parteiensystems nicht nur über die Art der Regierungsbildung, sondern auch über den Grad, in dem politische Parteien ihre Funktionen erfüllen können.

2. *Funktionen der Parteien*

Die einzelnen Funktionen (Aufgaben) politischer Parteien ergeben sich aus ihrer Rolle als „Instrumente demokratischer Regierungsweise". Die Parteien stellen das Verbindungsglied zwischen den Machtzentren (Staat) und der Bevölkerung

(Einzelpersonen und sozialen Gruppen) dar. Diese Verbindung wurde notwendig, als nach der Einführung allgemeiner Wahlen und im Übergang zur Demokratie für die politische Mobilisierung der Bevölkerung und die „Regierung durch das Volk" organisatorische Formen gefunden werden mußten. Heute gelten Parteien als unentbehrlicher Bestandteil des politischen Integrationsprozesses (Leibholz, „Strukturprobleme in der modernen Demokratie", 2. Aufl., Karlsruhe 1964). Im Rahmen dieser Gesamtaufgabe werden ihnen von verschiedenen Autoren einige mehr oder weniger ausführlich dargestellte Einzelaufgaben zugewiesen. Kaack bezieht sich auf den umfangreichen Katalog des deutschen Parteiengesetzes, der insgesamt acht Aufgaben aufführt, die sich aber zwei Hauptfunktionen unterordnen lassen:

a) *Integrationsfunktion,* d. h. die Zusammenfassung persönlicher oder gruppengebundener politischer Bestrebungen zu politischen Kräften mit nennenswertem Einfluß (Einbettung privater Interessen in das Gesamtinteresse). Auf diese Weise bieten die Parteien eine Bindung für gleichartige Meinungen, geben aber auch der noch ungeformten Meinung einen Bezugspunkt (Duverger). Sie greifen Beschwerden, Ideen und Probleme auf, um dem politischen Willen der Bevölkerung Ausdruck zu verleihen (Ellwein, „Bundesrepublik", a. a. O.). Vom Volk aus gesehen sind Parteien das Sprachrohr, dessen sich das nichtorganisierte Volk bedient, um sich artikuliert zu äußern und Entscheidungen zu fällen (Leibholz, „Strukturprobleme", a. a. O.).

b) *Rekrutierungsfunktion,* d. h. Bereitstellung von Personal für das demokratische Regierungssystem. Diese Funktion ist faktisch die Hauptaufgabe der Parteien in der BRD (Kaack). Bei den Parteien liegt das Vorschlagsmonopol für Kandidaten (Kandidatenaufstellung), durch die den Wählern personelle Auswahlmöglichkeiten angeboten werden sollen (Duverger). Die Bevölkerung soll durch Teilnahme an der Personalauswahl in die Auseinandersetzung um die Gestaltung des Gemeinwesens einbezogen werden. Für die Parteien erwächst daraus die Möglichkeit, Personen der eigenen Richtung in Herrschaftspositionen zu bringen, und die Aufgabe, diese Personen dort unter Kontrolle zu halten. Dieser Aufgabe ordnet Ellwein („Bundesrepublik", a. a. O.) auch den Bildungsauftrag der Parteien zu, der im Kern darin besteht, durch Veranstaltungen verschiedener Art politischen Nachwuchs heranzuziehen und zu schulen.

Wesentlich für die Erfüllung dieser Aufgaben in einer Demokratie ist die Leistungsfähigkeit der Parteien als soziale Gruppen, insbesondere ihre Organisation.

C. Parteien als soziale Gruppen

Seit Parteien zwischen den in einer Gesellschaft vorhandenen Meinungen und den politischen Entscheidungen der Staatsorgane vermitteln, sehen sie sich zwei Notwendigkeiten gegenüber: der Suche nach Möglichkeiten zur Finanzierung ihrer Tätigkeit und dem Bemühen um eine optimale Organisationsstruktur.

1. Parteiorganisation

Bei allen Parteien lassen sich verschiedene Kreise der Teilnahme unterscheiden, die zugleich Maßstab für den Grad der Bindung an die Parteiorganisation sind (Duverger). Innerhalb der offiziellen Mitglieder gibt es zwei Gruppen: die Aktivisten, den Kern der Partei, und die Beitragszahler. Der innerste Kreis sichert die Organisation und sorgt dafür, daß sie funktioniert. Gleichzeitig versucht er, den äußeren Kreis der Mitglieder zu lenken – und im Falle der Massenpartei – mit deren Hilfe wiederum die Wähler. Auch hier lassen sich wiederum zwei Kreise unterscheiden: die Sympathisanten, die ihre Meinung zur Partei öffentlich bekennen und die bloßen Wähler (im engeren Sinne). In der BRD sind allerdings nur etwa 3 % der Wahlberechtigten in Parteien organisiert, von denen etwa 15 % (also weniger als 0,5 % der Wahlberechtigten) als aktive Parteimitglieder angesehen werden können (Kaack).

Die Mitgliedschaft einer Partei kann in unterschiedlicher Weise mit der Parteiorganisation verbunden sein. Duverger unterscheidet mittelbare und unmittelbare Parteien. *Mittelbare Parteien* haben keine eigenen Mitglieder, sondern bestehen aus den einzelnen Gründergruppen, deren Mitglieder zugleich Parteimitglieder sind (z. B. die britische Labour Party und die Österreichische Volkspartei). Demgegenüber setzen sich *unmittelbare Parteien* aus Personen zusammen, die eine Beitrittserklärung unterschrieben haben, einen regelmäßigen Beitrag zahlen und mindestens gelegentlich an Veranstaltungen ihrer jeweiligen Organisationseinheit teilnehmen.

Die kleinsten Organisationseinheiten sind das Komitee, die Ortsgruppe und die Zelle. Sie bilden jeweils das Grundelement des Parteiaufbaues. Das *Komitee* ist eine im Umfang begrenzte, geschlossene Gruppe, die sich durch Schwäche der Organisation und das Vorherrschen persönlicher Gesichtspunkte auszeichnet. Komitees sind vielfach auch heute noch die Grundlage der britischen Konservativen Partei. In der BRD hat die FDP starke Elemente der Honoratioren- und Komiteepartei (Ellwein, „Bundesrepublik", a. a. O.) bewahrt. Die Komitees in den USA sind damit kaum vergleichbar, weil sie für sich allein lebensfähig sind.

Demgegenüber ist die *Ortsgruppe* (section) nur Teil eines Ganzen, der nicht für sich allein bestehen kann. Ihr geographischer Umfang ist häufig kleiner, ihre Hierarchie viel ausgesprochener als bei Komitees. Obwohl die Ortsgruppe als „Ausläufer und Zentrum des Parteilebens", (Lohmar, „Innerparteiliche

Demokratie", 2. Aufl., Stuttgart 1968) gilt, findet sie ihre Aufgabe fast ausschließlich in der kommunalpolitischen Arbeit (Kaack). Ausgehend von den sozialdemokratischen Parteien ist die Ortsgruppe (dort „Ortsverein" genannt) zum Leitbild europäischer Parteiorganisationen geworden.

Die *Zelle* unterscheidet sich von der Ortsgruppe durch die Grundlage ihrer Gruppeneinheit und die Zahl ihrer Mitglieder. Die Zelle besteht nicht auf örtlicher, sondern auf beruflicher Grundlage: Die richtige Zelle ist eine Betriebszelle. Die Parteisolidarität in ihr ist eng, aber es besteht die Gefahr, daß bei manchen Zellen die beruflichen Beschwerden die politischen Fragen verdrängen. Die Wirksamkeit des Zellensystems beruht auf der Schulung. Eine auf Zellen aufgebaute Organisation haben vor allem kommunistische Parteien (Duverger).

Die Zusammenfassung der elementaren Gruppen vollzieht sich in pyramidenförmigen Stufen. In demokratischen Parteien wählt die Ortsgruppe den Ortsvorstand sowie Delegierte für eine Vertretungskörperschaft der Mittelstufe in der Parteiorganisation (Kreis-, Bezirks- und Landesorganisation). Auf dieser Ebene gibt es meist zwei Organe der innerparteilichen Willensbildung:
a) die Delegiertenversammlung (Wahlkörperschaft für die Führungsorgane und Kandidaten für politische Wahlen) und
b) den von der Delegiertenversammlung gewählten Kreis-, Bezirks- oder Landesvorstand.

Bei großen Parteien gliedert sich die Mittelstufe der Organisation in mehrere – in der Regel sogar in alle genannten – Zwischenebenen, denen allerdings unterschiedliche Bedeutung für die innerparteiliche Willensbildung zukommt (Kaack). Die einzelnen Organisationen der mittleren Ebene werden schließlich zu einer Gesamtpartei zusammengefaßt.

Nach der Entscheidungsfindung kann man zentralisierte und *dezentralisierte Parteien* unterscheiden. In *zentralisierten Parteien* fallen alle wesentlichen Entscheidungen in der Parteispitze, bei dezentralisierter Organisation wird den einzelnen Unterorganisationen eine gewisse Selbständigkeit zugebilligt. Die Tendenz zur Zentralisation bzw. Dezentralisation hängt z. B. mit der Entstehung der Parteien zusammen: Parteien, die aus dem Zusammenschluß von Parlamentsabgeordneten entstanden, haben eher eine zentrale Struktur als Parteien, die außerhalb des Parlaments entstanden sind. Auch das Wahlverfahren hat einen großen Einfluß. Eine Partei, die bei Mehrheitswahl auf den einzelnen Kandidaten angewiesen ist, kann eher dezentralisiert sein. Verhältniswahl mit starren Listen begünstigt eine innerparteiliche Zentralisierung. Unabhängig vom Wahlverfahren (s. Kap. III, D, 1) läßt sich feststellen, daß sozialistische Parteien straffer organisiert sind als konservative.

Auch die Art der Führung ist in den einzelnen Parteien verschieden; sie ist das Ergebnis aus den entgegengesetzten Wirkungen zweier Kräfte: der Überzeugung einerseits, der praktischen Notwendigkeit andererseits. Daher zeigen sich in der Leitung von Parteien zwei Tendenzen: Der demokratische Schein und die oligarchische Wirklichkeit. Für den Gehorsam gegenüber den Führern ist wesentlich, daß sich diese den Vorstellungen gemäß verhalten, die ihre Anhänger haben. Da die demokratische Lehre Grundlage für diese Vorstellungen ist, müssen die Parteiführer darauf bedacht sein, den Anschein demokratischer Leitung zu wahren (Duverger), obwohl die praktische Notwendigkeit sie in entgegengesetzte Richtung treibt. Damit wird das Problem der innerparteilichen Demokratie aufgeworfen.

Michels („Soziologie des Parteiwesens in der modernen Demokratie", 3. Aufl., Stuttgart 1957) kam bei seiner Untersuchung der innerparteilichen Willensbildung zu dem Ergebnis, daß jede Parteiorganisation einem *„ehernen Gesetz der Oligarchie"* unterliegt. Darunter verstand er, daß eine kleine Gruppe von Führern auf Grund ihrer Stellung im Apparat die Partei beherrscht. Seine Analyse trifft auch heute noch zu, denn die oligarchischen Methoden entwickeln sich oft hinter der Fassade von Statuten (Duverger).

Kaack kritisiert diesen Ansatz und weist darauf hin, daß die *„Binnenstrukturen der Parteien"* von einer Reihe langfristig wirksamer gesellschaftlicher Faktoren abhängt. Er nennt hier neben rechtlichen Normen (z. B. Grundgesetz, Parteiengesetz, Bundeswahlgesetz) auch die historisch ideologischen Selbstbindungen der Parteien, die Struktur der Interessengruppen und die soziale Schichtung der Parteimitglieder. Solche Faktoren lassen sich nicht angemessen erfassen, wenn an die Vielfalt der innerparteilichen Strukturen das aus dem Erfahrungsbereich demokratischer Institutionen (s. Kap. IV) stammende Konzept „innerparteiliche Demokratie" herangetragen wird. Die Frage nach der Binnenstruktur der Parteien richtet sich vor allem auf die Aufgaben der einzelnen Organisationseinheiten und ihr Verhältnis zueinander (Kaack). Das Konzept „innerparteiliche Demokratie" fragt demgegenüber nach den Möglichkeiten politischer Teilnahme *(Partizipation)* der einzelnen Parteimitglieder. Partizipation in Parteien ist daran geknüpft, daß der einzelne Bürger zwei Schwellen überschreitet, die gesellschaftliche Schranken für den Zugang zur innerparteilichen Willensbildung darstellen. Die erste Schwelle ist der Parteieintritt. Dem stehen beispielsweise in der BRD hauptsächlich drei Tendenzen entgegen: Die in Deutschland traditionelle Antiparteihaltung, eine weitverbreitete Bequemlichkeit und das für Industriegesellschaften charakteristische Konsumentenverhalten (Zeuner). Der politische Organisationsgrad, definiert als das Verhältnis von Wählern und Mitgliedern einer Partei, ist gering; die Mitgliedschaft in Parteien weist sich als relativ seltene Form politischer Partizipation (s. Kap. X, B).

Ist die formale Schranke für politische Partizipation überwunden, ergeben sich für die Beteiligung von Parteimitgliedern all jene Schwierigkeiten, denen persönliche Eigenschaften, Fähigkeiten und Möglichkeiten des einzelnen als Mitglied einer sozialen Gruppe begründet liegen. Auf Grund dieser Faktoren entscheidet sich, ob die Mitglieder einer Partei über den Willen und die Möglichkeit verfügen, in ihrer Partei mitzubestimmen. Erst wenn auch die darin liegenden Schranken ohne Wirkung bleiben, stellt sich für den einzelnen Bürger die Frage nach den Möglichkeiten innerparteilicher Demokratie.

Das deutsche Parteiengesetz sichert demokratische Partizipationsmöglichkeiten für die innerparteiliche Willensbildung staatsrechtlich ab. Es konkretisiert das Verlangen des Grundgesetzes nach einer demokratischen inneren Ordnung politischer Parteien durch zwingende Einzelvorschriften (Satzung, regionale Gliederung, Delegationsprinzip, regelmäßige Wahlen), die sicherstellen sollen, daß Parteimitglieder über alle Angelegenheiten der Partei entweder selbst oder durch ihre Vertreter entscheiden. Solche gesetzlichen Auflagen stellen zwar einen verbindlichen Minimalkatalog demokratischer Anforderungen dar, sind aber naturgemäß allein nicht in der Lage, innerparteiliche Demokratie zu garantieren.

Das für die innerparteiliche Willensbildung grundlegende Oligarchieproblem ergibt sich aus ungleichen Kommunikationsbeziehungen zwischen Führung und Mitgliedschaft einer komplexen Großorganisation: „Tendenziell gesehen ist die Mitgliederbeteiligung in großen Organisationseinheiten minimal, in kleinen Einheiten, wo große Mitgliederbeteiligung möglich ist, jedoch trivial" (Naschold, „Organisation und Demokratie", Stuttgart 1969). Die Mitwirkung der „normalen" Mitglieder erschöpft sich oft in Beitragszahlung oder technischer Hilfe im Wahlkampf. Diese Unfähigkeit der Parteien, ihren eigenen Mitgliedern attraktive Aufgaben zu eröffnen, ist eine wesentliche Ursache für den relativ geringen Erfolg aller Bemühungen um Mitgliederwerbung (Zeuner).

Die Möglichkeiten und Grenzen formaler Mitbestimmung zeigen sich bei der Untersuchung von Kandidatenaufstellungsprozessen. Hier ist der Einfluß von Parteimitgliedern am größten, wenn Auseinandersetzungen innerhalb der Führungsgruppen selbst stattfinden. Sobald die verschiedenen innerparteilichen Gruppen oder „Fraktionen" sich bemühen, auf die Ebene der örtlichen Funktionäre oder gar der Mitglieder hinunter zu reichen und die innerparteiliche Diskussion nicht durch perfekte vorherige Abmachungen überflüssig zu machen, sondern sie durch offene Austragung von Meinungsverschiedenheiten zu beleben, kann ein erhebliches Maß an innerparteilicher Demokratie erreicht werden (Zeuner).

Ziel der innerparteilichen Gruppenkonkurrenz könnte es sein, durch Diskussion und Beschluß die politischen Willensäußerungen durch Vertreter der eigenen Partei auf allen Ebenen des politischen Institutionsgefüges zu beeinflussen, evtl. sogar zu kontrollieren. Voraussetzung dafür wären allerdings ein anderes

Selbstverständnis und eine andere Arbeitsweise der lokalen Parteiorganisationen. Die traditionellen, aber politisch unverbindlichen Referate oder Ausspracheabende könnten bestenfalls als Beschäftigungstherapie für allzu aktive Parteimitglieder angesehen werden. Um eine wirksame Beteiligung der Mitglieder an der politischen Willensbildung zu erreichen, müßten die Parteien Hearings von Experten und Kandidaten, Bildung von Arbeitsgruppen, langfristige Planung von Diskussionsthemen mit dem Ziel einer Beschlußfassung am Ende der Diskussion, Streitgespräche zwischen Repräsentanten verschiedener Positionen an die Stelle bisheriger Veranstaltungen setzen (Zeuner). Dabei stellen allerdings die Konzentration der politischen Auseinandersetzung auf die jeweiligen Führungsgruppen, die Organisierung und Bürokratisierung der Parteien sowie die Bildung eines Parteibeamtentums beachtliche Hindernisse dar. Dieser Apparat schafft zwar der Führung die erforderliche Macht, schränkt aber die Mitwirkungsmöglichkeiten der Parteimitglieder ein und erfordert erhebliche finanzielle Mittel.

2. Parteifinanzierung

Der finanzielle Aufwand politischer Parteien besteht aus zwei Hauptausgabeposten: den Ausgaben für Personal- und Parteiorganisation sowie den Aufwendungen für Wahlkämpfe und Öffentlichkeitsarbeit (Kaack). Die deutschen Parteien (CDU/CSU, SPD und FDP) wirtschaften vergleichsweise billig, da ihr Apparat örtlich fast ausschließlich auf Ehrenämter abgestellt ist. Größere Kosten ergeben sich erst durch hauptamtliches Personal bei vielen Kreisorganisationen, bei allen Bezirks- und Landesverbänden und den Bundesvorständen (Ellwein, „Bundesrepublik", a. a. O.). Die Einnahmequellen der Parteien gliedert Dübber („Parteifinanzierung in Deutschland", Opladen 1962) in
a) Zahlungen der Mitglieder: Mitgliedsbeiträge, Spenden, „Besteuerung" der Mandatsträger,
b) Einnahmen aus Besitz: Erträge aus Betrieben in Parteibesitz (Zeitungen und anderen Verlagsunternehmen),
c) Fremdmittel: Spenden von Interessenverbänden und Zuwendungen aus öffentlichen Haushalten.

Die Herkunft der Mittel ist bei den einzelnen Parteien unterschiedlich und im Wandel der Geschichte verschieden gewesen. Bei den Honoratiorenparteien wurden die Aufwendungen aus dem Vermögen der Honoratioren (Standespersonen) und der im Parlament vertretenen Abgeordneten getragen. Diese Finanzierung war nur so lange möglich, als sich die Aktivität nur auf Wahlen bezog.
Bei Massenparteien, z. B. den Arbeiterparteien, mit kontinuierlich arbeitendem Apparat, neben der Notwendigkeit einer Wahlkampffinanzierung, reichten diese Geldquellen nicht mehr aus. Diese Parteien verteilten ihre Kosten auf

eine möglichst große Zahl von Personen und finanzieren sich aus Mitgliedsbeiträgen. Diese bilden auch heute noch einen großen Einnahmeposten der Arbeiterparteien (Duverger).
Rahmenparteien mit wenigen Mitgliedern sind auf die Zuwendung von Fremdmitteln angewiesen: An die Stelle des Mitgliedsbeitrages tritt die unregelmäßige Spende (Duverger). Das gilt auch für die „bürgerlichen" Parteien in der BRD, bei denen die Beitragsdisziplin vergleichsweise viel niedriger ist als bei den sozialdemokratischen Mitgliederparteien (Ellwein, „Bundesrepublik", a. a. O.). Durch die Zuwendung von Geldmitteln an die Parteien erhalten die Geldgeber politischen Einfluß. Die Parteiführungsstäbe neigen dazu, die Interessen ihrer Geldgeber zu berücksichtigen. Diese Situation ist in allen Ländern gleich. In der Bundesrepublik wurden die Spenden an CDU und FDP in den fünfziger Jahren nur in geringem Umfang von Unternehmen direkt aufgebracht. Vielmehr wurden sie von eigens dafür eingerichteten Verbänden der Industrie (sog. „Fördergesellschaften") eingesammelt, verwaltet und ausgeteilt. Die zentrale Austeilung verschaffte den Parteiführungen eine größere Unabhängigkeit gegenüber den einzelnen Spendern (Ellwein, a. a. O.), allerdings keine Unabhängigkeit von den die Finanzierung tragenden wirtschaftlichen Interessen.

Der steuerlichen Begünstigung von Spenden kommt in diesem Zusammenhang große Bedeutung zu. Sie bildete einen wesentlichen Punkt in den Auseinandersetzungen um die Parteifinanzierung in der BRD. Ausgangspunkt war die Vorschrift des Artikels 21 GG, daß Parteien „über die Herkunft ihrer Mittel öffentlich Rechenschaft" abgeben müssen. Auf ein entsprechendes Gesetz konnten sich die deutschen Parteien aber erst einigen, als das Bundesverfassungsgericht allgemeine Zuschüsse zur Parteifinanzierung aus öffentlichen Haushaltsmitteln für verfassungswidrig erklärt hatte. Durch die „Erstattung von Wahlkampfkosten" fand die Frage der Parteifinanzierung aus öffentlichen Mitteln ebenso wie die der Rechenschaftslegung im Parteiengesetz von 1967 eine endgültige Regelung. Diese unterliegt jedoch erheblicher Kritik.

Befürworter der staatlichen Parteifinanzierung wollen die Parteien von evtl. Geldgebern unabhängig machen und so den Einfluß wirtschaftlicher Interessenverbände (s. Kap. IX, A, 2) auf die Träger der politischen Willensbildung einschränken. Gleichzeitig fordern die Anhänger der Budgetfinanzierung eine allgemeine Finanzierung der Parteien, da ihre laufende Tätigkeit vom Wahlkampf nicht zu trennen sei (Wildenmann, „Gutachten zur Frage der Subventionierung politischer Parteien aus öffentlichen Mitteln", Meisenheim 1968). Von den Gegnern der staatlichen Parteifinanzierung wird demgegenüber betont, daß die Parteien keine Staatsorgane seien und daher auch ihre Ausgaben durch private Mittel finanziert werden sollten. Kaack weist darauf hin, daß die Zuweisung staatlicher Mittel vor allem die Parteizentralen stärke. Ellwein („Bundesrepublik", a. a. O.) meint, dadurch würden die Parteiführungsstäbe gegenüber den Parteimitgliedern verselbständigt. Weiterhin wird angezweifelt, ob ein gerechter Schlüssel für die Verteilung der Gelder gefunden werden kann. Die Verteilung nach dem letzten Wahlergebnis fördere eine Konservierung der Stärkeverhältnisse und begünstige die im Bundestag vertretenen Parteien (Abendroth/Lenk, „Einführung in die politische Wissenschaft", München 1971). Schließlich verstärke der Griff nach den Steuergeldern den Antiparteienaffekt in der Bevölkerung (Ellwein, „Bundesrepublik", a. a. O.).

Auch wenn man die Schwächen der gegenwärtigen Regelung anerkennt, bleibt die Frage, ob eine Parteifinanzierung aus Mitgliedsbeiträgen es den Parteien ermöglicht, sich als „Instrumente demokratischer Regierungsweise" wirksam zu entfalten. Dazu benötigen die Parteien eine sichere finanzielle Basis und einen voll ausgebauten, personell qualifizierten Apparat. Sonst besteht die Gefahr, daß die Parteien gegenüber den wirtschaftlichen Verbänden und der staatlichen Verwaltung ins Hintertreffen geraten.

Wenn Sie prüfen wollen, ob Sie den Stoff dieses Kapitels gründlich durchgearbeitet haben, beantworten Sie bitte die folgenden *Kontrollfragen:*
1. Nennen Sie Merkmale der Abgrenzung moderner Parteien von ihren Vorläufern, den Parteiungen oder Faktionen.
2. Durch welche drei Merkmale kennzeichnet Neumann politische Parteien auf dem europäischen Kontinent?
3. Bestimmen Sie den Unterschied zwischen Verbänden und Interessenparteien!
4. Gibt es für die Parteien einen vernünftigen Grund, neben Grundsatzprogrammen auch Wahlprogramme herauszubringen?
5. Nennen Sie verschiedene Parteitypen!
6. Bestimmen Sie den Begriff des Zweiparteiensystems!
7. Beschreiben Sie die wichtigsten Funktionen politischer Parteien in der Demokratie!
8. Grenzen Sie die kleinsten Organisationseinheiten politischer Parteien gegeneinander ab!
9. Beurteilen Sie die Parteifinanzierung aus öffentlichen Mitteln!
Antworten zu diesen Fragen finden Sie auf Seite 158 f.

Kapitel IX: Verbände und Verwaltung – Gefahren für die Demokratie?

Während die Parteien heute als notwendige und wesentliche Bestandteile demokratischer Regierungsweise anerkannt werden, waren Existenz, Stellung und Funktion der Verbände im politischen System lange Zeit stark umstritten und sind es jetzt erneut (Narr/Naschold). Obwohl die Verbände viele Entscheidungen maßgeblich beeinflussen, entzieht sich ihre Tätigkeit bisher einer demokratischen Kontrolle. Ebenso unkontrolliert erscheint die Arbeit der Verwaltung, die zur Bewältigung einer wachsenden Fülle von Staatsaufgaben notwendig ist. Verbände und Verwaltung, die häufig sogar zusammenwirken, stellen dann eine Gefahr für die Demokratie dar, wenn sie anstelle der gewählten Machtträger politische Entscheidungen treffen.

A. Verbände

Gelegentlich wird den Verbänden das Recht abgesprochen, überhaupt an politischen Entscheidungen mitzuwirken, weil nur den verfassungsmäßigen Institutionen das Recht auf Teilnahme an der politischen Willensbildung zustehe. Das Problem des Verbandseinflusses könnte folgerichtig nur dann rechtstechnisch gelöst werden, wenn man entweder den Verbänden Verfassungsrang einräumt (wie es im GG für die Parteien geschehen ist) oder ihre Stellungnahme unterbindet. Politisch handelt es sich in beiden Fällen um Scheinlösungen, die in Anbetracht der Vielfalt gesellschaftlicher Vereinigungen und ihrer Tätigkeiten bereits an der Begriffsbestimmung scheitern müßten.

1. Begriffsbestimmung
Die Beziehungen zwischen den einzelnen Menschen und dem Staat als der politischen Ordnung der Gesellschaft (s. Kap. II, A, 1) sind nicht unmittelbar, sondern werden durch eine Vielzahl von Organisationen vermittelt. Neben den Parteien besorgen dies vor allem die *Interessengruppen* oder „*Einflußverbän-*

de" (von Eynern). Das zentrale Anliegen der Verbandsforschung ist „die Erhellung des politischen Einflusses, den die Gruppen der Gesellschaft auf die politische Willensbildung nehmen" (von Beyme). Ursache für die Entstehung von speziellen Organisationen zur Interessenvertretung ist die Tatsache, daß jeder einzelne zwar bestimmte Interessen mit anderen gemeinsam hat, diese Interessen aber auch bei demokratischer Willensbildung allein nicht durchsetzen kann. Nicht das gemeinsame Interesse ist entscheidend, sondern die organisierte Struktur; nur solche Gruppen werden als Interessengruppen betrachtet, die sich durch gemeinsame Aktionen auszeichnen.

Die Verbände sind eine typische Erscheinung der industriellen Massengesellschaft. Die unterschiedliche Einkommens- und Vermögensverteilung bildet die dauerhafteste und bekannteste Ursache für die Entstehung von Verbänden. Um ihre Interessen im Klassenkampf des Laissez-Faire-Liberalismus durchzusetzen, schlossen sich Einzelpersonen mit ähnlicher beruflicher Stellung zusammen. Die Tendenz zur organisierten Interessenvertretung wurde durch die Demokratisierung der politischen Willensbildung, die Entwicklung einer pluralistischen Gesellschaft, die ständigen Veränderungen der Sozial- und Wirtschaftsstruktur sowie die sozialpolitische Aktivität des Staates noch verstärkt (Loewenstein, „Verfassungslehre", 2. Aufl., Tübingen 1969). „Je stärker das Parlament in Fragen der Gesetzgebung wurde und je mehr sich der Staat zum Verteiler des Sozialproduktes (s. Kap. IV, A, 1) machte, um so stärker wurde auch der Drang der Interessen, in organisierter Form Einfluß auf die Politik zu nehmen" (von Beyme).

Diese Ausgangssituation zeigt bereits, daß Verbände vor allem für einen bestimmten Typ von politischen Systemen Bedeutung gewonnen haben, nämlich die westlichen Demokratien (s. Kap. II, B, 2). In den Entwicklungsländern gibt es wenig organisierte Interessengruppen. Verbände sind nicht spontan in der Gesellschaft entstandene Gruppierungen, sondern von der jeweiligen nationalen Partei beherrscht. Sie dienen vornehmlich als Transmissionsriemen für Entscheidungen der herrschenden Elite. „Sozialistische Staaten haben von Anfang an versucht, die Artikulation und Aggregation der Interessen zu planen und unter die Führung der Kommunistischen Partei zu stellen (von Beyme). Eine Auseinandersetzung von Interessenten im sozialistischen Staat ergibt sich vor allem aus dem zunehmenden Pluralismus der Eliten. In den „Volksdemokratien" Osteuropas ist dieser Prozeß schon weiter fortgeschritten als in der Sowjetunion (s. Kap. VI, B).

Die Berechtigung ihrer Tätigkeit leiten alle Verbände aus den Interessen ihrer Mitglieder ab. In der Praxis der Verbandsarbeit ist dieser Grundsatz jedoch nicht einzuhalten. Nur selten verfügt ein Verband über einen so hohen *Organisationsgrad* (= Verhältnis zwischen möglichen Interessenten und Mitgliedern einer Organisation), daß fast alle Angehörigen der betreffenden Gruppe Mitglieder des Verbandes sind. Dennoch treten die einzelnen Verbände als Interessenvertretungen der jeweiligen Gruppen auf. Mit den Zielvorstellungen der Mitglieder braucht die Politik des Verbandes nicht übereinzustimmen. Die Ziele eines Verbandes werden von den hauptamtlich tätigen Kräften der Verbandsführung festgelegt, die meist eine Politik des „autonomen Verbandsinteresses" (Briefs) betreiben. Durch die Art der innerverbandlichen Willensbildung wird aber das politische Mandat der Verbände zum Problem: „Ohne ein Minimum von Demokratie in den Organisationen unterhalb der staatlichen Ebene kann eine Demokratie auf oberster Ebene auf Dauer nicht funktionieren" (von Beyme).

Trotz dieses offenen Problems sind alle größeren Verbände als politische Gruppen von Bedeutung. Wie die Parteien beruhen sie in demokratischen Staaten auf freien Willensakten ihrer Mitglieder und versuchen, den politischen Entscheidungsprozeß zu beeinflussen. Im Gegensatz zu den *Parteien* (Ausnahme: Interessenparteien – s. Kap. VIII, A, 2) vertreten Verbände keine gesellschaftliche Gesamtkonzeption oder die kombinierten Interessen sozialer Gruppen, sondern nur Einzelforderungen genau abgrenzbarer Gruppen (partikulare Ziele). Während der Beitritt zu den Parteien der gesamten erwachsenen Bevölkerung offensteht, ist Mitgliedschaft in Verbänden an bestimmte gesellschaftliche Merkmale, z. B. die Berufszugehörigkeit gebunden (Lohmar, „Innerparteiliche Demokratie", 2. Aufl., Stuttgart 1968). Im scheinbaren Gegensatz zu dieser Beschränkung der Mitgliedschaft steht die Tatsache, daß viele Verbände über eine weit größere Zahl von Mitgliedern verfügen als die politischen Parteien. Die Ursache dafür ist nach Ansicht Lohmars, daß die Verbände unmittelbar einsichtige, persönliche Interessen ihrer Mitglieder vertreten.

Wie die Parteien wirken auch die Verbände bei der politischen Willensbildung mit, indem sie politische Ziele vortragen, politisch bedeutsame Daten sammeln und den politischen Entscheidungsträgern zweckgebundene Informationen zur Verfügung stellen (von Eynern). Verbände streben zwar im allgemeinen eine Ausdehnung ihres Einflusses im politischen Prozeß an, wollen aber nicht selbst die mit der Machtausübung verbundene Verantwortung übernehmen. Zum politischen Problem wird die Mitwirkung der Verbände dadurch, daß sie nicht wie Parteien in Wahlen zur Verantwortung gezogen werden können (Hennis, „Politik als praktische Wissenschaft", München 1968). „Bei aller Kritik, die organisierte Interessen ihrem Staat ... entgegenbringen, ist ihr Verhältnis (auch bei gelegentlicher Anwendung ... systemfeindlich erscheinender Methoden) vorwiegend affirmativ. Sie erkennen die bestehende Ordnung an, indem sie ihre Organe für ihre Sonderziele auszunutzen versuchen" (von Beyme). Dafür haben sich in westlichen Demokratien verschiedene „Operationstechniken" (Loewenstein, a. a. O.) herausgebildet.

2. Techniken der Einflußnahme

Im angelsächsischen Sprachgebrauch beeinflussen die Operationstechniken sogar die Begriffsbildung bei der Untersuchung des Verbandsproblems. Interessenverbände werden dort als „pressure groups" (Druckgruppen) oder „lobbies" bezeichnet. Der zuletzt genannte Begriff ist abgeleitet von der Wandelhalle des Parlaments *(Lobby)*, in der die Vertreter der Verbände sich um Kontaktgespräche mit den Abgeordneten bemühen. Die moderne Forschung sieht Lobbyismus als komplexes Problem politischer Kommunikation, bei der die Massenpropaganda genauso wichtig ist wie der persönliche Kontakt zwischen Einflüsterern und Politikern. Der Begriff *„pressure groups"* zeigt an, daß Verbände bestrebt sein können, die Interessen ihrer Mitglieder durch Druck auf die Träger des politischen Prozesses zu fördern.

Die Richtung des Drucks ergibt sich ebenso wie die Wahl einer bestimmten Operationstechnik aus dem Zusammenwirken verschiedener Faktoren. Von Beyme unterscheidet verbandsinterne (Ideologie, Organisationsgrad, Finanzkraft und Führungsstruktur) und äußere Bestimmungsfaktoren für den Verbandseinfluß (Rechtsordnung, Regierungsstruktur und politische Kultur). Ist die politische Kultur (s. Kap. II, B, 2) homogen, dann ist der Stil der Verbandspolitik gemäßigt; Konflikte werden durch Aushandeln geregelt. Ist die politische Kultur fragmentiert, dann überwiegen ideologisch geprägte Konflikte. Auch vom jeweiligen Parteiensystem (s. Kap. VIII, B, 1) ist die Struktur der Interessenverbände abhängig. Ein aggregationsfähiges Mehrparteiensystem korreliert mit autonomen, anpassungsfähigen Verbänden; ein ideologisches Vielparteiensystem führt zu einer Verschränkung von Parteien und Verbänden (Narr/Naschold).

Unter bestimmten Bedingungen (Massenanhängerschaft, starke soziale Spannungen, Vielparteiensystem) besteht für Interessengruppen die Möglichkeit, eine politische Partei zu gründen. Beispiele für solche Interessenparteien (s. Kap. VIII, A, 2) waren in Deutschland die Wirtschaftspartei des Deutschen Mittelstandes und der Bund der Heimatvertriebenen und Entrechteten (BHE). Diese Beispiele zeigen bereits, daß Parteigründungen nur selten als Operationstechnik der Verbände einzusetzen sind. Die wesentlichen Möglichkeiten der Verbände, auf den politischen Prozeß eines Landes einzuwirken, sind Öffentlichkeitsarbeit, Beeinflussung der Politiker oder personelle Verflechtung mit der politischen Elite. Die Wahl einer Operationstechnik bzw. die Auswahl der Adressaten richtet sich nach der politischen Entscheidung, auf die ein Verband einwirken möchte (von Beyme).

Durch ihre Öffentlichkeitsarbeit wollen die Verbände in allen Ländern auf dem Umweg über die öffentliche Meinung die Entscheidungssituation der Politiker beeinflussen. Dabei dient vor allem die Verbandsideologie zur Propagierung des Gruppeninteresses in der Öffentlichkeit, dessen Wichtigkeit für das

„Gemeinwohl" oder für die Interessen anderer Gruppen besonders herausgestellt wird (von Beyme). Mit zunehmender Verbreitung der Massenmedien (s. Kap. VII, A, 2) haben die klassischen Mittel der Öffentlichkeitsarbeit (Plakate, Versammlungen, Demonstrationen) stark an Bedeutung verloren. Sie dienen allenfalls noch dazu, Nachrichten in den Massenmedien auszulösen. Für unmittelbare politische Aktionen wird die Öffentlichkeitsarbeit nur dann eingesetzt, wenn die anderen Operationstechniken nicht ausreichen, um eine Bedrohung für die Stellung des Verbandes oder seiner Mitglieder abzuwenden (Finer, „Die anonyme Macht", Opladen 1961). Im Normalfall bietet das repräsentative Prinzip (s. Kap. III, B) ausreichenden Schutz gegen diese Art der Einflußnahme auf politische Entscheidungen: die Abgeordneten lassen sich von solchen Kampagnen immer weniger beeinflussen (von Beyme). Noch wichtiger ist aber, daß ein leichtfertiger Umgang der Verbände mit öffentlichen Kampagnen die wertvollen informellen Beziehungen des Verbandes zu politischen Entscheidungsträgern stören kann.

Im Gegensatz zur Öffentlichkeitsarbeit gilt die individuelle Beeinflussung der Politiker als effektiver (von Beyme). Der Druck der Verbände richtet sich vorwiegend auf das staatliche Organ, dem bei der Gesetzgebung die führende Rolle zufällt. Im präsidialen Regierungssystem (s. Kap. IV, B, 1) ist dies das Parlament, in parlamentarischen Systemen (s. Kap. IV, A, 1–2) die Regierungen (von Eynern). Die Beeinflussung der Regierung erfolgt zunächst durch Beratung von Verbandsvertretern mit der zuständigen Verwaltungsbehörde (s. Kap. IX, B, 1). Das Interesse an diesen Beratungen *(Konsultationen)* liegt nicht ausschließlich bei den Verbänden. Auch der Verwaltung ist an diesem Gedankenaustausch gelegen. Konsultationen mit verschiedenen Interessengruppen ermöglichen es den Verwaltungsbeamten, Meinungen zu hören, offene Unzufriedenheit mit ihren Vorschlägen zu vermeiden und nur den Verbänden zugängliche Informationen zu erhalten. Arbeitstechnisch vollziehen sich die Konsultationen durch offizielle Abordnungen, informelle Zusammenkünfte, ständigen Gedankenaustausch der zuständigen Sachbearbeiter und eine Vielzahl von beratenden Ausschüssen.

In der BRD dienen die sogenannten Beiräte eher als Auffanglinien der Verwaltungsbehörden gegenüber den Verbänden. Die in der gemeinsamen Geschäftsordnung der Bundesministerien vorgesehene allgemeine Anhörung der zuständigen Verbände schafft hier die stärkste Möglichkeit für den Verbandseinfluß. Zunächst einmal wirken die Verbände bereits beim sogenannten Referentenentwurf mit, lange bevor das Gesetz die Regierung oder das Parlament erreicht. Praktisch sind also Verbandsvertreter über solche Gesetzentwürfe früher und besser informiert als die Abgeordneten (von Eynern). Die Öffentlichkeit erfährt von den Verhandlungen zwischen Verbänden und Verwaltung nur dann etwas, wenn keine Übereinstimmung erzielt wurde und die Verbände

eine öffentliche Kampagne einleiten (Hennis, „Politik als praktische Wissenschaft", a. a. O.).
Im Gegensatz zum Einfluß der Verbände auf die Exekutive wird die Rolle der Lobbyisten vielfach übertrieben dargestellt. Nicht jedes Verhalten von Politikern, das Wünschen von Lobbyisten zu entsprechen scheint, kann als Ergebnis von Druck bezeichnet werden. Nur wenige Abgeordnete ändern nämlich ihre Einstellung zu einem Gesetz unter Druck. „Wichtiger ist die Bestärkung und Aktivierung von Abgeordneten, die innerlich für ein Interesse bereits gewonnen sind" (von Beyme). Den Forderungen der Lobbyisten stehen vielfach internalisierte Werthaltungen der Einflußadressaten gegenüber, so daß es nicht immer leicht festzustellen ist, welcher von beiden Faktoren den Ausschlag für eine Entscheidung gegeben hat. Drohung, Nötigung oder Korruption sind relativ selten; Pflege persönlicher Beziehungen und rationale Überzeugung gelten als die erfolgreichsten Einflußtechniken.
Ähnlich bestimmt sich das Verhältnis zwischen Parteien und Verbänden. Verbände können nur mit einer Partei, aber auch mit mehreren Parteien zusammenarbeiten oder selbst Parteien bilden (Interessenparteien – s. Kap. VIII, A, 2). Schließlich können auch Parteien sich Verbände angliedern (Versäulung – s. Kap. V, B, 1) oder alle Verbände beherrschen (z. B. in einer Diktatur – s. Kap. VI, A). Für westliche Demokratien ist es allerdings typisch, daß Verbände durch Zusammenarbeit Einfluß auf Parteien nehmen. Die Parteien brauchen für ihre politische Arbeit „Geld, Stimmen, Sachverstand" (von Eynern). Diese drei Dinge bieten ihnen die Verbände.
Auf das Geld der Verbände können die Politiker nur verzichten, wenn die Finanzierung ihrer Partei anderweitig sichergestellt ist (s. Kap. VIII, C, 2). Mit dem Entzug oder Zuwendung ganzer „Stimmenpakete" läßt sich nur von gut organisierten Massenorganisationen Druck ausüben. Selbst dann bleibt aber fraglich, ob die Wähler einer Empfehlung ihres Verbandes folgen. Das schwierigste Problem ist die Frage des Sachverstandes. Eine Aufgabe der Politiker ist nämlich festzustellen, ob die von einem Verband vorgetragene Meinung tatsächlich für die jeweilige Gruppe repräsentativ ist (s. Kap. V, A, 2). Dies ist um so schwieriger, je geschickter der Interessenstandpunkt in sachliche Information „verpackt" ist (von Eynern). Die Politiker bedürfen also gerade des von den Verbänden unabhängigen Sachverstandes. Als Lösung für dieses Problem wird ein wissenschaftlicher Hilfsdienst des Parlaments diskutiert. Bislang sind die Abgeordneten in den meisten Ländern auf Hinweise von Verwaltungsbeamten und Verbandsvertretern angewiesen, sofern sie nicht selbst als Verbandsfunktionäre über den entsprechenden Apparat eines Verbandes verfügen.

Damit ist bereits die weitreichendste Operationstechnik von Verbänden angesprochen, die personelle Verflechtung von Verbandsvertretern und politischen

Entscheidungsträgern. Eine Form dieser Einflußnahme ist die Mitwirkung der interessierten Verbände bei der Bestellung von Beamten. Auch wenn die Beamten nicht selbst Mitglieder der Interessengruppen sind, so nimmt die Verwaltung doch Rücksicht auf die möglichen Wünsche des Verbandes (von Eynern). Schwerwiegender als die personelle Verflechtung zwischen Verbänden und Verwaltung sind freilich die zahlreichen Personalunionen zwischen Verbandsfunktion und Parlamentsmandat. Ob diese Einflußtechnik den Verbänden die Möglichkeit maßgebender Einwirkung auf den politischen Entscheidungsprozeß verschafft, hängt vom jeweiligen Parteien- und Regierungssystem, von der Größe der vertretenen Interessengruppen und der Qualität ihres Führungspersonals ab. Da ein auf Rollenkumulation beruhender Einfluß für die Bevölkerung nicht mehr durchschaubar ist, ergibt sich spätestens bei dieser Einflußtechnik als wesentliche Aufgabe demokratischer Systeme die wirksame Kontrolle des Verbandseinflusses.

3. Kontrolle des Verbandseinflusses
Auch wenn der einzelne Verband möglicherweise unkontrollierten Einfluß ausübt, ist es vorstellbar, daß die Verbände sich gegenseitig kontrollieren. In der industriellen Massengesellschaft stehen erfahrungsgemäß vielen organisierten Interessen andere ebenfalls organisierte Interessen gegenüber. Die Verbände wirken also nicht nur auf den Staat ein, sondern auch gegeneinander. Es fragt sich aber, ob dieses Prinzip der Gegenkräfte „*countervailing powers*" – Galbraith) eine ausreichende Kontrolle des Verbandseinflusses bewirkt. Loewenstein („Verfassungslehre", 2. Aufl., Tübingen 1969) sieht in der Vielfalt der Interessengruppen und Parteien, dem Pluralismus gesellschaftlicher Organisationen eine „*vertikale Kontrolle*" politischer Macht.
Diese weit verbreitete Pluralismusthese unterstellt einen Systemzusammenhang zwischen sehr unterschiedlichen Größen, von deren Auseinandersetzung in der Regel sogar ein gesellschaftliches Gleichgewicht erwartet wird (von Beyme). Der Gruppenpluralismus ist aber weit davon entfernt, ein Gleichgewicht zu schaffen. Gerade die Ungleichheit zwischen gesellschaftlichen Gruppen erweist die „Scheinhaftigkeit des sozialen *Pluralismus*" (Narr/Naschold). Diese Ungleichheit zeigt sich vor allem in Verteilungsfragen und ergibt sich aus der zu beobachtenden Privatisierung des Nutzens bei Sozialisierung der Kosten. Truman („The Governmental Process", 4. Aufl., New York 1957) sieht den pluralistischen Kontrollmechanismus vor allem durch die Zugehörigkeit des einzelnen zu unterschiedlichen Gruppen *(„overlapping memberships")* als gesichert an. Die bloße Überschneidung formaler Zugehörigkeiten sagt allerdings wenig über die Bedeutung verschiedener Interessen.
Vor allem spielt der Organisationsgrad eine erhebliche Rolle für die Durchsetzung bestimmter Interessen. Die Organisierbarkeit ist in bestimmten Lebens-

bereichen sehr unterschiedlich: Bei Frauen, Gelegenheitsarbeitern und Gastarbeitern kann man nicht den gleichen Grad gewerkschaftlicher Organisation annehmen wie bei männlichen Facharbeitern. Bereits daraus ergibt sich eine Benachteiligung der zuerst genannten Gruppen bei der Lohnfestsetzung. In allen Industriegesellschaften haben sich die Verbraucherinteressen als schwer organisierbar erwiesen. Der Erfolg einer Interessengruppe hängt aber nicht nur von ihrem Organisationsgrad, sondern auch von ihrer *Konfliktfähigkeit* ab (von Beyme). Darunter versteht Offe (in: Koch/Senghaas, „Texte zur Technokratiediskussion", Frankfurt 1970) die Fähigkeit einer Organisation oder Gruppe, kollektiv die Leistung zu verweigern bzw. eine gesellschaftlich bedeutsame Leistungsverweigerung glaubhaft anzudrohen. In diesem Sinne nicht konfliktfähig sind Hausfrauen, Schüler, Studenten, Arbeitslose und Rentner. Aus Mangel an Organisierbarkeit und Konfliktfähigkeit ergibt sich eine „Disparität der Lebensbereiche" (Offe, a. a. O.), die alle Hoffnungen der Pluralismustheoretiker auf Harmonie der gesellschaftlichen Interessen und Selbstkontrolle der Verbände schlagend widerlegt. Deshalb erübrigt sich auch der Versuch, den Verbandseinfluß durch Einrichtung selbständiger Verbändekammern *(Wirtschafts- und Sozialräte)* zu kanalisieren. (Nur autoritäre Diktaturen – s. Kap. VI, C – haben gelegentlich versucht, demokratische Parlamente durch berufsständische Versammlungen zu ersetzen.)

Eine andere Möglichkeit zur Kontrolle des Verbandseinflusses ist im Zusammenhang mit der „verfassungsrechtlichen Anerkennung" der Verbände denkbar. Bei dieser Gelegenheit wurde den Parteien in der BRD ein Aufbau nach demokratischen Grundsätzen vorgeschrieben. Tatsächlich sind öffentliche Diskussion und Durchsichtigkeit der Willensbildung in den meisten Verbänden gegenwärtig nicht gewährleistet. Wesentlich stärker als in den Parteien (s. Kap. VIII, C, 1) herrscht in den Verbänden der hauptamtlich tätige Apparat. Bei den Unternehmensverbänden kommt eine gewisse plutokratische Tendenz hinzu: die großen Unternehmen können ehrenamtliches Personal für die Verbandsführung bereitstellen, finanzieren die Verbandsaktivität und verfügen über einen höheren wirtschaftlich-politischen Informationsgrad (s. Kap. V, A, 2). Die Anwendung demokratischer Prinzipien (s. Kap. X, B, 2) würde diese Situation sicherlich verändern, wie das Beispiel der Parteien zeigt, aber noch keine ausreichende Kontrolle der Verbandstätigkeit sichern.

Größeren Erfolg versprechen Bemühungen um ein Sichtbarmachen des Verbandseinflusses. Die amerikanische Lobby-Gesetzgebung versucht, durch die Pflicht zur Registrierung von Verbandsvertretern sowie zur Offenlegung ihrer Ziele und Geldmittel ein Mindestmaß an Kontrolle zu erreichen. Als wirkungsvoller sieht Hennis („Politik als praktische Wissenschaft", a. a. O.) jedoch die Rechenschaftspflicht derjenigen Politiker und Verwaltungsbeamten an, die mit Verbandsvertretern Kontakt aufnehmen. Als wirksames Mittel könnte sich auch sein Vorschlag erweisen, den Gesetzentwürfen neben der amtlichen Begründung ein Protokoll aller vorhergehenden Verhandlungen mit den Verbänden beizugeben. Eine weitere Möglichkeit zur Kontrolle des Verbandseinflusses ist die „Härtung von Druckstellen" (von Eynern) bei den übrigen Trägern der politischen Willensbildung. Für die Parteien ist hier vor allem an die finanzielle Unabhängigkeit von Interessengruppen zu denken. Für das Parlament ist ein angemessener wissenschaftlicher Beratungsdienst besonders notwendig. Eine Stärkung der Regierung durch unabhängige Fachbeamte oder durch Auslagerung von Entscheidungsaufgaben zu „unabhängigen Institutionen" (z. B. der Bundesbank) könnte den Verbandseinfluß verringern. Gleichzeitig würden aber andere Probleme aufgeworfen, wie sie sich im Zusammenhang mit der Rolle der Verwaltung in der Demokratie ohnehin bereits stellen.

B. Verwaltung

Verwaltungen können definiert werden als soziale Systeme, die bindende Entscheidungen produzieren und öffentliche Verwaltungen als solche, deren Entscheidungen gesamtgesellschaftlich verbindliche Wirkung haben (Luhmann, „Politische Planung", Opladen 1971). Zur öffentlichen Verwaltung im weiteren Sinne zählen alle Einrichtungen, die zur Erledigung öffentlicher Aufgaben geschaffen wurden und in denen Angehörige des öffentlichen Dienstes tätig sind. Während für einen großen Teil dieser Einrichtungen vor allem fachliche Gesichtspunkte maßgebend sind, wird ein Teil der Verwaltung den politischen Entscheidungsträgern zugeordnet. Es handelt sich um die *Verwaltung* im engeren Sinne (Ellwein). In dieser Verwaltung sieht Friedrich („Der Verfassungsstaat der Neuzeit", Heidelberg 1953) das Kernstück des modernen Staates.

1. Politische Aufgaben der Verwaltung
In Europa hat die Verwaltung ihre gegenwärtige Bedeutung durch einen Entwicklungsprozeß erlangt, der mit der Ablösung der Lehnsherrschaft (Feudalismus) durch ein Berufsbeamtentum begann. Das Berufsbeamtentum war eine wesentliche Stütze der absoluten Herrscher. Die Einschränkung ihrer Macht in den konstitutionellen Monarchien (s. Kap. II, A, 2) des europäischen Kontinents löste die Frage nach den politischen Aufgaben der Verwaltung aus. Im Gegensatz zu der kontinentaleuropäischen Entwicklung wurde in den angelsächsischen Ländern bis ins 19. Jhdt. hinein weniger verwaltet. Hier brachte erst die Entwicklung zur organisierten Massengesellschaft eine größere Bedeutung der Verwaltung mit sich (Ellwein).
Verwaltungen erbringen in Industriegesellschaften Dienstleistungen für die Bevölkerung und arbeiten Entscheidungsgremien zu. Diese unmittelbar auf Außenwirkungen gerichtete Tätigkeit bezeichnet Lorenz als Primäraufgabe.

Ergibt sich eine neue oder verändert sich eine bereits wahrgenommene Aufgabe, so muß sie entweder in die vorhandene Arbeitseinheit eingefügt oder ein Arbeitsbereich neu geschaffen bzw. aufgehoben werden (Sekundäraufgabe). Neben den unmittelbaren Dienstleistungen und der Bereitstellung eines Apparats für die jeweilige Aufgabe erfüllen Verwaltungen auch eine steuernde Funktion (Tertiäraufgabe), die darin besteht, die einzelnen Stellen miteinander in Einklang zu bringen und sie technisch-wissenschaftlich auf dem neuesten Stand zu halten. Bei den Primäraufgaben herrscht die Routine vor. Verändert sich die Aufgabe im Zeitablauf, dann wird eine Anpassung (Adaption) erforderlich. Wird dabei der für Sekundäraufgaben übliche intellektuelle und schöpferische Aufwand überschritten, dann überwiegt bei der Tertiäraufgabe die Innovation.

Die Erledigung von Aufgaben kann in drei Tätigkeitsrichtungen erfolgen, die Lorenz als Eingriffs-, Austausch- und Förderungsaufgaben unterscheidet. Spielt der von einem Verwaltungsakt betroffene nur eine duldende Rolle gegenüber Entscheidungen der Verwaltungsspitze, liegt ein Eingriffsakt vor. Kommt es zu einer gleichberechtigten Zusammenarbeit bei der Bewältigung einer Aufgabe, handelt es sich um eine Austauschbeziehung. Kann „der Bürger relativ selbständig den Effekt der Aufgabenausführung bestimmen", kommt das Förderungsmodell zum Tragen. Diese drei theoretischen Ansätze unterscheiden sich also hinsichtlich der Frage, wer innerhalb einer Gesellschaft oder Organisation Einflußprozesse in Gang setzen soll. Administratives Eingriffs-, Austausch- und Förderungsverhalten wird dann zu demokratischer Verwaltung, wenn alle Beteiligten bestimmen können, welche Frage sie für gesellschaftlich relevant halten und dafür das entsprechende Führungsmodell wählen (Lorenz).

Geht man von den Grundsätzen der institutionellen Gewaltenteilung aus, dann bildet die Verwaltung zusammen mit der Regierung den Bereich der Exekutive (s. Kap. III, C, 1). Der Unterschied zwischen Regierung und Verwaltung wird folgerichtig darin gesehen, daß die Regierung im politischen Prozeß mitwirkt, während die Verwaltung als unpolitisches Ausführungsinstrument gilt. Luhmann („Theorie der Verwaltungswissenschaft", Köln 1966) bezeichnet Politik als die Summe aller Kommunikationsprozesse, die im Vorfeld der öffentlichen Verwaltung dazu dienen, legitime Macht zu bilden. Im Gegensatz dazu handele es sich bei der Tätigkeit der *Verwaltung* um die Verwendung dieser Legitimation in technischen Entscheidungsprozessen. Auch Ellwein geht davon aus, daß die Tätigkeit der Verwaltung durch ein möglichst lückenloses System von Vorschriften und Aufsichtsmaßnahmen gebunden sei, während Regieren bedeute, für Probleme der Gegenwart und der Zukunft Lösungen zu suchen. Aus diesem Anlaß ergeben sich Planung, Entscheidung, Koordination und Führung als wesentliche Merkmale der *Regierung*.

Ellwein und Wildenmann betonen aber, daß diese Vorstellungen nicht mit dem Befund empirischer Forschung übereinstimmen. In der politischen Wirklichkeit kann man nicht davon ausgehen, daß die Verwaltung sich als unpolitisches Ausführungsinstrument versteht und sich auf den weisungsgebundenen Vollzug politischer Entscheidungen beschränkt. Vielmehr ist der gesamte Willensbildungs- und Entscheidungsprozeß zu betrachten, der sich zwischen dem einzelnen Referat eines Ministeriums einerseits und der gesamten Regierung andererseits vollzieht. Übereinstimmung zwischen den traditionellen Vorstellungen von den Aufgaben der Verwaltung und der politischen Wirklichkeit besteht am ehesten bei reinen Vollzugsaufgaben. Hier trifft die Verwaltung lediglich durch entsprechende Rechtssätze (Gesetze und Verordnungen) genau vorgeschriebene Maßnahmen. Bereits beim Vollzug von Gesetzen, die einen gewissen Gestaltungsspielraum offenlassen, entscheidet die Verwaltung. Dies gilt um so mehr, je allgemein gehaltener die Bestimmungen der betreffenden Gesetze und Verordnungen sind. Die Verwaltung gewinnt so einen wachsenden Entscheidungsspielraum und damit Unabhängigkeit von Einzelanweisungen und Einzelkontrollen (Ellwein).
Hinzu kommt die unmittelbare Mitwirkung der Verwaltung im politischen Entscheidungsprozeß. Wenn die Initiative der Gesetzgebung auf die Regierung übergegangen ist (s. Kap. IV, A, 1), so bedeutet das wegen der zahlreichen Einzelgesetze eine Vorbereitung politischer Entscheidungen durch die betreffende Verwaltung. Zunächst einmal ist der zuständige Referent eines Ministeriums am besten über Entwicklungen in seinem Fachbereich informiert. Gesetzesvorlagen entstehen häufig auf seine Anregung; in jedem Falle aber beruhen sie zunächst auf seinen Entwürfen. Hinzu kommt der unmittelbare Kontakt zwischen den Fachreferenten der Ministerien und den Vertretern der betroffenen Verbände (s. Kap. IX, A, 2). In solchen Gesprächen werden die politisch bedeutsamen Fragen vorgeklärt. Da auf diese Weise sowohl der interessengebundene Sachverstand als auch das Fachwissen der Verwaltung in den entsprechenden Entwürfen berücksichtigt werden, sind die darin enthaltenen Vorentscheidungen wichtiger als die endgültigen „Entscheidungen" der verantwortlichen Politiker.

2. Verwaltung als Bürokratie oder Technokratie
Mit der zunehmenden Notwendigkeit mittel- und langfristiger Planung (s. Kap. X, A) wird der politische Entscheidungsspielraum geringer. Fachwissen und Sachrationalität verschaffen der Verwaltung (und den Verbänden) ein Übergewicht gegenüber den Politikern (Abendroth/Lenk, „Einführung in die politische Wissenschaft", München 1971). Wie bei der Ausschöpfung des gesetzlichen Gestaltungsspielraums erfüllt die Verwaltung auch bei der Vorbereitung von politischen Entscheidungen politische Aufgaben. Die Politiker versuchen zwar,

sich zu Fachleuten in einem bestimmten Gebiet zu entwickeln (Fachausschüsse, Fachminister), müssen aber resignierend feststellen, daß sie an Fachwissen den Verwaltungsbeamten stets unterlegen bleiben. „Es regiert, wer die Entscheidungen vorbereitet" (Ellwein).

Aus dem besseren Informationsgrad der Verwaltungsbeamten und der Notwendigkeit politischer Planung ergibt sich für industrielle Massengesellschaften ein Gegensatz zwischen Bürokratie und Demokratie. Die anscheinend unpolitische Tätigkeit der Verwaltung gerät in das politische Spannungsverhältnis von Effizienz und Kontrolle: einerseits wird von der Verwaltung eine möglichst leistungsfähige Nutzung technischen Fachwissens *(Effizienz)* erwartet; andererseits ist die Verwaltung eine Einrichtung, mit deren Hilfe sich der politische Wille einer demokratischen Gesellschaft durchsetzen soll (Ellwein). Wildenmann schlägt vor, schon begrifflich zwischen *Verwaltung* und Bürokratie zu unterscheiden, wobei er den Begriff Verwaltung für alle Institutionen verwendet, die sich auf die Beratung bei – und die Ausführung von – politischen Entscheidungen beschränken. Den Begriff *Bürokratie* ordnet er solchen Institutionen zu, die sich gegenüber der politischen Kontrolle verselbständigen und sich zu unkontrollierten Machtträgern entwickeln.

Bürokrat wird genannt, wer alles unter Verwaltungskategorien sieht, die öffentlichen Angelegenheiten als Objekt einer ihm selbst vorbehaltenen bevormundenden Fürsorge behandelt und einen eigenen Herrschaftsehrgeiz hat, der sich zwar mit Hinweisen auf sachliche Funktionserfordernisse verhüllt, in Wahrheit aber die übrigen Bürger von der politischen Willensbildung fernhalten will. „So steht bürokratisches Verhalten in einem eigentümlichen Gegensatz zum politischen Verhalten: es verteidigt Strukturen der Machtverteilung und Gestaltungen der gegenseitigen menschlichen Verhältnisse noch dann, wenn die Fragwürdigkeit ihrer Legitimität schon offenkundig geworden ist" (Fijalkowski, in: Hartfiel, „Die autoritäre Gesellschaft", Opladen 1969). Als Ursache für die Verselbständigungstendenzen der Verwaltung nennt Ellwein (in: Steffani, „Parlamentarismus ohne Transparenz", Opladen 1971) das Defizit an Politik. Die faktische Macht der Verwaltung wird nicht zur Ohnmacht demokratischer Politik, sondern sie ist durch diese Ohnmacht bedingt. Die Politik kann für sie unlösbare Probleme durch widerspruchsvolle Planziele, scheinbare Abhilfen oder Formelkompromisse in die Verwaltung abschieben (Luhmann, „Politische Planung", a. a. O.).

Während hier ein politischer Entscheidungsspielraum unterstellt wird, der einer Bürokratie zuwachsen kann, gehen andere Theoretiker davon aus, daß ein Staatsmann im technischen Staat jenseits aller Normen von Gut und Böse das „Notwendige" tut. Technische Mittel, die unter der Maxime einer optimalen Leistungsfähigkeit bedient sein wollen, führen zu einem Sachzwang. „Die moderne Technik bedarf keiner Legitimität; mit ihr herrscht man, weil sie

funktioniert und solange sie optimal funktioniert" (Schelsky, „Der Mensch in der wissenschaftlichen Zivilisation", Opladen 1961). Dieses Konzept einer sich aus Sachzwängen legitimierenden *Technokratie* erscheint seinen Kritikern deshalb als unerträglich, weil technische Realisierbarkeit und gesellschaftliche Dringlichkeit unterschiedliche Kategorien sind. „Da die technischen Möglichkeiten nahezu unbegrenzt, die Budgets prinzipiell begrenzt sind, ergibt sich auf allen politischen Ebenen der Zwang zur Abwägung des kurzfristigen oder langfristigen Nutzens technischer Erfindungen und Entwicklung" (Greiffenhagen, in: Koch/Senghaas, „Technokratiediskussion ...", a. a. O.). Um eine politische Entscheidung zugleich als sachlogisch zwingend zu empfinden, müssen die davon betroffenen Menschen sie in gleicher Weise beurteilen. Eine zur Übereinstimmung von Sachurteil und politischer Entscheidung führende Homogenität der Gesellschaft widerspricht aber der Theorie des modernen Verfassungsstaates, die eine Theorie des gesellschaftlichen Konflikts ist und nicht an unwandelbare gesellschaftliche Ziele glaubt (Greiffenhagen, a. a. O.).
Darüber hinaus hat auch die Sicherung von politischer Massenloyalität nicht an Gewicht verloren. „Die technokratische Destruktion von Institutionen bürgerlicher Öffentlichkeit hat nur scheinbar die Folge eines wachsenden administrativen Dispositionsspielraums, in dem sich ohne Rücksicht auf öffentliche Meinung schalten und verwalten ließe. In Wirklichkeit schlägt sie gegen die ... Funktionstüchtigkeit des verselbständigten Staatsapparates zurück, weil sie ihm den Unterbau einer flexiblen Legitimationszufuhr entzieht" (Offe, in: Koch/Senghaas, a. a. O.). Neben diesem gesamtgesellschaftlichen Problem stellen sich allerdings auch Fragen nach der inneren Struktur der Verwaltung.

3. Strukturen der Verwaltung: Organisation und Personal
Um die Effizienz eines Verwaltungsapparates zu sichern, bedarf es sowohl einer zweckentsprechenden Organisation als auch der Besetzung mit geeignetem Personal. Gegenwärtig sind öffentliche Verwaltungen durch eine pyramidenartige Abfolge von Rangstufen *(Hierarchie)* gekennzeichnet. Dieser Aufbau verbindet die Möglichkeiten der Spezialisierung mit denen eindeutiger Anordnungsbefugnis. Im Idealfall sollen also in einem Ministerium die Aufgaben eindeutig den Abteilungen, Unterabteilungen und Referaten zugewiesen sein. Verfügungen und Anordnungen erfolgen von oben nach unten; Informationen und Anfragen gehen von unten nach oben. Diese Verwaltungsorganisation erwies sich gegenüber der kollegialen Struktur als überlegen, ist aber den gegenwärtigen Anforderungen nicht mehr gewachsen. Die zunehmende Komplizierung der Entscheidungsaufgaben erfordert die Einrichtung von Stabsstellen mit beratenden Aufgaben, die jedoch das Gliederungsprinzip durchbrechen. Hinzu kommt, daß keine isolierte Zuständigkeitsverteilung besteht, sondern nur eine Art Schwerpunktverteilung. Willensbildung in der Verwaltung erfor-

dert also ständige Kommunikation von Zuständigen, Mitzuständigen und Verantwortlichen (Ellwein). Da die Geschäftsverteilungspläne der Ministerien häufig nicht nach administrativer Zweckmäßigkeit, sondern nach politischen Gruppeninteressen aufgestellt werden, muß informelle und formelle Koordination strukturelle Schwächen durch improvisierte Regelungen überbrücken.

Die Reformbedürftigkeit der bestehenden Verwaltungsstruktur wird allgemein anerkannt. Reform der Verwaltung bedeutet eine Veränderung der gegebenen Systemstruktur. Will man Systemstrukturplanung praktisch in Angriff nehmen, muß man feststellen, nach welchen strukturgegebenen Grundsätzen faktisch entschieden wird, darin eine gleichsam eingefrorene Lösung einzelner Probleme erkennen und diese im Hinblick auf bessere Möglichkeiten durchdenken (Luhmann, „Politische Planung" a. a. O.). Nach Ansicht von Grauhan (in: „Probleme der Demokratie heute", Sonderheft 2/1970 der PVS) muß eine Strukturreform für die Vorbereitung politischer Entscheidungen und die politisch wählende Ausfüllung von Entscheidungsrahmen eine Abkehr vom Hierarchieprinzip mit sich bringen. Der Verwaltungsapparat ist als ein System von aufsteigenden Gremien, in denen Widerspruchsrecht und Minderheitenschutz wirksam werden, zu reorganisieren. Schließlich muß gewährleistet werden, daß Innovationsinitiativen auch aus den abhängigen Teilen der Verwaltung in den politischen Prozeß eingebracht und nicht durch „Flaschenhälse" an den Spitzen der Verwaltungsapparate abgefangen werden.

Die Probleme der Personalstruktur haben in der bisherigen Reformdiskussion keine ausreichende Aufmerksamkeit gefunden. Als Anhängsel allgemeiner Überlegungen zur Verwaltungsreform wurde fast nur das Problem des „Personalabbaus" gesehen und diskutiert. Aber auch hier erscheint es notwendig, die Verwaltungsstruktur modernen Erfordernissen anzupassen. Allgemein wird anerkannt, daß eine gründliche Ausbildung der Beamten unerläßlich ist. Bis heute fehlt aber Übereinstimmung darüber, welche Ausbildung mit den Erfordernissen der verschiedenen Verwaltungszweige in Einklang steht. „Obwohl die juristische Ausbildung weder wissenschaftlich noch praktisch zum Entscheidungsprozeß der Verwaltung nichts Wesentliches beizutragen hat" (Luhmann, „Politische Planung", a. a. O.), wird in der BRD auch heute noch die juristische Ausbildung weitgehend bevorzugt. Allerdings kann von einem „Juristenmonopol" im strengen Sinne nicht mehr die Rede sein. Für die Zukunft ist aber ein anderer Typ von generell verwendbaren, sozialwissenschaftlich ausgebildeten, empirisch-analytisch arbeitenden, mit Quantitäten und Wahrscheinlichkeiten vertrauten Verwaltungsbeamten erforderlich.

Grauhan (in: „Probleme ...", a. a. O.) schlägt vor, eine neue Generalistenausbildung zu schaffen, die

– dem Verwaltungsbeamten seine Teilnahme am politischen Entscheidungsprozeß in der Vorbereitungs- (= Planungs-) und Rahmenausfüllungs- (= Entscheidungs-)Funktionen bewußtmacht;

- Loyalität gegenüber demokratischen Reformzielen statt gegenüber dem status quo bildet;
- die an der nachträglichen Entscheidung und der Idee der einzig richtigen Lösung orientierte juristische Entscheidungslehre gegen eine die Zukunft gestaltende, das Element des Wählens unter Risiko und Ungewißheit reflektierende Entscheidungslehre austauscht und damit zugleich
- den Parteien einen für Kontrollfunktionen geschulten Politikertyp liefert.

Neben den Ausbildungsfragen sind auch die Auswahlprinzipien des Verwaltungspersonals problematisch. Es ist heute unbestritten, daß Leistungsfähigkeit des öffentlichen Dienstes eine Personalauswahl auf Grund von Fachwissen erfordert. Möglicherweise bedarf aber die Überschätzung der Ausbildung und der jetzt benutzten Auswahlkriterien einer Korrektur. In Beamtengesetzen aller Länder spiegelt sich das Bestreben, die Personalauswahl der Verwaltung nach dem Leistungsprinzip vorzunehmen. Dennoch ist der jetzige rechtsstaatliche Schutz der Beamten ein perfektes Element zur Lähmung der Verwaltungsmaschinerie. Zu überlegen ist, ob statt der universitären Abschlußprüfungen nicht Eingangsprüfungen und Aufstiegsprüfungen eingeführt werden sollten (Luhmann, „Politische Planung", a. a. O.). Eine grundsätzliche Alternative zum gegenwärtigen System des Berufsbeamtentums wäre allerdings nur ein System der *Ämterpatronage*, wie es der amerikanische Präsident Jackson und seine Nachfolger praktiziert haben (s. Kap. IV, B, 1): Inhaber öffentlicher Ämter wurden nicht auf Grund fachlicher Eignung, sondern wegen ihrer Zugehörigkeit zur jeweils siegreichen Partei eingesetzt. Auf diese Weise ist naturgemäß das erforderliche Fachwissen nicht sicherzustellen.

Dennoch spielt ein gewisses Maß an Patronage auch heute bei der Besetzung von höheren Verwaltungspositionen eine beachtliche Rolle. Dabei ist zu bedenken, daß *Patronage* nicht nur der Versorgung von Parteigängern dient, sondern auch ein Instrument zur Kontrolle der Verwaltung bildet. Eine zu weitgehende Anwendung der Patronage zur Durchsetzung politischer Verantwortlichkeit gefährdet allerdings die Leistungsfähigkeit der Verwaltung. Eschenburg („Ämterpatronage", München 1961) erwartet eine Aufhebung des Spannungsverhältnisses zwischen Effizienz und Kontrolle von der völligen parteipolitischen Neutralität der Verwaltung. Wildenmann meint, man müsse deutlich machen, daß von Beamten parteipolitische, nicht aber schlechthin politische Neutralität zu fordern sei. Deshalb hält er eine parteipolitisch gleichgewichtige Besetzung der Verwaltung, wie sie sich aus einem mehrfachen Machtwechsel notwendig ergibt, für eine angemessene Lösung des Problems.

Wenn Sie prüfen wollen, ob Sie den Stoff dieses Kapitels gründlich durchgearbeitet haben, beantworten Sie bitte die folgenden *Kontrollfragen:*
1. Nennen Sie Ursachen der Verbandsbildung!
2. Sind die Verbände legitimiert, an der politischen Willensbildung mitzuwirken?
3. Bildet die Öffentlichkeitsarbeit eine wirksame Operationstechnik der Verbände? Begründen Sie Ihre Auffassung!
4. Lassen sich Konsultationen zwischen Verbandsvertretern und Verwaltungsbeamten kontrollieren?
5. Warum wird ein wissenschaftlicher Hilfsdienst für die Parlamente gefordert?
6. Inwiefern trifft die Verwaltung in modernen Staaten politische Entscheidungen?
7. Was verbinden Sie mit den Begriffen Eingriffs-, Austausch- und Förderungsverhalten einer Verwaltung?
8. Entspricht die hierarchische Gliederung der Verwaltung den Anforderungen moderner Regierungstechnik?
9. Welche Vorschläge unterbreitet Grauhan für die Ausbildung des Verwaltungspersonals?
10. Nennen Sie die beiden Aspekte der Ämterpatronage!

Antworten zu diesen Fragen finden Sie auf Seite 159 f.

Kapitel X: Planung und Partizipation – Möglichkeiten der Demokratisierung!

Häufig wird die These vertreten, der Wille zur Demokratie und die gesellschaftliche Tendenz zu wachsender Planung seien miteinander nicht oder nur sehr schwer in Einklang zu bringen. Je mehr geplant werde, desto mehr verliere eine demokratische Politik ihre spezifische Informationsbasis, nämlich die sachkundige Reaktion der Betroffenen, die es den Politikern bislang erlaube, Entscheidungsvorgänge in der Verwaltung selbständig zu prüfen und politisch zu lenken (Lompe). Wachsende Effizienz der Verwaltung durch umfassende Planung erscheint nicht als Chance, sondern als Gefährdung der Demokratie. Dabei wird jedoch übersehen, daß sich auch die Begriffe Planung und Demokratie mit der gesellschaftlichen Entwicklung wandeln. „Die Demokratie ist nicht ein Zustand der politischen Verhältnisse, sondern in erster Linie Norm, die stets neuer Verwirklichung bedarf" (Harnischfeger, in: Ronge/Schmieg). Es fragt sich, ob Planung hierbei als Hindernis oder als Hilfsmittel zu betrachten ist.

A. Planung

Allgemein gilt Planung als Voraussetzung für eine rationalere und effektivere Verwaltungstätigkeit. Auch das „Großunternehmen Staat kann bei der noch weiter zunehmenden Aufgabenfülle mit den traditionellen Methoden der Führung und Verwaltung allein nicht mehr effizient gelenkt werden" (Böhret). Geeignete Planungstechniken können im Hinblick auf das immer komplexer gestaltete Entscheidungsfeld Wege und Muster für ein besseres Regieren anbieten. Auch ein demokratischer Staat kann keineswegs auf Effizienz der Aufgabenerfüllung verzichten. Leistungsfähige Institutionen sind vielmehr eine wichtige Voraussetzung dafür, daß Innovationen verwirklicht werden. Jede Politik, die sich „Wahrung und Ausbau der Demokratie als Ziel gesetzt hat, braucht dafür ein leistungsfähiges Instrumentarium" (Lompe).

1. Aufgaben und Möglichkeiten der Planung

Grundlage für das Bemühen um politische Planung ist die „Annahme, daß gesellschaftliche Zukunft in mehr oder weniger großem Umfang gestaltbar ist" (Lompe). Diese Erwartung konkretisiert sich in einem Planungswillen, gegen den sich individualistische Kritik richtet. Dabei wird unterstellt, daß politische Planung die persönliche Freiheit mehr einschränken müsse als eine Politik des „Fortwurstelns" (muddling through). Diese Befürchtung wird nur dadurch verständlich, daß bei planbezogener Politik das wirkliche Ausmaß der Eingriffe in den Entscheidungsspielraum des einzelnen eher sichtbar wird als bei einer ad-hoc-Politik.

Planung bedeutet das frühzeitige Herstellen einer Beziehung zwischen Zielen und Mitteln oder das konkrete Aufzeigen eines Weges (Ellwein, in: Ronge/Schmieg). Alle Überlegungen zu einem politikwissenschaftlichen Modell rationaler Entscheidung gehen davon aus, daß die Bedeutung der jeweils zu entscheidenden Probleme, die Entscheidungsstruktur und die verfügbaren Hilfsmittel die Entscheidungsfähigkeit, also den Handlungsspielraum, des jeweiligen Entscheidungsträgers bestimmen. „Von Planung spricht man nur, wenn es sich um die Definition eines Entscheidungsproblems und die Festlegung der Bedingungen seiner Lösung handelt" (Luhmann, „Politische Planung", Opladen 1971). Die durch Entscheidungshilfen verbesserte, persönlichkeitsbedingte Geschicklichkeit des Entscheidungsträgers, seine instrumentelle Ausstattung und die Hemmungen oder Hilfen aus der Entscheidungsstruktur bestimmen die Position des jeweiligen Entscheidungsträgers im Entscheidungsprozeß und den Entscheidungserfolg (Böhret).

Planung bezieht sich nicht auf das künftige Verhalten eines Entscheidungsträgers, sondern auf die Festlegung der Entscheidungsgrundsätze und damit die Gestaltung der Entscheidungsstruktur. Planung „strukturiert spätere Entscheidungssituationen mehr oder weniger stark, nimmt aber die konkreten Entscheidungen über die Handlungen nicht vorweg" (Luhmann, a. a. O.). Wirksam werden nur solche Pläne, die nach dem jeweiligen Stand der Information keine unvereinbaren Ziele verfolgen und die ihre Ziele mit Mitteln anstreben, welche mit der ihnen zugeordneten Kombination von Zielen vereinbar sind und nach dem vorauszusetzenden Informationsstand einen größtmöglichen Realitätsgehalt verbürgen (Lompe). Von daher besteht zunächst kein Gegensatz zum Prinzip demokratischer Beteiligung an Entscheidungen.

Das Verlangen nach einer sinnvollen Planung zwingt zur Operationalisierung der Ziele und damit zur Offenlegung daraus resultierender Konfliktlagen. Auf dieser Basis lassen sich Alternativen vorbereiten, deren sich die konkurrierenden politischen Gruppen und die zur Entscheidung Legitimierten bedienen können (Lompe). Der Planungsauftrag muß eine Groborientierung über die Ziele, den einzubeziehenden Bereich und die zugrunde liegenden Fristen enthalten. Zunächst erfolgen vorbereitende Arbeiten der Datenerfassung und Datenauswertung, die Ermittlung von Trends und die Bestimmung der dabei auftretenden Konstanten und Variablen. Im Rahmen der Vorarbeit werden die vorgegebenen Ziele präzisiert und erste Vorschläge für die spätere Gestaltung gemacht. Wenn keine ständige Kommunikation mit dem Auftraggeber stattfindet, müssen nach Abschluß dieser Arbeiten neue Entscheidungen getroffen werden, die als Grundlage für die konkrete Planung dienen können. Diese endgültige Planung umfaßt den Planungsrahmen, innerhalb dessen sich die regionalen und sektoralen Pläne bewegen müssen, in denen Handlungsabläufe geregelt sowie Anweisungen an die Vollzugsorgane, Orientierungen für die Betroffenen und für die Öffentlichkeit sowie Korrekturmechanismen enthalten sind (Ellwein, in: Ronge/ Schmieg).

Entscheidungsmodelle können eine Entscheidungssituation verdeutlichen; sie zeigen, welche Daten wichtig sind und zur Verbesserung des Informationssystems beitragen. In erster Linie kommt es darauf an, das Entscheidungsfeld zu durchdringen, indem die Entscheidungssituation durch Konzentration auf die wesentlichsten Elemente abgebildet sowie die verfügbaren Handlungsalternativen und ihre wahrscheinlichen Konsequenzen dargestellt werden (Böhret). Jede derart angelegte Planung kann eine wichtige Hilfe für die Verwirklichung von Demokratie bilden.

2. Planung in der Demokratie

Zunächst stellt sich die Frage nach der Beziehung zwischen Planung und politischer Entscheidung, die meist als Verhältnis von Wissenschaft und Politik diskutiert wird. Dafür nennt Habermas („Wissenschaft und Politik", in: Offene Welt, 1964) drei Möglichkeiten, die er als technokratisches, dezisionistisches und pragmatisches Modell bezeichnet. Das *technokratische Modell*, im allgemeinen Technokratie genannt (s. Kap. IV, B, 2), geht davon aus, daß politische Entscheidungen in hochentwickelten Industriegesellschaften immer mehr fiktiv werden, weil konvergierende Ergebnisse wissenschaftlicher Forschung und technischer Entwicklung den Spielraum politischer Entscheidungen einengen. Wissenschaftliche Beratung verdeutliche dem Politiker den Sachzwang der unter konkreten Umständen verfügbaren Techniken zur Lösung bestimmter Aufgaben. Der Politiker werde zum Vollzugsorgan der wissenschaftlichen Intelligenz und ihrer Einsicht in die Allmacht der Sachgesetzlichkeiten (Lompe, „Wissenschaftliche Beratung der Politik", Göttingen 1966).

Das *dezisionistische Modell* unterscheidet zwischen den Funktionen des Sachverständigen und denen des Politikers. Der Wissenschaftler sorgt als Sachverständiger für das zur Lösung eines konkreten Problems erforderliche technische Wissen. Aufgabe des Politikers ist es, auf der Grundlage der ihm zur Verfügung stehenden Informationen Entscheidungen zur Lösung der anstehenden Probleme zu treffen. Diese auf Max Weber zurückgehende Trennung der Aufgaben von Wissenschaft und Politik beschränkt die Tätigkeit der Wissenschaftler auf das Erarbeiten von Informationen ohne irgendeinen Bezug auf praktische Probleme. Der Politiker muß sich aus der Fülle aller in Bibliotheken und anderen Informationsspeichern gesammelten Forschungsergebnisse diejenigen heraussuchen, die für seine Entscheidung wichtig sind. Dabei treten Kommunikationsschwierigkeiten zwischen Wissenschaftlern und Politikern auf, die vor allem im sprachlichen Bereich liegen (Lompe, „Wissenschaftliche Beratung...", a. a. O.).

Nur bei diesem Modell hat die Forderung, alternative Planungen zu erarbeiten, einen Sinn: „Planung und Entscheidung sind getrennte Funktionen; Entscheidung wählt aus alternativen Planungen (Plänen) aus" (Ronge/Schmieg). Je nach Problemlage sind für die Planung heuristische oder systemanalytische Verfahren zu bevorzugen. Bei den heuristischen Verfahren handelt es sich um einen systematischen Gebrauch von „kreativer Intuition" oder „kontrollierter Phantasie". Durch Systemanalyse sollen möglichst alle Einflußfaktoren eines Entscheidungsproblems systematisch und so weit wie möglich quantitativ erfaßt werden. Manchmal mögen statische Entscheidungsmodelle ausreichen, in anderen Fällen Simulationen angemessener sein. In jedem Falle handelt es sich darum, ein komplexes Entscheidungsfeld zu strukturieren, die versteckten Annahmen und Positionen aufzudecken und selbst dort noch qualitative Informationen zu erzeugen, wo die normale Datenaufbereitung versagt (Böhret). Selbst das am weitesten entwickelte Verfahren der Entscheidungsvorbereitung durch Systemanalyse ist allerdings nicht in der Lage, die grundsätzliche Ungewißheit (s. Kap. V, A, 2) zu beseitigen.

Seit 1965 gibt es in den USA ein Beispiel für die Anwendung von Systemanalysen im politischen Entscheidungsprozeß. Das *Planning-Programming-Budgeting-System* (PPBS) ist darauf gerichtet, budgetwirksame politische Planung durch eine problemgerechte Zusammenfassung analytischer Instrumente zu verbessern. Vereinfacht gesagt stellt es eine Kombination von politischer Planung und mittelfristiger Finanzplanung dar (Lompe). Durch Planung sollen die Ziele und Handlungsalternativen fortwährend rationalisiert werden. Mit Hilfe der Programmierung werden politische Aktivitäten für eine möglichst wirksame Erreichung der gewollten Ergebnisse ausgewählt. Die Budgetierung soll die zumeist längerfristigen Aufwendungen mit den verfügbaren Haushaltsmitteln abstimmen (Böhret). Die Hauptschwäche des PPBS liegt in der Überbetonung des quantitativen Ansatzes für die Behandlung politischer Probleme. Auch durch Kosten-Nutzen-Analysen lassen sich die gesellschaftlichen Wirkungen politischer Maßnahmen bestenfalls teilweise erfassen. Darüber hinaus kann nur anhand eines vorgegebenen politischen Zielsystems festgestellt werden, was einzelne Investitionen zur Erreichung bestimmter Ziele beitragen.

Wesentliche Voraussetzung für eine sinnvolle Anwendung des PPBS ist also ein Wertkonsens, der allerdings nur selten vorliegen dürfte.
Realistischer ist eine Planungsauffassung, in der Entscheidungsvorbereitung und Entscheidung integriert gesehen werden. Das *pragmatische Modell* setzt an die Stelle der strengen Trennung zwischen Wissenschaftler und Politiker ein kritisches Wechselverhältnis. Politische Wertorientierungen und empirisch-strategisches Wissen werden einer gemeinsamen Diskussion zugänglich gemacht. Dadurch soll eine Übersetzung von praktischen Fragen in wissenschaftliche Probleme und von technischen Lösungen in praktisch befriedigende Antworten erreicht werden. Zunächst wird das spezielle Problem aus der vagen Umgangssprache in die Wissenschaftssprache übertragen und dabei präzisiert. Daran schließt sich eine Interpretation der Zielvorstellungen an, die zur Entscheidung über ein Zielsystem führt. Dann wird die gegebene gesellschaftliche Situation beschrieben und eine Prognose gesellschaftlicher Entwicklungstendenzen vorgenommen. Danach können mit Hilfe des Instrumentariums der Entscheidungstheorie diejenigen Handlungsmöglichkeiten ermittelt werden, die mit dem definierten Zielsystem vereinbar sind. Die so gefundene wissenschaftliche Lösung muß schließlich wieder in die Sprache des Politikers übersetzt werden (Lompe, „Wissenschaftliche Beratung ...", a. a. O.).
Begreift man Planung nur als einen sinnvoll organisierten Prozeß zur Vorbereitung politischer Entscheidungen, dann besteht die Gefahr, brisante Probleme zu verharmlosen. Eine Politik, die sich nur auf die nächste Wahl ausrichtet, kann langfristige Entwicklungen nicht beeinflussen. Für die bewußte Gestaltung der gesellschaftlichen Zukunft ist eine längerfristige politische Planung erforderlich, die sich aber auf einen Zeitraum beziehen muß, der über die Zeit einer Legislaturperiode von vier oder fünf Jahren hinausreicht (Lompe). Gerade auf diese Fristen ist aber die demokratische Legitimation der im Planungsprozeß beteiligten Politiker begrenzt. Damit werden für die einzig sachgerechte Form politischer Planung, nämlich die längerfristige Planung, die demokratische Legitimation der Planer und die wirksame Beteiligung einer demokratischen Öffentlichkeit am Planungsprozeß zum Problem.
Für demokratische Systeme (s. Kap. IV, A–B) stellt sich deshalb die Frage nach der Zuordnung des Planungsinstrumentariums zu bestimmten Institutionen. Böhret will vor allem die Entscheidungsfähigkeit der Regierung stärken, damit sie ihre Führungsaufgabe auch bei erhöhtem Verantwortungsdruck zu erfüllen vermag. Das Spannungsverhältnis zwischen Führungsfunktion der Regierung und mittelfristiger Zustimmungsbedürftigkeit soll dadurch gelöst werden, daß die Kontrollfähigkeit des Parlaments gegenüber der durch die Entscheidungsinstrumente politischer Planung erhöhten Handlungsfähigkeit und Handlungseffizienz der Regierung erweitert wird. Die Abgeordneten müssen zur Planungskontrolle nicht etwa die neuen Instrumente selbst anwenden können,

sondern nur die Grundzüge der Verfahren, ihre Leistungsfähigkeit und ihre Grenzen kennenlernen.

Ellwein (in: Ronge/Schmieg) erwartet von einem demokratischen Planungssystem, daß der abgestuften Planungskompetenz ein wirklicher Entscheidungsspielraum entspricht, innerhalb des örtlichen oder regionalen Rahmens wirklich genügend zu planen. Dem wird allerdings entgegengehalten, daß dieses Konzept planungstechnisch undurchführbar sei, weil die eingeplante Elastizität gegenüber unerwarteten Veränderungen die notwendige Plansicherheit auflöse. Jochimsen (in: Ronge/Schmieg) will die öffentliche Meinung in die Suche nach Problemlösungen und in den Prozeß der Zielfindung durch die Regierung einschalten, damit die Übertragung gesellschaftlicher Bedürfnisse in staatliche Tätigkeiten verbessert wird. Die alternativen Positionen müßten bei Konflikten einander klar gegenübergestellt und von der Bevölkerung entschieden werden. „Planung kann dann in der Demokratie Vergrößerung und nicht Einengung des Freiheitsspielraums bedeuten" (Jochimsen, a. a. O.). Lompe weist den Parteien dabei eine besondere Rolle zu: Die Parteien müßten dem Wähler umfassende Zielebündel, inhaltlich bestimmte Absichten für die zukünftige Gestaltung der Gesellschaft anbieten, über die der Wähler dann zu entscheiden hätte (s. Kap. VIII, A, 1). Vom Wähler gebilligte Zielebündel sollten eine Basis für die Planung im Regierungsbereich sein und das Handeln derjenigen mitbestimmen, die zu abschließenden Entscheidungen legitimiert sind.

Hier zeigt sich, daß die Planungsdiskussion mit ganz verschiedenen Zielvorstellungen geführt wird: den einen geht es um eine vermehrte Effizienz des derzeitigen Systems, den anderen um dessen Veränderung. Die ersten sind im Vorteil, weil sie eher konkretisieren können, was durch Planung erreichbar ist. Die anderen sind schon dadurch im Nachteil, daß sie nicht vergleichbar konkret zu werden vermögen (Ellwein, in: Ronge/Schmieg). Die Ursache solcher Unterschiede liegt in der jeweiligen Auffassung von Demokratie, insbesondere im Hinblick auf deren wichtigstes Merkmal, die Beteiligung der Betroffenen an Entscheidungen (Partizipation).

B. Partizipation

Die Möglichkeit der politischen Teilnahme gilt als Voraussetzung dafür, daß ein Gemeinwesen als Demokratie bezeichnet werden kann (Zimpel). Der theoretische Stellenwert politischer Teilnahme ist allerdings in den verschiedenen Demokratiekonzeptionen sehr unterschiedlich. Einmal stellt sich Partizipation als formale Möglichkeit dar, die sich auf das Verfahren staatlicher Entscheidungen bezieht. Demokratie wird dann verstanden als ein politischer Prozeß, in dem die Regierten die Regierenden in freien Wahlen legitimieren und in dem gleichzeitig eine wirksame Kontrolle der Entscheidungsträger möglich ist. Gegen diese Vorstellung wird eingewandt, Demokratie bedeute mehr als die formale Legitimation von Eliten, deren Handeln inhaltlich nicht kontrollierbar sei (Bachrach, „Die Theorie demokratischer Elitenherrschaft", Frankfurt 1970).

Aus dieser Kritik ergibt sich ein Bemühen, den Demokratiebegriff inhaltlich zu bestimmen, das sich gesellschaftspolitisch als Verlangen nach Selbstbestimmung, Chancengleichheit und Humanität äußert. Eine demokratische Entwicklung kann nach Ansicht von Abendroth („Antagonistische Gesellschaft und politische Demokratie", Neuwied 1967) nur erreicht werden, wenn auf alle gesellschaftlichen Bereiche Entscheidungsstrukturen übertragen werden, die für den politischen Bereich unabdingbar sind (partizipatorische Demokratie). Demgegenüber versucht Hennis („Demokratisierung", Opladen 1970) nachzuweisen, daß der Begriff Demokratie nur für die Herrschafts- und Staatsformenlehre anwendbar sei. Deshalb könne Demokratie nur im politischen oder staatlichen Bereich angestrebt werden. Auch hier liegen unterschiedliche Begriffe von Demokratie, Politik und Teilnahme zugrunde.

1. Politische Teilnahme als Element des Demokratiebegriffs
Fragt man nach der geschichtlichen Entwicklung des Teilnahmeanspruchs, dann zeigt sich, daß diese Forderung erst erscheint, als das Bürgertum so weit erstarkt ist, daß es die Regelung seiner Interessen selbst in die Hand nehmen will: „Politische Teilnahme bezeichnet gleichsam die Schlußphase der bürgerlichen Emanzipation" (Zimpel). Grundthese der bürgerlich-liberalen Theorie ist die Unterscheidung zwischen Staat und Gesellschaft (s. Kap. II, Einleitung). Dabei wird die Gesellschaft als ein weitgehend nach natürlichen Gesetzen ablaufendes harmonisches Ganzes vorgestellt, dem der Staat nur als Mittel zur reibungslosen Aufrechterhaltung der Ordnung dienen soll. Es gilt deshalb, durch eine Verfassung (s. Kap. III, A), die Staatsgewalt zugunsten der Freiheit der Gesellschaft in Schranken zu halten. Politische Beteiligung ist in diesem Zusammenhang vor allem ein Mittel, um staatliche Herrschaft zu kontrollieren.

Im Gegensatz dazu geht die demokratische Konzeption der politischen Beteiligung (Rousseau – vgl. Bd. II) davon aus, daß bürgerliche Freiheit nur im staatlichen Zustand erlangt werden kann. Der Staat ist deshalb nicht nur ein „notwendiges Übel", sondern eine Lebensform, in der jeder einzelne seine isolierte Existenz aufgibt und als Glied des Ganzen fortbesteht. Um den Konkurrenzkampf zu mildern und den Egoismus einzuschränken, schließen sich die Bürger zu einem von allgemeinen Gesetzen regierten Gemeinwesen zusammen. Rousseau fordert also einen starken Staat zur Durchsetzung der Freiheitsrechte. Gemeinsam ist beiden Konzeptionen, daß politische Teilnahme mit menschlicher Freiheit, Selbstbestimmung, Sittlichkeit und politischer Mündigkeit eng verbunden ist (Zimpel).

Diese beiden Theorien sind im liberalen Rechtsstaat entstanden. Mißt man die Lage im modernen Sozial- und Wohlfahrtsstaat am normativen Anspruch dieser bürgerlichen Demokratievorstellungen, dann zeigt sich, daß die traditionelle Theorie immer schlechter mit der modernen Verfassungswirklichkeit übereinstimmt. In dieser Situation bieten sich zwei Wege an: entweder die Verbesserung der realen Bedingungen, um die Realität den demokratischen Normen anzugleichen oder eine Veränderung des theoretischen Anspruchs im Sinne einer stärkeren Ausrichtung auf die vorgefundene gesellschaftliche Praxis (Zimpel, „Selbstbestimmung oder Akklamation?", Stuttgart 1972). Den ersten Weg ist beispielsweise Schumpeter („Kapitalismus, Sozialismus und Demokratie", 3. Aufl., München 1972) gegangen, wenn er Demokratie definiert als „diejenige Ordnung zur Erreichung politischer Entscheidungen, bei welcher einzelne die Entscheidungsbefugnis vermittels eines Konkurrenzkampfes um die Stimmen des Volkes erwerben". In dieser und anderen formalen Definitionen wird Demokratie nicht mehr, wie in der klassischen bürgerlichen Theorie, als Möglichkeit menschlicher Selbstbestimmung angesehen, sondern nur als ein Verfahren zur Auswahl der politischen Entscheidungsträger. Damit tritt die Methode in den Vordergrund, während das überlieferte Ziel vernachlässigt wird (Zimpel).

Im modernen formalen Demokratiekonzept wird die politische Apathie der Bürger nicht nur stillschweigend geduldet, sondern sie erhält ihren ganz berechtigten Platz. Da der einzelne unter den modernen Bedingungen von vorneherein unqualifiziert erscheint, ist es mindestens unklug, vielleicht sogar gefährlich, ihm nach klassischem Vorbild ausgedehnte Teilnahmemöglichkeiten zu eröffnen. Auch das Ziel der politischen Beteiligung hat sich verändert: Ihren einst emanzipatorischen, ja revolutionären Gehalt hat sie weitgehend verloren (Zimpel). Während die traditionelle Theorie davon ausging, daß die Eliten eine Gefahr für das System darstellen, herrscht in der neueren Theorie die Auffassung vor, daß die Fortdauer der Demokratie von ihrer Fähigkeit abhänge, sich vor den Massen zu schützen. Gewiß spielt der einfache Mann in modernen Demokratien noch eine Rolle, „da er die Freiheit hat zu wählen und Druck auf die politischen Eliten auszuüben, und selbst versuchen kann, in eine Eliteposition aufzusteigen. Aber im großen und ganzen bleibt er relativ passiv und das wird von ihm auch erwartet" (Bachrach, „Theorie ...", a. a. O.).

Dieser formaldemokratische und zugleich elitäre Ansatz überwiegt heute bei weitem. „Indem sich das Individuum mit Teilnahme beschäftigt, werden psychologische Spannungen – potentielle Bedrohungen für die allgemeine Ordnung – neutralisiert, kanalisiert oder sublimiert. Der beschäftigte Mensch löst damit den kritischen Staatsbürger ab" (Zimpel). Kritiker dieses Demokratiekonzepts geben sich mit dem bloßen systemkonformen Funktionieren nicht zufrieden. Partizipation schließt für sie ein kreatives schöpferisches Moment ein, das zugleich der Selbstverwirklichung dient. „Das Gewicht, das die klassische Theorie auf die Partizipation des Staatsbürgers in allen Bereichen des Lebens legt, beruht auf der Prämisse, daß diese Beteiligung der notwendige Weg zur vollen Entfaltung individueller Fähigkeiten sei" (Bachrach, „Theorie ...", a. a. O.). Nur durch aktive Partizipation an bedeutsamen Entscheidungen des Gemeinwesens kann der einzelne Selbstbewußtsein gewinnen und seine Fähigkeiten besser entfalten. Obwohl die klassische Theorie die Wichtigkeit breiter Partizipation am politischen Entscheidungsprozeß hervorhebt, liefert sie noch keine realistischen Richtlinien, nach denen diese Zielvorstellung in großen städtischen Gesellschaften erfüllt werden könnte. Inzwischen bieten sich dafür aber unterschiedliche Modelle politischer Beteiligung an.

2. Modelle demokratischer Beteiligung

Naschold hat die verschiedenen Konzepte demokratischer Partizipation am Spezialfall der organisationsinternen (insbesondere der innerverbandlichen) Willensbildung systematisiert. Er unterscheidet neben direkter und repräsentativer Demokratie sowie dem Rätesystem (s. Kap. III, B) noch die Modelle der organisationsinternen Öffentlichkeit, des demokratischen Zentralismus und des Parteienwettbewerbs. Das Modell der *direkten Demokratie* geht von den Annahmen aus, daß die Zusammenfassung der Mitgliederinteressen nur über eine direkte Beteiligung der Mitglieder möglich ist und daß die Organisationsprobleme durch die Mitglieder selbst gelöst werden können. Naschold weist nach, daß es bisher selbst bei relativ günstigen Bedingungen nicht gelungen ist, ein hohes Maß an direkter demokratischer Beteiligung mit effektiver Organisation zu verbinden. Das Konzept der *repräsentativen Demokratie* sieht ein gestuftes System von Vertretungsorganen auf der Grundlage periodischer Wahlen vor, die einerseits einen Minimalkontakt des Führungspersonals zu den Mitgliedern herstellen und andererseits die weitgehende Unabhängigkeit der Führungsschicht sichern. Diese Organisationsform kann nur dann befriedigend funktionieren, wenn die Mitgliedschaft relativ homogen ist und wenn das betreffende System langfristig die Fähigkeit hat, Interessenaggregation zu betreiben (Naschold).

Das *Rätesystem* ist als eine stufenmäßige Abfolge von Institutionen konzipiert. Die Urwähler treten in Betrieben oder in Wohneinheiten zu Basisgruppen zusammen. Für sie gilt die Vermutung totaler Zuständigkeit. Die Basisgruppen fällen und vollziehen eine möglichst große Anzahl der erforderlichen Entscheidungen selbst. Nur Funktionen, die von den jeweiligen Basisgruppen nicht unmittelbar erfüllt werden können, überlassen sie ihren gewählten Vertretern (Lösche, in: „Probleme der Demokratie heute", PVS Sonderheft 2/1970). Zu diesem Zweck werden also Räte gebildet. Als unterste Einheit kommen bei regionaler Gliederung Wohnbezirks- oder Ortsteilräte in Betracht. Eine Gliederung nach Arbeitsplätzen müßte von Betriebsräten ausgehen. Auch diese Räte delegieren Aufgaben, die von ihnen nicht erfüllt werden können, an übergeordnete Räte. Dadurch ergibt sich ein stufenförmiger Aufbau der Räteorganisation mit indirekter Wahl von unten nach oben: Die Delegierten wählen jeweils Vertreter in der nächsthöheren Räteinstanz. An der Spitze des gesamten Systems steht schließlich ein Zentralrat, der seinerseits für die auf ihn entfallenden politischen, gesellschaftlichen und ökonomischen Aufgaben Fachausschüsse einsetzen kann (Gottschalch, in: „Probleme der Demokratie heute", a. a. O.). Alle gewählten Mandatsträger sind in ihren Entscheidungen den untergeordneten Räten und damit letztlich den Urwählern voll verantwortlich und jederzeit abwählbar (gebundenes Mandat und recall – s. Kap. III, B). Um eine Verselbständigung des politischen Führungspersonals zu verhindern, müssen die Vertreter möglichst ehrenamtlich tätig sein oder nicht wesentlich mehr verdienen als die Angehörigen der Basisgruppen. Die Zusammensetzung der gewählten Räte soll der sozialen Struktur ihrer Wählerschaft entsprechen. Allzuhäufige Wiederwahl und Ämterkumulation als Erscheinungen politischer Korruption kann durch Ämterrotation entgegengewirkt werden. Diesem Ansatz liegen Annahmen zugrunde, die denen des Konzepts der direkten Demokratie entsprechen: Die Interessen der Mitglieder können allein von ihnen selbst artikuliert werden. Mitgliedschaft und Führungsgruppe besitzen etwa dasselbe Maß an Informationsverarbeitungskapazität. Die anstehenden Probleme können nicht einfach durch Experten gelöst werden, sondern erfordern eine unmittelbare Beteiligung der Mitglieder (Naschold).

Gegen das Rätesystem sind verschiedene kritische Einwendungen formuliert worden. Zunächst einmal ist festzustellen, daß die Funktionsweise des Systems nur hypothetisch diskutiert werden kann, da es bisher nur in sozialen und politischen Krisensituationen eine Willensbildung nach diesen Prinzipien gegeben hat. Bemerkenswert ist, daß keine Revolution unseres Jahrhunderts das im Rätekonzept angelegte Demokratiepotential voll ausschöpfen und ein über die Zeit der Revolution hinaus funktionierendes Rätesystem verwirklichen konnte (Lösche, a. a. O.). Deshalb blieb bisher eine wichtige Frage unbeantwortet: Wie können die weitgehend selbständigen Organisationseinheiten zu einem handlungsfähigen Gesamtsystem zusammengefaßt werden, ohne in die abgelehnten Formen repräsentativer Strukturen oder eines demokratischen Zentralismus zu verfallen? So vorteilhaft multifunktionale Organisationsformen wie das Rätesystem in unstrukturierten Situationen, z. B. während einer Revolution, sein können, so wenig scheinen sie auf hochkomplexe System-Umwelt-Beziehungen in nichtrevolutionären Situationen zugeschnitten zu sein (Naschold).

Kritik an der Funktionsfähigkeit des Rätesystems ergibt sich vor allem im Zusammenhang mit der tatsächlichen Beteiligung am Willensbildungsprozeß und hinsichtlich des imperativen Mandats. Wirksame Beteiligung am Willensbildungsprozeß würde den freien Zugang zu allen Informationen und rationales Verhalten der einzelnen voraussetzen. Diese verhaltensspezifische Voraussetzung des Rätemodells ist aber keineswegs realitätsbezogen, da rationales Verhalten nur ein kleines Segment menschlichen Verhaltens darstellt. Selbst bei verringerter Heterogenität der Interessen würde die unterschiedliche Relevanz der Politik für den einzelnen Partizipationsunterschiede zur Folge haben, die von der relativen Schichtposition der Gesellschaftsmitglieder abhängen und schichtspezifische Interessenunterschiede verschärfen. Auch im Rätemodell entstehen somit Arbeitsteilung und damit rang- und machtmäßige Differenzierungen (Kevenhörster, "Zur neueren Diskussion von Demokratiemodellen in Politik und Wirtschaft", in: Wirtschaftspolitische Chronik 1970).

Solange eine Beteiligung aller nicht sichergestellt ist, stößt auch die Rekrutierung der Räte auf den bei Führungsgruppen unvermeidbaren Widerspruch zwischen dem idealtypischen Delegations- und Abberufungsprinzip einerseits und dem tatsächlich praktizierten Ergänzungsverfahren andererseits. Daraus ergeben sich nach einer gewissen Zeit auch Informationsvorteile und wachsende Schwierigkeiten der Kontrolle. Diese treten vor allem deshalb auf, weil die Beschlußorgane mehrfach ineinander verschachtelt sind und konkrete Entscheidungen sich damit nicht mehr einem Gremium zurechnen lassen. Gerade Rätesysteme können aus diesem Grunde „Transmissionsriemen der Entscheidungen politischer Oligarchien" werden; ein Vorwurf, den Agnoli (in: Agnoli/Brückner, „Die Transformation der Demokratie", Frankfurt 1968) zurecht gegenüber den modernen Parlamenten erhoben hat.

„Das imperative Mandat konstituiert sozusagen eine Ordnung von Vetogruppen, deren Kraft zwar ausreicht, Entscheidungen zu verhindern, nicht aber, gesellschaftliche Konflikte selbst zu entscheiden und Entscheidungen zu vollziehen" (Fijalkowski, in: „Probleme der Demokratie heute", a. a. O.). Damit ein solches Mandat funktionsfähig sein kann, ist eine viel stärkere Homogenitätsbasis erforderlich als beim freien Mandat (s. Kap. III, B). Die von den Anhängern des Rätesystems aufgestellte Homogenitätsprämisse widerspricht aber der komplexen Sozialstruktur industrieller Massengesellschaften. „Imperatives Mandat und Recall mögen in kleinen Organisationen zur Überwachung von Vollzugsfunktionen geeignet sein, schließen aber eine effektive Kontrolle von Beschlußfunktionen in großen Verbänden aus" (Kevenhörster, a. a. O.). Vor allem stellt sich die Frage, ob ein gebundenes Mandat und die permanente Kontrolle der Mandatsträger in einer hochdifferenzierten Gesellschaft ohne parteiähnliche Organisationen überhaupt zu verwirklichen sind. Praktisch müßte dann jede informelle Gruppenbildung und Kommunikation ausgeschlossen sein. Da aber in einem sozialen System nicht auszuschließen ist, daß Entscheidungen vorbereitet werden, kommt es unweigerlich zur Fraktionsbildung (Bermbach, in: „Probleme der Demokratie heute", a. a. O.).

Da die Urwähler zwar beschließen, den eigenen Beschluß aber nur selten selber umsetzen können, ohne das für hochindustrialisierte Gesellschaften notwendige Prinzip der Arbeitsteilung aufzugeben, bedarf es zweckrational organisierter Apparate. Die Annahme, bürokratische Herrschaftsformen ließen sich durch die Etablierung von Räteorganisationen beseitigen, erweist sich bei näherer Betrachtung als trügerisch, da Selbsterhaltungs- und Expansionstendenzen bürokratischer Apparate ein unveränderliches Merkmal der gegenwärtigen gesellschaftlichen Entwicklung darstellen (Bermbach, a. a. O.). Darüber hinaus fehlen im Rätesystem alle Voraussetzungen wirtschaftlicher und gesellschaftlicher Planung. Die hierzu erforderliche Institutionalisierung von Dauerregelungen würde den Entscheidungsbereich der Basisgruppen einengen, die Zahl ihrer Handlungsalternativen verringern und damit dem angestrebten Primat der Basisorganisation widersprechen.

Das Konzept *demokratischer Öffentlichkeit* ist ebenfalls eng mit den Prinzipien der direkten Demokratie verbunden. Öffentlichkeit scheint vom theoretischen Anspruch her geeignet, Herrschaft durch kritische Publizität und Diskussion auf rationale Autorität zu reduzieren. Nach Ansicht von Habermas („Strukturwandel der Öffentlichkeit", Neuwied 1964) zerfällt Öffentlichkeit heute jedoch wegen des Widerspruchs von gesellschaftlicher Politisierung und gleichzeitiger Entpolitisierung der Bürger in die relativ beliebigen nichtöffentlichen Meinungen von Einzelpersonen und in eine quasi-öffentliche Meinung der politischen Institutionen (s. Kap. VII, A). Die Vermittlung beider Bereiche fällt der organisationsinternen Öffentlichkeit von Parteien und Verbänden zu. „Hier besteht die Vorstellung, daß eine demokratische und effiziente Kommunikationsform darin liegt, daß sich ein spontaner, allseitiger und ungehemmter Informationsaustausch entwickelt, der ... Beseitigung von Fehleinstellungen und Fehleinschätzungen, Lösung von Problemen, Erreichung von Konvergenz erzielen kann" (Naschold). Die Ergebnisse der neueren Forschung widersprechen allerdings dieser Vorstellung. Kommunikationsprozesse in Organisationen bedürfen der Strukturierung durch Subsystembildung; Öffentlichkeit als unstrukturierte und simultane Diskussion führt nicht zur Aufklärung, sondern zur Konfusion.

Das Konzept des *demokratischen Zentralismus* bietet die Organisationsprinzipien für eine revolutionäre Parteiorganisation: Wahl der Führungsgruppe von unten nach oben; volle inhaltliche wie strategische Diskussion; Zwang zur Unterwerfung unter eine einmal getroffene Entscheidung und deren Umsetzung in Aktion. Dieses Organisationskonzept basiert auf der Annahme, daß innerhalb der Mitgliedschaft eine selbstverständliche Einmütigkeit über die letztgültigen Ziele besteht. Die dominierende Formel des demokratischen Zentralismus – freie Diskussion bei gleichzeitiger Einheit der Aktion – konnte allerdings die Widersprüche dieses Konzepts nicht überdecken: „War in der Rätekonzeption das Problem der Zentralisation kaum beachtet worden, so ist es in der Konzeption des demokratischen Zentralismus auf Kosten eines verengten Demokratiebegriffs überbetont" (Naschold). Hinzu kommt, daß Zentralisation nach dem traditionellen Hierarchieprinzip als ein relativ starres Befehlssystem von Über- und Unterordnung verstanden wird. Deshalb kann dieses Konzept einer Organisation nicht die für eine komplexe Umwelt erforderliche Fassungskraft verleihen.

Das Konzept des *Parteienwettbewerbs* unterscheidet sich von anderen Herrschaftssystemen nicht durch eine direkte Beteiligung, sondern durch eine bestimmte Art der Führungsauslese: Führungsgruppen konkurrieren um die Stimmen einer im wesentlichen passiven Mitgliedschaft. „Dieser Konkurrenzkampf soll den Mitgliedern Zugang zur politischen Macht ermöglichen, selbst wenn sich ihre Beteiligung auf eine periodische Stimmabgabe beschränkt" (Naschold). Die Führungsgruppen sollen der Wählerschaft klare personelle, gegebenenfalls auch sachliche Entscheidungsalternativen bieten und ein Machtkartell der Führungsgruppen, wie es in den meisten Organisationen zu finden ist, verhindern. Am Modell der amerikanischen Druckergewerkschaft ITU hat sich gezeigt, daß gute Aussichten für ein funktionsfähiges Parteiensystem vorliegen, wenn u. a.

- die Gesamtorganisation sich aus relativ selbständigen Regional- und Lokalgruppen zusammensetzt;
- eine Vielzahl der Mitglieder sich auch informell zu gesellschaftlichen Aktivitäten zusammenfindet;
- die Organisation nicht gezwungen ist, eine eigene zentralisierte und bürokratische Verwaltung aufzubauen.

Bei sozialer Differenzierung und ideologischen Konflikten kann nach Ansicht von Naschold ein Parteiensystem die Chancen für eine angemessene Artikulierung und Aggregierung der Mitgliederinteressen sowie die Beteiligung der Mitglieder an relevanten Entscheidungen beträchtlich steigern.

3. Planung und Partizipation in demokratischen Organisationen
Bei allen Konzepten fragt sich, ob sie ausreichen, um Partizipation und Planung in ein Modell demokratischer Entscheidung einzubringen. Zunächst ist festzustellen, daß der Gegensatz von Effizienz und Demokratie eine Scheinalternative darstellt, weil die größere Leistungsfähigkeit eines politischen Systems nicht Selbstzweck ist, sondern auf eine verbesserte Erfüllung der politischen Aufgaben abzielt. Wenn das so ist, lassen sich die von Naschold entwickelten Modelle mit der Planungsdiskussion in Verbindung bringen. Dabei muß neben dem von einem theoretischen Konzept jeweils erreichten Grad der Komplexität auch der zugehörige Demokratiebegriff als Unterscheidungsmerkmal herangezogen werden.

Auf dieser Grundlage unterscheidet Naschold drei Fälle:
- Die normativen Annahmen des klassischen Demokratiebegriffs sind mit einem Zielmodell und theoretischen Konzeptionen geringer Komplexität verbunden. Hierzu gehören die Organisationsmodelle der direkten Demokratie, des Rätesystems und der demokratischen Öffentlichkeit. Bei diesen Konzepten werden die Ausgangsbedingungen des Entscheidungsprozesses besonders stark betont. Alle organisierten und auch die nichtorganisierten gesellschaftlichen Interessen sollen unmittelbar an der Feststellung der Planungsziele und der Entscheidung über die anzuwendenden Mittel beteiligt werden. Im Gegensatz dazu sind die beiden anderen Ansätze durch folgenschwere Abweichungen vom klassischen Demokratiebegriff gekennzeichnet, die weniger theoretisch als vielmehr pragmatisch begründet werden.
- Ein reduzierter Demokratiebegriff wird auf ein Systemüberlebensmodell und eine theoretische Konzeption mittlerer Reichweite bezogen. Dies gilt für das Konzept der repräsentativen Demokratie. Hier wird das jeweils vorhandene politische System als gegeben unterstellt. Gleichzeitig sind die normativen Annahmen des Demokratiebegriffs auf Kontrolle der Planungsbehörden sowie Offenlegung möglicher Planungsalternativen reduziert.
- Ein stark reduzierter Demokratiebegriff korreliert mit einem auf Effizienz gerichteten Systemzielmodell und hochkomplexen theoretischen Konzepten. Dies gilt für die Konzepte des demokratischen Zentralismus und des Parteienwettbewerbs. Ein Demokratiebegriff wird hier normalerweise nicht expliziert. Dieser Ansatz betont vor allem die Ergebnisse des Entscheidungsprozesses.

Damit zeigt sich die derzeitige Grenze des Standes politikwissenschaftlicher Forschung. Erforderlich wären Modelle, in denen die Zielvorstellung des klassischen Demokratiekonzepts mit einem analytischen Systemzielmodell und hochkomplexen theoretischen Konzepten verbunden wäre. Die offene Frage lautet, wie weit es möglich ist, leistungsfähige Systeme mit demokratischen Normen zu verbinden (Naschold). Straff durchorganisierte Informationssysteme wären zwar im Hinblick auf die Planungskapazität, nicht aber unter dem Gesichtspunkt demokratischer Legitimität als angemessen zu bezeichnen. „Optimal können nur offene, nicht überorganisierte Kommunikationssysteme sein, in denen verschiedene Verhaltensstile, verschiedene Interessen, verschiedene Formen, mit Informationen umzugehen, Platz haben müssen" (Lompe).

Wenn Sie prüfen wollen, ob Sie den Stoff dieses Kapitels gründlich durchgearbeitet haben, beantworten Sie bitte die folgenden *Kontrollfragen:*
1. Schränkt Planung die persönliche Freiheit ein?
2. Skizzieren Sie den Ablauf eines Planungsprozesses!
3. Wie unterscheiden sich stichwortartig die drei Modelle wissenschaftlicher Politikberatung?

4. Erläutern Sie den Begriff „Planning-Programming-Budgeting-System (PPBS)"!
5. Wie unterscheidet sich der bürgerliche Demokratiebegriff von der gegenwärtig vorherrschenden Auffassung?
6. Welche Konzepte organisationsinterner Demokratie kennen Sie?
7. Beschreiben Sie die Stellung von Mandatsträgern im Rätesystem!
8. Kennen Sie einige Kritikpunkte in bezug auf das Rätesystem?
9. Kann die Politikwissenschaft Modelle anbieten, die den Möglichkeiten politischer Planung und der Forderung nach politischer Partizipation Rechnung tragen?

Antworten zu diesen Fragen finden Sie auf Seite 160.

Antworten zu den Kontrollfragen

Kapitel I: Grundfragen

zu 1. Politische Wissenschaft, Politologie, Wissenschaftliche Politik, Politische Wissenschaften, Wissenschaft von der Politik.

zu 2. Empirische Sozialwissenschaft, praktische Philosophie und kritisch-praktische Wissenschaft.

zu 3. Darstellende, behavioristische, strukturell-funktionale und systemtheoretische Politikwissenschaft.

zu 4. Empirische (nicht normative) Zuordnung von Funktionen zu bestimmten Elementen des politischen Prozesses; Annahme funktionaler Abhängigkeit von der Umwelt, aber Ablehnung der vollständigen Bestimmung durch diese (Determination); Ablehnung von Wert und Wesen.

zu 5. Bezeichnen als Bilder des tugendhaften Handelns und der gerechten politischen Ordnung das Wissenschaftsprogramm der praktischen Politikwissenschaft.

zu 6. Geschichtlichkeit, Totalität, Dialektik und Praxisbezug.

zu 7. Nein, sie entstammen dem positivistischen Mißverständnis des Verhältnisses dieser Wissenschaften als Seins- und Normwissenschaft.

zu 8. Politische Systeme, Politische Soziologie, Politische Ideengeschichte, Internationale Beziehungen.

Kapitel II: Typen politischer Herrschaft

zu 1. Staat ist als politische Organisation der Gesellschaft diejenige Ordnung, der alle Gesellschaftsmitglieder unterworfen sind.

zu 2. Demokratie und Totalitarismus (Friedrich), Führung und Herrschaft (Hermens), Konstitutionalismus und Autokratie (Loewenstein), demokratisch-pluralistischer Rechtsstaat und autokratisch-totalitärer Diktaturstaat (Steffani), Demokratie und Autokratie (von der Gablentz).

zu 3. Macht = Fähigkeit seinen Willen auch gegen Widerstände durchzu-

setzen; Konsens = Zustimmung der Betroffenen zu politischen Willensakten und Institutionen.
zu 4. „Politische Klassen", die zwischen den Regierenden und der Masse der Regierten stehen.
zu 5. Abgrenzungsmerkmale bei Hättichs Typenbildung verschiedener Formen politischer Ordnung.
zu 6. Unmittelbare Demokratie, Versammlungsregierung, Parlamentarismus, Kabinettsregierung, Präsidentialismus, Direktorialregierung.
zu 7. Ziel der Herrschaft: Veränderung der Gesellschaft durch Einleitung eines Industrialisierungsprozesses (kommunistisches Modell) bzw. Schutz der herrschenden Klassen und ihrer Machtstellung in bereits industrialisierten Gesellschaften (faschistisches Modell).
zu 8. Anglo-amerikanische Systeme, vorindustrielle Systeme, totalitäre politische Systeme, kontinentaleuropäische Systeme.
zu 9. Vorhandensein politischer Subkulturen unterschiedlichen Entwicklungsstandes führt zu Immobilismus und „Entfremdung vom politischen Markt".

Kapitel III: Grundelemente demokratischer Systeme

zu 1. Ja, Großbritannien.
zu 2. Beteiligung am Inkrafttreten, stillschweigende gesellschaftliche Anerkennung, Vereinbarung anerkannter Vertreter gesellschaftlicher Gruppen.
zu 3. Grundsatz des freien Mandats: der Repräsentant ist während der Zeit, für die er gewählt wurde, nicht rechenschaftspflichtig und kann nicht abberufen werden.
zu 4. In den USA steht neben dem repräsentativen Organ („Kongreß") ein plebiszitäres („Präsident"); in Großbritannien wird gleichzeitig mit der Wahl der Repräsentanten plebiszitär über den Regierungschef entschieden.
zu 5. Wunsch nach Kontrolle der absolutistischen Herrscher und ihrer Bürokratie, ständische Gesellschaft mit verschiedenen Machtgruppen.
zu 6. Ja, ständiger Prozeß des Zusammenwachsens oder Auseinanderlebens von teilweise selbständigen politischen Einheiten.
zu 7. Regierung und Opposition.
zu 8. Gerechte Repräsentation aller Meinungen vs. Stabilität und Handlungsfähigkeit der Regierungen.
zu 9. Verhältnis der Zweitstimmen entscheidet über die Stärke der einzelnen Parteien im Parlament (nicht nur über die Verteilung der Landeslistenmandate).

Kapitel IV: Demokratie als System politischer Institutionen

zu 1. „Fusion" von Legislative und Exekutive; die Regierung besteht aus den politischen Führern der Parlamentsmehrheit.

zu 2. Wahlfunktion, Artikulierfunktion, Informationsfunktion, Erziehungsfunktion und Gesetzgebungsfunktion.

zu 3. Ja; letzte Sanktionsmittel der beiden Seiten in politischen Auseinandersetzungen zwischen Regierung und Parlamentsmehrheit.

zu 4. „Reservemacht" („reserve power"): sorgt dafür, daß eine Regierung zustande kommt und regieren kann.

zu 5. Keine, da ein Vorschlag des Bundespräsidenten erst erfolgt, wenn der Kanzlerkandidat seiner Mehrheit im Bundestag gewiß sein konnte.

zu 6. Neben vertrauensvoller Zusammenarbeit sind auch gegenseitige Lähmung, Dominanz der Exekutive und Dominanz der Legislative möglich.

zu 7. Schiedsrichter zwischen Präsident und Kongreß. Beide versuchen durch Pressekonferenzen bzw. Ausschußuntersuchungen die öffentliche Meinung für ihre Politik zu gewinnen.

zu 8. Dafür: Möglichkeit des allmählichen Verfassungswandels. Dagegen: Politische Entscheidung durch ein demokratisch nicht kontrolliertes Gremium.

zu 9. Kollegiale Exekutive.

zu 10. Kontrolle von Bundesversammlung und Bundesrat durch das Volk; Mittel des Verfassungswandels.

Kapitel V: Demokratie als politischer Entscheidungsprozeß

zu 1. Politisches Handeln ist rational, d. h. in wirtschaftlich sinnvoller Weise mit einiger Konsequenz auf die Erreichung bewußt gewählter Ziele gerichtet.

zu 2. Mangel an sicherem Wissen über gegenwärtige und zukünftige Ereignisse. Verhindert rationales Verhalten und verursacht Informationskosten.

zu 3. Lieferanten und Vermittler von Informationen.

zu 4. Die Stimmabgabe erfolgt auf Grund der Unterschiede im Nutzeneinkommen bei Kontinuität oder Wandel der Regierungspolitik.

zu 5. Theoretisch vermindern sie die Informationskosten, praktisch sind sie wegen der programmatischen Annäherung der beiden Parteien weitgehend nutzlos.

zu 6. Ja, wenn die Informationskosten hoch sind und der Unterschied zwischen den Parteien geringfügig erscheint.

zu 7. Proporz, Aufgabenteilung, Junktim.

zu 8. Unidimensionale (Versäulung), bidimensionale, multidimensionale (Sektionalismus).

zu 9. Nein, die Eliten eignen sich die Techniken durch einen Lernprozeß an und übertragen sie auf andere Streitfragen.

zu 10. Innovationen unterbleiben, Koordination ist nicht möglich, Kontrolle entfällt.

Kapitel VI: Diktatur als System politischer Herrschaft

zu 1. Faschismus in Italien, Nationalsozialismus in Deutschland, Kommunismus in der Sowjetunion.

zu 2. Ideologie, Einheitspartei, Geheimpolizei, Nachrichtenmonopol, Waffenmonopol, zentralgelenkte Wirtschaft.

zu 3. Kommunistische Ideologie richtet sich an die Proletarier der ganzen Welt; will Menschheit vom Kapitalismus befreien. Faschistische Ideologien wenden sich an ein bestimmtes Volk; wollen dessen Ruhm, Macht und geschichtliche Sendung verwirklichen.

zu 4. Spitzen der „intermediären Gewalten"; Gruppe der wichtigsten Helfer und möglichen Nachfolger des Diktators, gekennzeichnet durch bürokratisches, feudalistisches, demokratisches und kämpferisches Moment.

zu 5. Verdächtiger wird man durch eigene Handlungen, objektiver Gegner durch Entscheidung der Herrschenden.

zu 6. Ungeprüfte Wertungen; Möglichkeit des Wandels vernachlässigt undifferenzierte Betrachtung von Nationalsozialismus und Kommunismus; Totalitarismus ist Entwicklungsphase nicht Entwicklungsform; unterschiedliche Aufgaben und Inhalte der Ideologien nicht beachtet.

zu 7. Leerformel zur Überdeckung gesellschaftlicher Widersprüche; als Funktionsanweisung Lenkungsinstrument der Herrschenden.

zu 8. Nein; experimentelle Auslese ist erforderlich, weil Partei fehlt und kein Diktator einen geeigneten Nachfolger bestimmt.

zu 9. Nach der Machtübernahme beschließt verfassunggebende Versammlung eine Verfassung nach den Vorstellungen des Diktators, in der die tatsächliche Machtverteilung (Diktator als alleiniger Machthaber) festgestellt wird.

zu 10. Nur wenn damit der innovatorische Impuls der Diktatur betont werden soll; als Sammelbegriff für sehr unterschiedliche Länder scheint er wenig geeignet.

Kapitel VII: Wahlen und öffentliche Meinung

zu 1. Urteil eines Publikums über Verhalten, Tun und Unterlassen der Mitmenschen; öffentlich kundgetane Reaktion auf öffentliche Akte (Hennis). Summe aller Reaktionen der Bevölkerung auf politisches Handeln (Schmidtchen).

zu 2. Öffentlich ist
a) was sich vor jedermann abspielt,
b) woran jedermann mitwirken kann,
c) was den Zustand des politischen Gemeinwesens betrifft.

zu 3. Informationsfunktion, Artikulationsfunktion, Kontrollfunktion.

zu 4. Abhängigkeit der Medien von Werbeeinnahmen, lokale Pressemonopole, Verkaufsförderung durch „journalistische Lebenshilfe", Ausrichtung von Absatz und Inhalt auf bestimmte Teilgruppen.

zu 5. Ja, die Politiker erhalten Informationen über die Wählermeinungen und den eigenen Entscheidungsspielraum.

zu 6. Anhäufung von Machtwissen, scheinplebiszitäre Argumentation, Schwund von politischer Führungsbereitschaft, Vorrang der unverbindlichen Äußerung gegenüber der verantwortlichen Stellungnahme.

zu 7. Wahlkampfbeschreibung (England), Wahlstatistik (ältere Forschung), Wahlgeographie bzw. Wahlökologie (Frankreich, USA) und Motivforschung (anfänglich USA, jetzt allgemein üblich).

zu 8. Nein! Wechselwähler können sehr stark an Politik interessiert und über Politik informiert sein, brauchen es aber nicht. Im internationalen Vergleich ist das sogar ziemlich selten.

zu 9. Extremismus findet sich nicht nur an den Enden des Parteienspektrums, sondern rechts, links und in der Mitte.

zu 10. Einerseits verringert wirtschaftliche Zufriedenheit die Wahlchancen antidemokratischer Parteien, andererseits verringert sich auch die Chance des Machtwechsels.

Kapitel VIII: Parteien als Instrumente demokratischer Regierungsweise

zu 1. Parteien verfügen über eine feste Organisation; Faktionen zeichnen sich durch Gewalttätigkeit und traditionellen oder familiären Zusammenhalt aus.

zu 2. Programm, Organisation und Kampfcharakter.

zu 3. Verbände wirken nicht unmittelbar an der politischen Willensbildung im Parlament mit, übernehmen keine Regierungsaufgaben und können nicht in Wahlen zur Verantwortung gezogen werden.

zu 4. Ja, Programme sollen sowohl den Mitgliedern als auch den Anhängern einer Partei gerecht werden. Für die Mitglieder sind Grundsatzprogramme gedacht, die auch die langfristigen Ziele enthalten; für die Anhänger die Wahlprogramme, die mehr kurzfristige Ziele nennen und Sonderinteressen nahestehender Gruppen berücksichtigen.

zu 5. Weltanschauungspartei, Interessenpartei, Amtspatronagepartei; konservative, liberale und sozialistische Parteien; Wählerpartei und Mitgliederpartei. Apparatpartei und Rahmenpartei; Honoratiorenpartei und Massenpartei.

zu 6. Zwar können mehr als zwei Parteien bestehen; praktisch teilen sich jedoch zwei Parteien in die Parlamentssitze, wobei eine allein über eine Mehrheit verfügt.

zu 7. Zusammenfassung individueller und gruppenspezifischer politischer Bestrebungen zu politischen Kräften mit nennenswertem Einfluß; Bereitstellung von politischem Personal.

zu 8. Komitee: geschlossene Gruppe mit schwacher Organisation und Vorherrschen persönlicher Gesichtspunkte; Ortsgruppe: örtliches Zentrum des Parteilebens in demokratischen Massenparteien; Zelle: betriebsgebundene Organisationseinheit kommunistischer Parteien mit engem Zusammenhalt und intensiver Schulung.

zu 9. Dafür spricht Unabhängigkeit vom finanziellen Einfluß wirtschaftlicher Interessenten; dagegen spricht Gefährdung der innerparteilichen Demokratie, Konservierung des bestehenden Parteiensystems, Verstärkung des Anti-Parteien-Affekts.

Kapitel IX: Verbände und Verwaltung – Gefahren für die Demokratie?

zu 1. Unterschiedliche Einkommens- und Vermögensverteilung, Demokratisierung der politischen Willensbildung, ständige Veränderungen der Sozial- und Wirtschaftsstruktur, sozialpolitische Aktivität des Staates.

zu 2. Ja, sofern sie die Interessen der von ihnen organisierten Gruppen vertreten und nicht unkontrollierbare politische Entscheidungen treffen.

zu 3. Nein; wirkt nur auf dem Umweg über die öffentliche Meinung, kann wertvolle informelle Kontakte der Verbände zerstören.

zu 4. Allenfalls durch die von Hennis vorgeschlagenen Protokolle über Vorverhandlungen im Zusammenhang mit Gesetzentwürfen (oder bei Mißerfolg des Verbandes an der folgenden Öffentlichkeitsarbeit).

zu 5. Um die Parlamentarier vom Sachverstand der Verbände und der Verwaltung gleichermaßen unabhängig zu machen.

zu 6. Durch Ausfüllen des in Gesetzen enthaltenen Ermessensspielraums und durch Vorbereitung der meisten neuen Gesetze.

zu 7. Grad der Mitwirkung der Betroffenen bei einem Verwaltungsakt: duldende Rolle (Eingriff), gleichberechtigte Zusammenarbeit (Austausch), relative Selbstbestimmung (Förderung).

zu 8. Nein; ausgewogene und eindeutige Zuständigkeitsverteilung ist nicht möglich, Stabsstellen mit beratenden Aufgaben, z. B. Planungsstäbe, durchkreuzen das Gliederungsprinzip.

zu 9. Neue Generalistenausbildung, die politische Entscheidungsfunktionen bewußt macht, Loyalität gegenüber demokratischen Reformzielen bildet und sich an einer die Zukunft gestaltenden, das Element des Wählens unter Risiko und Ungewißheit reflektierenden Entscheidungslehre orientiert.

zu 10. Einerseits Mittel zur Versorgung von Parteigängern, andererseits Instrument zur Kontrolle des Entscheidungsprozesses.

Kapitel X: Planung und Partizipation – Möglichkeiten der Demokratisierung!

zu 1. Nein, sie macht nur das Ausmaß der Eingriffe eher sichtbar als eine Politik des „Fortwurstelns".

zu 2. Planungsauftrag gibt erste Orientierung über Ziele, Bereiche und Fristen; Datenerfassung und Datenauswertung erschließen Trends und Variable; endgültige Entscheidung über Ziele; Planungsrahmen: Handlungsabläufe, Anweisungen für Vollzugsorgane, Orientierung für Betroffene, Kontrollmechanismen.

zu 3. Technokratisches Modell: Politiker vollziehen die von Wissenschaftlern dargelegten Sachzwänge; dezisionistisches Modell: Wissenschafter sorgen als Sachverständige für das technische Wissen, Politiker entscheiden; pragmatisches Modell: Wissenschafter und Politiker beraten gemeinsam über Zielvorstellungen und Handlungsmöglichkeiten.

zu 4. Kombination von politischer Programmplanung und mittelfristiger Finanzplanung auf der Grundlage der Systemanalyse; umfaßt Ziele, Handlungsalternativen, politische Programme und Bereitstellung von Haushaltsmitteln.

zu 5. Politische Teilnahme ist entweder Möglichkeit emanzipatorischer Selbstbestimmung oder Mittel zur Entscheidung zwischen konkurrierenden Eliten.

zu 6. Direkte Demokratie, repräsentative Demokratie, Rätesystem, demokratische Öffentlichkeit, demokratischer Zentralismus, Parteienwettbewerb.

zu 7. Alle Delegierten in Räten der verschiedenen Stufen sind ihren Wählern voll verantwortlich und jederzeit abwählbar (gebundenes Mandat, recall).

zu 8. Partizipationsgrad ist nicht gleichartig, sondern schichtspezifisch; Informationsvorteile der Delegierten ermöglichen Oligarchiebildung; Arbeitsteilung erfordert Apparate mit bürokratischen Tendenzen.

zu 9. Nein, erforderlich wäre eine Verknüpfung von klassischen Normen, analytischem Systemzielmodell und hochkomplexen theoretischen Konzepten.

Literaturhinweise

Diese Hinweise erheben keinen Anspruch auf Vollständigkeit. Sie stellen vielmehr eine bewußt beschränkte Auswahl aus dem gesamten Literaturangebot dar, die dem Leser als Hinweis für das eigene Quellenstudium dienen soll. Weitere Literaturhinweise finden sich im Text. Bei der hier angeführten Literatur beschränkt sich die Quellenangabe im Text auf die Namen der Verfasser und Herausgeber.

Kapitel I: Grundfragen

Abendroth/Lenk (Hrsg.): „Einführung in die politische Wissenschaft", 2. Aufl., München 1971, insb. S. 9–23; DM 16,80
Hennis, Wilhelm: „Politik und praktische Philosophie", Neuwied 1963; DM 12,50
Lehmbruch, Gerhard: „Einführung in die Politikwissenschaft", 4. Aufl., Stuttgart 1971; DM 14,80
Narr, Wolf-Dieter: „Theoriebegriffe und Systemtheorie", Stuttgart 1969, insb. S. 41–88; DM 15,80
Naschold, Frieder: „Systemsteuerung", Stuttgart 1969, DM 14,80
Oberndörfer, Dieter (Hrsg.): „Wissenschaftliche Politik", 2. Aufl., Freiburg 1966, insb. S. 9–58, S. 153–236, S. 297–333; DM 45,—

Kapitel II: Typen politischer Herrschaft

Abendroth/Lenk (Hrsg.): „Einführung in die politische Wissenschaft", a. a. O. (s. Kap. I), insb. S. 57–155
Almond, Gabriel A.: „Comparative Political Systems", in: Eulau/Eldersveld/Janowitz (Hrsg.), Political Behavior, 2. Aufl., Glencoe (Ill.) 1959, S. 34–42
Beyme, Klaus von: „Möglichkeiten und Grenzen der vergleichenden Regierungslehre", in: Politische Vierteljahresschrift, 1966, S. 63–96
Hättich, Manfred: „Demokratie als Herrschaftsordnung", Opladen 1967; DM 27,80
Hermens, Ferdinand A.: „Verfassungslehre", 2. Aufl., Opladen 1968, insb. S. 3–147; DM 65,—
Loewenstein, Karl: „Verfassungslehre", 2. Aufl., Tübingen 1969, insb. S. 50–124; DM 43,—

Kapitel III: Grundelemente demokratischer Systeme

Agnoli, Johannes: „Die Transformation der Demokratie" in: Agnoli/Brückner, Die Transformation der Demokratie, Frankfurt 1968, S. 5–87; DM 12,—
Fraenkel, Ernst: „Deutschland und die westlichen Demokratien", 4. Aufl., Stuttgart 1968, insb. S. 81–119; DM 9,80
Friedrich, Carl J.: „Nationaler und internationaler Föderalismus", in: Politische Vierteljahresschrift, 1964, S. 154–187
Hermens, Ferdinand A.: „Demokratie oder Anarchie?", 2. Aufl., Opladen 1968; DM 19,50
Loewenstein, Karl: „Verfassungslehre", a. a. O. (s. Kap. II), insb. S. 127–166
Steffani, Winfried: „Gewaltenteilung im demokratisch-pluralistischen Rechtsstaat", in: Politische Vierteljahresschrift, 1962, S. 256–282
Vring, Thomas von der: „Reform oder Manipulation?", Frankfurt 1968; DM 19,80

Kapitel IV: Demokratie als System politischer Institutionen

Bagehot, Walter: „Die englische Verfassung", Neuwied 1971; DM 32,—
Fraenkel, Ernst: „Das amerikanische Regierungssystem", 2. Aufl., Opladen 1962; DM 27,—
Jennings/Ritter: „Das britische Regierungssystem", 2. Aufl., Opladen 1970; DM 69,—
Loewenstein, Karl: „Verfassungslehre", a. a. O. (s. Kap. II), insb. S. 188–265
Sontheimer, Kurt: „Grundzüge des politischen Systems der Bundesrepublik Deutschland", München 1971; DM 16,80
Steiner, Jürg u. a. (Hrsg.): „Das politische System der Schweiz", München 1971, DM 19,80

Kapitel V: Demokratie als politischer Entscheidungsprozeß

Downs, Anthony: „Ökonomische Theorie der Demokratie", Tübingen 1968, DM 29,—
Lehmbruch, Gerhard: „Proporzdemokratie", Tübingen 1967; DM 4,50
Lehmbruch, Gerhard: „Konkordanzdemokratien im internationalen System", in: Die anachronistische Souveränität, Sonderheft der PVS, Opladen 1969, S. 139–161
Lehmbruch, Gerhard: „Strukturen ideologischer Konflikte bei Parteienwettbewerb", in: Politische Vierteljahresschrift, 1969, S. 285–313
Steiner, Jürg: „Gewaltlose Politik und kulturelle Vielfalt", Bern 1970; DM 48,—

Kapitel VI: Diktatur als System politischer Herrschaft

Friedrich, Carl J.: „Totalitäre Diktatur", Stuttgart 1957; DM 19,80
Greiffenhagen/Kühnl/Müller: „Totalitarismus – Zur Problematik eines politischen Begriffs", München 1972; DM 4,80
Hermens, Ferdinand A.: „Verfassungslehre", a. a. O. (s. Kap. II), insb. S. 67–91, S. 116–147
Loewenstein, Karl: „Verfassungslehre", a. a. O. (s. Kap. II), insb. S. 50–66
Ludz, Peter Christian: „Parteielite im Wandel", 3. Aufl., Opladen 1970; DM 29,—

Kapitel VII: Wahlen und öffentliche Meinung

Diederich, Nils: „Empirische Wahlforschung", Opladen 1965; DM 24,80
Fraenkel, Ernst: „Deutschland und die westlichen Demokratien", a. a. O. (s. Kap. III), insb. S. 120–164
Hennis, Wilhelm: „Politik als praktische Wissenschaft", München 1968, insb. S. 36–48, S. 125–161; DM 14,80
Lipset, Seymour Martin: „Soziologie der Demokratie", Neuwied 1962; DM 29,—
Wildenmann/Kaltefleiter: „Funktionen der Massenmedien", Frankfurt 1965; DM 4,80
Zoll, Ralf: „Manipulation der Meinungsbildung", Opladen 1971; DM 19,80

Kapitel VIII: Parteien als Instrumente demokratischer Regierungsweise

Duverger, Maurice: „Die politischen Parteien", Tübingen 1959, DM 25,—
Flohr, Heiner: „Parteiprogramme in der Demokratie", Göttingen 1968; DM 39,50
Kaack, Heino: „Geschichte und Struktur des deutschen Parteiensystems", Opladen 1971; DM 33,—
Lenk/Neumann (Hrsg.): „Theorie und Soziologie der politischen Parteien", Neuwied 1968; DM 26,—
Zeuner, Bodo: „Innerparteiliche Demokratie", Berlin 1969; DM 5,80

Kapitel IX: Verbände und Verwaltung – Gefahren für die Demokratie?

Beyme, Klaus von: „Interessengruppen in der Demokratie", München 1970; DM 17,80
Ellwein, Thomas: „Einführung in die Regierungs- und Verwaltungslehre", Stuttgart 1966; DM 19,80
Eynern, Gert von: „Grundriß der politischen Wirtschaftslehre I", 2. Aufl., Opladen 1972, insb. S. 153–176; DM 18,80
Lorenz, Hanns-Friedrich: „Verwaltung in der Demokratie", München 1972; DM 19,80
Narr/Naschold: „Theorie der Demokratie", Stuttgart 1971, insb. S. 204–238; DM 19,80
Wildenmann, Rudolf: „Macht und Konsens als Problem der Innen- und Außenpolitik", 2. Aufl., Opladen 1967, insb. S. 130–177; DM 19,80

Kapitel X: Planung und Partizipation — Möglichkeit der Demokratisierung!

Böhret, Carl: „Entscheidungshilfen für die Regierung", Opladen 1970; DM 48,—
Lompe, Klaus: „Gesellschaftspolitik und Planung", Freiburg 1971; DM 53,—
Naschold, Frieder: „Organisation und Demokratie", Stuttgart 1969; DM 12,80
Ronge/Schmieg (Hrsg.): „Politische Planung in Theorie und Praxis", München 1971; DM 19,80
Zimpel, Gisela: „Der beschäftigte Mensch", München 1970; DM 18,—

Personen- und Sachregister

Seitenzahlen in *Kursivdruck* weisen auf Begriffsbestimmungen hin.

Abberufungsrecht („recall") 31, 148, 149
Abendroth, Wolfgang 2, 4, 5, 7, 8, 9, 22, 33, 122, 133, 145
Ämterpatronage *137*
  (s. a. Patronage „Proporz")
Agnoli, Johannes 31, 113, 149
Aktionsprogramm
  (s. Wahlprogramm)
Alleinherrschaft 76
  (s. a. Autokratie; Diktatur)
Almond, Gabriel A. 24, 25, 26
„amicabilis compositio"
  (s. Konfliktregelung, kooperative)
Amtspatronagepartei 110, *111*
  (s. a. Patronage)
Anhörung
  (s. Hearing)
Apathie 66 f., 146
Arbeitsparlament *50*
  (s. a. Parlament, Funktionen)
Arendt, Hannah 76, 79, 80
Auflösungsrecht 45, 46
Ausschuß, parlamentarischer 50, 55
Außenpolitik
  (s. Beziehungen, internationale)
Autokratie *16*, *18*, 21 f.
  (s. a. Diktatur)
Autoritarismus, konsultativer 86
Ayub Khan, Mohammad 90

Bachrach, Peter 145, 146, 147
Bagehot, Walter 44, 45, 46
Basisgruppen
  (s. Rätesystem)
Behaviorismus 3
Beratung (der Politik)
  (s. Politikberatung)
Bereichsopposition *58*, 113
  (s. a. Konkordanzdemokratie)
Berelson, Bernard 103
Bergsträßer, Arnold 10
Bermbach, Udo 149, 150
Beteiligung, politische
  (s. Partizipation)
Beyme, Klaus von 15, 18, 84, 85, 87, 88, 90, 124, 125, 126, 127, 128, 129, 130
Beziehungen, internationale *14*
Binnenstruktur (der Parteien) *118*

(s. a. Willensbildung, innerparteiliche)
Böhret, Carl 139, 140, 141, 142, 143
Briefs, Goetz 125
Bürokratie *134*
  (s. a. Verwaltung)
Bundesgerichtshof
  (s. Gerichtshof, Oberster; Verfassungsgericht)
Bundeskanzler (BRD) 47-49
Bundespräsident (BRD) 47, 48
Bundesrat (BRD) 49-51
Bundesratsprinzip 36
Bundesregierung (BRD) 48-51
Bundesrepublik Deutschland 30, 36, 40 f., 47-51, 97, 98, 106, 118, 121 f., 126 f., 130, 136
Bundesstaat *35* f., 50 f., 58
Bundestag (BRD) 47, 49-51
Bundesverfassungsgericht (BRD)
  (s. Verfassungsgericht)
Bundeswahlgesetz 118
  (s. a. Verhältniswahl, personalisierte)
Butler, David E. 100

Campbell, Angus 102, 103
„checks and balances" *34*, 52
„common man" 18
„cross-pressures" *103*
„countervailing powers" *129*

DDR 85 f.
Demokratie 7, 16-18, 22, 23, 27, 30, 32, 91, 104, 113, 139, *145* f., 151 f.
  (s. a. Massenmedien, Funktionen; Konkordanzmodell; Konkurrenzmodell; Parteien, Funktionen; Partizipation)
Demokratie, direkte 22, *30*, *147*, 148, 152
  (s. a. Volksabstimmung; Volksbegehren)
Demokratie, innerparteiliche
  (s. Willensbildung, innerparteiliche)
Demokratie, repräsentative *30* f., 37, 91, 99, *147*, 152
Demokratiekonzepte 144-152
Demokratisierung 97, 144-151
Despotie 20
Deutsch, Karl W. 71
Deutschland
  (s. Bundesrepublik D.; DDR; Drittes Reich; Weimarer Republik)

Dialektik *8 f.*
(s. a. Theorie, kritische)
Diederich, Nils 99, 100, 101, 102
Diem, Ngo Dinh 89
Diktatur 16-18, 21 f., 74, 88, 113, 128
Diktatur, autoritäre *21*, 86-90
Diktatur, totalitäre *22*, 28, 74-84
(s. a. Totalitarismus)
Direktorialregierung
(s. Regierungssystem, direktoriales)
Disparität (von Lebensbereichen) 129 f.
Dogmengeschichte
(s. Lehrmeinungen, politische)
Dollfuß, Engelbert 89
Downs, Anthony 60, 61, 62, 63, 64, 65, 66, 67
Drittes Reich 24, 74-83
Dübber, Ulrich 120
Duverger, Maurice 111, 112, 113, 114, 115, 116, 117, 118, 121

Effizienz *134*, 137, 139, 143 f., 151
Einflußtechniken
(s. Verbände, Operationstechniken)
Einheitspartei 24, *76-78*, 80, 83-87, 124
Eliten, politische 18, 20, 31, 70, 71, 77, 86-89, 124
Ellwein, Thomas 50, 111, 114, 115, 120, 122, 131, 132, 133, 134, 140, 141, 144
Entscheidung
(s. Konfliktregelung; Modelle wissenschaftlicher Politikberatung; Verwaltung, Personalstruktur)
Entwicklungsdiktatur 89, *90*
Entwicklungsländer (politische Systeme) 25, 28, 89 f.
Eschenburg, Theodor 17, 49, 137
Ethik, politische 4, *13*
Exekutive 22, *33*, 34, 36, 43, 51, 54, 132
(s. a. Regierung; Verwaltung)
Exekutive, kollegiale
(s. Regierungssystem, direktoriales)
Eynern, Gert von 124, 125, 127, 128, 129, 131

Faktionen
(s. Parteiungen)
Faschismus *24*, 74-76
Fernsehen
(s. Massenmedien)
Fijalkowski, Jürgen 134, 149
Finer, S. E. 127
Flohr, Heiner 118
Föderalismus 34, *35*, 36
(s. a Bundesstaat; Gewaltenteilung, föderative)
Föderalismus, kooperativer (BRD) *51*
Form, politische *31*
(s. a. Verfassung; Wahlverfahren)
Fraenkel, Ernst 10, 28, 32, 33, 53, 54, 55, 56, 91, 92, 93, 98
Fraktionsdisziplin
(s. Parteidisziplin)
Franco, Francisco 90
Frankreich 29, 47, 114

Freiheitsrechte
(s. Grund- und Freiheitsrechte)
Friedrich, Carl Joachim 16, 18, 27, 34, 35, 75, 76, 77, 78, 79, 80, 82, 84, 108, 109, 113, 131, 137
Führung, 16, *17*
„fusion" (im parlamentarischen Regierungssystem) 36

Gablentz, Otto H. von der 16, 17, 19, 27, 30
Galbraith, John Kenneth 129
Geheimpolizei 75, 79 f.
Genossenschaft *17*, 20
Gerichtshof, Oberster („Supreme Court" — USA) 33 f., 51-54, 58
(s. a. Verfassungsgericht)
Geschichtlichkeit *8*
(s. a. Theorie, kritische)
Geschichtswissenschaft, Abgrenzung zur 10 f.
Gesellschaft 8, *15*, 23, 28, 145
Gesetzgebung 33, 44, 45, 46, 47, 49 f., 124, 130, 133
(s. a. Legislative)
Gewalt, ausführende
(s. Exekutive)
Gewalt, gesetzgebende
(s. Legislative)
Gewalt, intermediäre 20
Gewalt, rechtsprechende
(s. Judikatur)
Gewaltenteilung *33*
(s. a. Kontrolle; Modelle politischer Verwaltungsführung)
Gewaltenteilung, föderative 34-36, 49 f., 52-53
Gewaltenteilung, institutionelle 33 f., 51-56
(s. a. Exekutive; Judikatur; Legislative)
Gewaltenteilung, zeitliche 36 f., 42-59
(s. a. Opposition in der Demokratie)
Gewaltenverschränkung 52
Glum, Friedrich 45
Gottschalch, Wilfried 148
Grauhan, Rolf-Richard 42, 136
Greiffenhagen, Martin 81, 82, 83, 135
Großbritannien 25, 29, 32, 37, 43-47
(s. a. Kabinettsregierung; Konkurrenzmodell)
Grundgesetz (BRD) 118
Grund- und Freiheitsrechte 18, 21, 23, 28, 81, 87, 145
Grundsatzprogramm *110*
(s. a. Parteiprogramm)

Habermas, Jürgen 141, 150
Haenisch, Horst 96
Hättich, Manfred 5, 10, 11, 13, 15, 17, 18, 19, 20
Harnischfeger, Horst 139
Hearing 120, 127
Heberle, Rudolf 101
Hennig, Eike 96, 97
Hennis, Wilhelm 2, 5, 6, 11, 47, 91, 92, 93, 98, 99, 125, 128, 130, 145
Hermens, Ferdinand A. 4, 10, 11, 13, 16, 17, 18, 29, 30, 52, 79, 86, 87, 88
Herrschaft 16, *17*, 19, 20

Herrschaftsordnung
(s. Staat)
Herrschaftsstruktur *19*, 21
Hierarchie *135 f.*, 151
(s. a. Verwaltung)
Hilfsdienst, wissenschaftlicher 128, 131
(s. a. Politikberatung)
Hitler, Adolf 76, 77, 78, 83
Holzer, Horst 95, 96, 97
Honoratiorenpartei *111*, 120
(s. a. Komitee)
Horthy, Nikolaus 89

Ideengeschichte, politische
(s. Lehrmeinungen, politische)
Ideologie *75*, 76, 82, 83, 85, 86, 87, 88
(s. a. Parteiprogramm)
Information 62-65, *127* f., 142, 148
(s. a. Massenmedien, Funktionen; Parlament, Funktionen)
Informationsmonopol 75
Inkompatibilität *34*, 52 f., 57
Innenpolitik 12, 13
(s. s. Regierungssysteme) 12, 13
Innovationen *62*, 71, 72, 90, 136, 139
Institutionenlehre
(s. Systeme, politische)
Interessen 63, 64, 124
Interessengruppen
(s. Verbände)
Interessenparteien *109*, *111*, 112, 125, 126

Jackson, Andrew 137
Jaenicke, Heinz D. 96
Jellinek, Georg 11, 109
Jennings, Ivor W. 43, 44, 45
Jochimsen, Reimut 144
Judikatur *33*
(s. a. Gerichtshof, Oberster)
Junktim *68*, 71

Kaack, Heino 116, 117, 118, 120
Kaase, Max 104
Kabinett 43-45
(s. a. Regierung)
Kabinettsregierung 22 f., 32, 43-47
Kaltefleiter, Werner 23, 37, 40, 94
Kammern
(s. Verbände)
Kandidatenaufstellung
(s. Willensbildung, innerparteiliche)
Kanzlerdemokratie 47
(s. a. Bundeskanzler)
Kemal Pascha 89
Kerbusch, Ernst-Josef 56
Kevenhörster, Paul 98, 149
Kirchheimer, Otto 58, 112, 113
Komitee *116*
Kommunikation 63, 142, 149, 150
(s. a. Massenmedien; Parteien; Verbände)
Kommunismus 23 f., 75-86, 112
Kompetenzabgrenzung im Bundesstaat 35 f., 50 f.
Kompromißfähigkeit 71 f.

Konfliktfähigkeit *130*
Kofliktregelung, kooperative 67, *68*, 69-72, 88
Konfliktregelungsmuster 60, 85 f.
(s. a. Konfliktregelung, kooperative; Mehrheitsprinzip)
Kongress (USA) 50, 51-53, 55 f.
Konkordanzmodell (demokratischer Regierungsweise) 67-72
Konkurrenzmodell (demokratischer Regierungsweise) 60-67
(s. a. Zweiparteiensystem)
Konsens *17*, *26*, 71, *79*, 92
(s. a. Verfassungskonsens)
Konstitutionalismus *16*, 22
(s. a. Demokratie)
Konsultationen *127*
(s. a. Verbände, Operationstechniken)
Kontrolle, politische 74, 85, 86, 129 f., 134, 137, 143 f.
(s. a. Leistungskonrolle; Richtungskontrolle)
Kontrolle, vertikale *129*
(s. a. Föderalismus)
Kontrollfunktionen der Massenmedien
(s. Massenmedien, Funktionen)
Konzentrationslager 79 f.
Korrelation *101*
Kühnl, Reinhard 81, 82, 83, 84
Kultur, politische *24-26*
(s. a. Konkordanzmodell; Konkurrenzmodell)

Lazarsfeld, Paul F. 102, 111
Legislative *33*, 34, 36, 42, 51, 54
(s. a. Gesetzgebung)
Legitimität *20*, 71, 134 f., 143, 145, 152
Legitimierung, Typen *19*, 20
Lehmbruch, Gerhard 3, 13, 68, 69, 70, 71
Lehrmeinungen, politische 14
Leibholz, Gerhard 115
Leistungskontrolle 50
Lenk, Kurt 2, 4, 5, 7, 8, 9, 22, 33, 122, 133
Lernfähigkeit 71, 72, 137, 139
Likert, Rensis 86
Lipset, Seymour M. 104, 105
„lobbies" *126*, 130
(s. a. Verbände, Operationstechniken)
Lösche, Peter 147, 148
Löwenthal, Richard 75, 83, 85, 86
Loewenstein, Karl 16, 17, 18, 21, 22, 27, 35, 46, 52, 54, 56, 74, 83, 87, 88, 89, 107
Lohmar, Ulrich 116, 125
Lokalpresse 95, 96, 97
Lompe, Klaus 139, 140, 141, 142, 143, 144, 152
Lorenz, Hanns Friedrich 131
Ludz, Peter Christian 15, 83, 84, 85, 86
Luhmann, Niklas 131, 132, 134, 136, 137, 140

Macht 3, *17*
Machtergreifung 87, 89
Machterwerb
(s. Machtergreifung; Regierungsbildung; Wahl)
Machtkontrolle
(s. Kontrolle)

Machtwechsel *37*, 71, 114
(s. a. Regierungsbildung)
Mandat, freies *31*, 36, 149
Mandat, imperatives *31*, 36, 148, 149
Massenmedien 53, 76, 77, 78, *93*, 94-97, 127
Massenmedien, Funktionen 93, 94
Massenpartei 87, *111, 112*, 116, 120
(s. a. Ortsgruppe; Zelle)
Mechanismusmodelle 4
Mehrheitsprinzip 61, 65
Mehrheitswahl *38*, 125
Mehrheitswahl, relative *38*, 40
(s. a. Zweiparteiensystem)
Mehrparteiensystem 49, *114*, 126
Meinung, gemeine 92 f.
Meinung, öffentliche 53, *91-93*, 98, 144, 150
(s. a. Massenmedien; Meinungsforschung)
Meinungsforschung 93, 98 f., 127
(s. a. Meinung, öffentliche; Wahlforschung, Methoden)
Meinungsmonopole
(s. Massenmedien)
Meissner, Boris 75, 83, 85, 86
Menschenrechte
(s. Grund- und Freiheitsrechte)
Meyer, Fritjof 86
Michels, Robert 118
Militärdiktatur
(s. Diktatur, autoritäre)
Mißtrauensvotum 46
Mißtrauensvotum, konstruktives 47, *48*
Mitgliederparteien *111*, 121
Modelle öffentlicher Herrschaft *24, 25*
Modelle politischer Konfliktregelung 60
Modelle politischer Verwaltungsführung 42
(s. a. Gewaltenteilung)
Modelle totalitär verfaßter Gesellschaften 86
(s. a. Diktatur, totalitäre; Totalitarismus)
Modelle wissenschaftlicher Politikberatung 141-143
Monarchie 20 f., 43 f.
Montesquieu, Charles de 33, 51
Müller, Johann Baptist 81, 82, 83
Mussolini, Benito 76

Nachrichten
(s. Information; Massenmedien)
Narr, Wolf-Dieter 2, 3, 4, 6, 9, 123, 126, 129
Naschold, Frieder 119, 123, 126, 129, 147, 148, 150, 151, 152
Nasser, Gamal Abdel 89
Nationalsozialismus
(s. Drittes Reich; Faschismus)
Neopräsidentialismus *88*, 89
(s. a. Diktatur, autoritäre)
Neumann, Franz 108, 109, 110, 111, 112, 113, 114, 122
Neumann, Sigmund 108, 109
Newman, Karl J. 89
Normenkontrolle
(s. Verfassungsgerichtsbarkeit)
Nutzeneinkommen *63*, 64, 66

Oberhaus, britisches 45
Oberndörfer, Dieter 3, 4, 5, 6, 10, 14

Öffentlichkeit, demokratische 147, *150*, 152
Österreich 36, 67, 69, 70, 71, 72, 89
Offe, Claus 130, 135
Oligarchie, ehernes Gesetz der *118*
Opposition (in der Demokratie) *37*, 46, 47, 50, 51, 71, 91, 99
(s. a. Bereichsopposition; Machtwechsel)
Opposition (in der Diktatur) 81, 87, 89
Oppositionsstrategie 61 f.
Ordnung, politische
(s. Staat)
Organisationsgrad, politischer 118, *124*, 126, 129, 130
Organisationsmonopol 75
Organisierbarkeit 129 f.
Organismusmodelle 4
Ortsgruppe 116 f.
„overlapping memberships" *129*

Parität *68*, 70
Parlament 23, 91, 124, 127, 128, 131, 143
(s. a. Oberhaus; Unterhaus; Bundestag; Kongreß)
Parlament, Funktionen 45 f., 49 f.
Parlament und Regierung 22, 36 f., 51 f.
(s. a. „fusion")
Parlamentarismus, rationalisierter 47-49
(s. a. Kabinettsregierung)
Parlamentsauflösung
(s. Auflösungsrecht)
Parteidisziplin 45, 46, 51, 53, 55, 56, 72
Parteien *61*, 65 f., *108 f.* (-122), 123, *125*, 128, 137, 144
(s. a. Willensbildung, innerparteiliche)
Parteien, Funktionen 36, 114 f., 123
Parteien, konservative 105, *111*, 114
Parteien, liberale 104 f., *111*, 114
Parteien, sozialistische 105, *111*, 117
Parteiengesetz (BRD) 118, 119
Parteienkonzentration 40 f., 106
Parteiensystem 55, 72, 104 f., 112-114
(s. a. Mehrparteiensystem; Vielparteiensystem; Zweiparteiensystem)
Parteienwettbewerb (als Demokratiekonzept) 147, 151, 152
(s. a. Gewaltenteilung, zeitliche)
Parteifinanzierung 120-122, 128
Parteiideologie
(s. Ideologie; Parteiprogramm)
Parteimonopol 75
(s. a. Einheitspartei)
Parteiorganisation 55, 116-120
Parteipräferenz 102 f., 114
Parteiprogramm 75 f., *107* f.
Parteitypen 110-12, 116 f.
Parteiungen 109
Partizipation 66, 72, 89, *118*, 119, 120, 144-152
Patronage 137
(s. a. „Proporz")
Perzeption 106
Philosophie, praktische 2, 4
(s. a. Theorie, normative)
Pilsudski, Josef 89
Pinto-Duschinsky, Michael 100

Personen- und Sachregister 169

Planning-Programming-Budgeting-System (PPBS) *142 f.*
Planung, 71, 133, 139, *140,* 141-144, 151
Plebiszit
(s. Volksabstimmung)
Pluralismus *129*
Polis *5*
(s. a. Theorie, normative)
Politikberatung, wissenschaftliche 141-143
Politikwissenschaft, Abgrenzung 10-12
Politikwissenschaft, Bezeichnungen 1 f.
Politikwissenschaft, Gliederung 12-14
Politikwissenschaft, Fragestellungen 2-9
(s. a. Theorie)
Präsident (USA) 23, 51-56
Präsidentialismus 22, 51
(s. a. Regierungssystem, präsidiales)
Präzedenzfälle *43*
Praxis 4
(s. a. Theorie, normative)
Praxisbezug 9
(s. a. Theorie, kritische)
Presse
(s. Massenmedien)
Premierminister (Großbritannien) 44-46
„pressure groups" *126*
(s. a. Verbände, Operationstechniken)
Programm
(s. Parteiprogramm)
Programmpartei *110*
(s. a. Weltanschauungspartei)
Propaganda 77, 78 f., 84
„Proporz" 57, *68,* 71, 72
Prüfungsrecht, richterliches *54*
Pulzer, Peter 71

Rätesystem 31, *147*-150
Rationalität politischen Handelns 61, 63 f., 98
Rechtsstaat 16, 23, 33
(s. a. Demokratie)
Rechtswissenschaft, Abgrenzung zur *11*
„recall"
(s. Abberufungsrecht)
Redeparlament *50*
(s. a. Parlament, Funktionen)
Referendum
(s. Volksabstimmung)
Regierung 36 f., 43 f., 99, 105, 126, 127, *132,* 133, 143
(s. a. Exekutive)
Regierung, Machtsicherungsstrategie 61 f.
Regierung und Parlament
(s. Parlament und Regierung)
Regierungsbildung (bei parlamentarischer Regierungsweise) 43 f., 45, 47 f.
Regierungschef
(s. Bundeskanzler; Präsident; Premierminister)
Regierungslehre, vergleichende
(s. Regierungssysteme; Systeme, politische)
Regierungssysteme 16 f., 60
(s. a. Kultur, politische; Modelle öffentlicher Herrschaft)
Regierungssystem, direktoriales 22, 56-59

Regierungssystem, parlamentarisches 22, *36 f.,* 43-47, 113 f., 124
(s. a. Kabinettsregierung)
Regierungssystem, präsidiales 22, 33 f., *51-56,* 127
Regierungswechsel
(s. Machtwechsel)
Regierungsweise
(s. Regierungssystem)
Repräsentantenhaus
(s. Kongreß)
Repräsentation *19,* 21, 30-33, 62, 65, 88
Reservefunktion (des Staatsoberhaupts) *44*
Rhee, Syngman 89
Richtlinienkompetenz 47, *48 f.*
Richtungskontrolle 49 f.
Ritter, Gerhard A. 43, 44, 45
Rollen, politische 25 f.
Ronge, Volker 139, 140, 141, 142, 143, 144
Rousseau, Jean Jacques 31, 145
Rundfunk
(s. Massenmedien)

Sachzwang 134 f., 141
Säuberungen *80*
„sample" *98*
Schäfer, Friedrich 50
Schelsky, Helmut 135
Scheuch, Erwin K. 41, 98, 104
Schmidtchen, Gerhard 93
Schmieg, Günter 139, 140, 141, 142, 143, 144
Schmitt, Carl 30
Schröter, Klaus 96
Schumann, Klaus 57
Schumpeter, Joseph A. 146
Schuschnigg, Kurt von 89
Schwarz, Hans-Peter 12
Schweiz 36, 56-58, 67, 69, 70, 72
Segmentierung *69*
(s. a. Subkulturen)
Sektionalismus *69*
Senat
(s. Kongreß)
Senatsprinzip *36,* 56
Senioritätsprinzip 55 f.
Siegfried, André 101
Sontheimer, Kurt 11, 44, 46, 47, 48, 49, 51
Sowjetunion
(s. UdSSR)
Sozialforschung, empirische 2, 3, 98
(s. a. Theorie, empirische; Wahlforschung, Methoden)
Sozialisation, politische *70,* 95
Sozialtechnologie *3,* 4
(s. a. Theorie, empirische)
Soziologie, Abgrenzung zur 11 f.
Soziologie, politische *13,* 91-152
Spanien 87, 88, 89
Staat *15,* 17, 18 f., 23, 28, 145
Staatenbund *35*
(s. a. Föderalismus)
Staatsformen
(s. Modelle öffentlicher Herrschaft; Systeme, politische)

Personen- und Sachregister

Staatsoberhaupt 43 f., 47, 48
Stalin Josef W. 74, 76, 77, 78
Stalinismus 82, 83
Stammer, Otto 83
Steffani, Winfried 16, 18, 33, 134
Steiner, Jürg 56, 57, 58, 60, 68, 69, 70, 71, 72
Stroessner, Alfredo 90
Subkulturen 26, 69, 70, 71
Sukarno, Ahmed 90
Systemanalyse 4, 15, 142
Systeme, politische *13*, 15-90
(s. a. Modelle öffentlicher Herrschaft; Regierungssysteme)

Technokratie 133, *135*, 141
Teilnahme, politische
(s. Partizipation)
Terror, totalitärer 75, 78, *79*, 83, 84, 85
Theorie, empirische 2-4
Theorie, kritische 2, 7-9
Theorie, normatve 2, 4-6, 13
Topik 5
(s. a. Theorie, normative)
Totalitarismus *21*, 80-86
(s. a. Diktatur, totalitäre)
Totalität 7
(s. a. Theorie, kritische)
Trujillo, Rafael Leonidas 90
Truman, David B. 129

UdSSR 24, 74, 75, 81-85, 124
Umfrageforschung
(s. Meinungsforschung)
Ungewißheit 62-64
Unterhaus, britisches 43, 45, 46
(s. a. „fusion"; Parlament, Funktionen; Redeparlament)
Unterführer, totalitäre 77 f.
Urwähler (s. Rätesystem)
USA 32, 33, 34, 35, 36, 50, 51-56, 111

Vargas, Getulio 89
Verbände *63*, 109, *123*-131, 150
Verbände, Operationstechniken 126-129
Verbandseinfluß, Kontrolle 129-131
Verfassung 27-29, 89, 130, 145
Verfassung, geschriebene *29*, 32, 35
Verfassung, lebende *29*, 32, 43
Verfassungsänderung 28 f., 36, 43, 58
Verfassungsgericht 29, 35
(s. a. Gerichtshof, Oberster)
Verfassungskonsens *29* f., 43
(s. a. Konsens)
Verfassungsstaat
(s. Demokratie)
Verhältniswahl *38*, 40, 56, 117
(s. a. Vielparteiensystem)
Verhältniswahl, personalisierte *40* f.

Veto, suspensives *52*
Versammlungsregierung 22, 56, 57
Versäulung 69, 72
Verwaltung, allgemein 44 f., 87, 127, 129, 131-137, 139
Verwaltung, Aufgaben 131-133
Verwaltung, Begriffe 131, 132, 134
Verwaltung, Organisation 135 f.
Verwaltung, Personalstruktur 136 f.
Vielparteiensystem 56, 72, *113* f., 126
Volksabstimmung *32*, 58, 72, 89
Volksbegehren *31* f., 58, 72
Volksdemokratien 87, 124
Volkspartei *112*
Volksversammlung 30 f.
Vring, Thomas von der 37, 38, 39, 40

Waffenmonopol *75*
Wahl (allgemein, frei, geheim, gleich, unmittelbar) *37*
Wahl, Funktion 17 f., 38 f., 91, 99, 109
Wahlbeteiligung 66 f., 100, 103
Wahlforschung, Methoden 99-102
(s. a. Meinungsforschung)
Wahlkampf 62, 65, 98, 100, 104, 119
Wahlprogramm 66, *110*
(s. a. Parteiprogramm)
Wahlverfahren *37*-41
Wahlverhalten 61, 63 f., 66 f., 99, 102-106
Wählerparteien *111*
(s. a. Rahmenparteien)
Weber, Max 17, 19, 109, 142
Wechselwähler 100, 103 f.
Weimarer Republik 32, 38, 47, 48, 126
Weltanschauungspartei 111, 112
Werturteile 2, 5 f.
Widerstand
(s. Opposition in der Diktatur)
Wildenmann, Rudolf 4, 10, 11, 13, 37, 40, 46, 49, 50, 51, 94, 104, 114, 121, 133, 134, 137
Willensbildung *19*, 21
Willensbildung, innerparteiliche 118-120, 121 f.
Willensbildung, innerverbandliche 125, 130
Wirtschaft, zentralgeleitete *75*, 82 f.
Wirtschafts- und Sozialräte *130*

Zelle *117*
Zentralismus, demokratischer *77*, 147, *150*, 152
Zeuner, Bodo 118, 119, 120
Zimpel, Gisela 144, 145, 146
Zoll, Ralf 93, 94, 95
Zustimmung
(s. Konsens)
Zweikammersystem 36
(s. a. Bundesrat; Bundestag; Kongreß; Oberhaus; Unterhaus)
Zweiparteiensystem 37, 44, 48, 65, *113*, 114
(s. a. Konkurrenzmodell)

Werner-Studien-Rei̇

Uwe Diederichsen: Einführung in das wissenschaftliche Denken. Der Autor, Pro~~f~~ der Rechtswissenschaft, führt anhand zahlloser anschaulicher Beispiele aus ~~a~~ Wissenschaftsrichtungen in die Denkgesetze ein. Diederichsen schreibt frisch und s~~e~~ beim Leser lediglich Interesse voraus. Sein Buch kann jedem empfohlen werden, d~~er~~ sich Klarheit über die elementare Voraussetzung jeder wissenschaftlichen Tätigke~~it~~ verschaffen will: methodisches und logisches Denken. Daß dabei zusätzlich ein Abriß der Ideengeschichte gegeben wird, ist ein weiterer Pluspunkt dieses Buches. Studenten sollten dieses Buch so früh wie möglich in die Hand nehmen. Es wird ihnen den Zugang zur Wissenschaft, gleichgültig ob Jura, Medizin oder ein anderes Gebiet, sehr erleichtern. (2. neubearbeitete Auflage 1972. 152 Seiten DIN A 5, kartoniert DM 9,80)

Günter Püttner: Allgemeines Verwaltungsrecht. Dieser neue Band der Werner-Studien-Reihe ist ein Einführungsbuch in das Verwaltungsrecht und ganz auf die Bedürfnisse der Studenten der Anfangssemester zugeschnitten. Jedem Abschnitt sind kleine Fälle vorangestellt, um das Verständnis und um vorlesungsbegleitenden Arbeitsgemeinschaften die Erarbeitung des Stoffes zu erleichtern. Neuerdings wird mit Nachdruck gefordert, den Stoff nicht einfach zu rezipieren, sondern ihn kritisch zu „hinterfragen" und zu analysieren. Entsprechende Anregungen sind in den Text eingefügt, und zwar in der Weise, daß nach Möglichkeit erst die sachliche Information vermittelt und dann erst die Kritik angeschlossen wird. Ein besonderes Kapitel über die Grundbegriffe der Verwaltungslehre soll den Blick für die Zusammenhänge öffnen, in denen die Verwaltung steht. (1971. 176 Seiten DIN A 5, kartoniert DM 14,80)

Wolfgang Rippe: Betriebswirtschaftslehre, Organisation und Personalwesen. Dieser Band behandelt, in zwei Hauptteile gegliedert, ausgewählte Teilfragen der Leitungsorganisation und des Personalwesens. Neben der Wiedergabe empirischer Ergebnisse der Sozialwissenschaften findet man den Versuch, mit Hilfe entscheidungstheoretischer Arbeiten vorläufige Antworten zu geben. Besonders wertvoll sind die laufenden Hinweise über den Zusammenhang von Personal- und Organisationsproblemen. Das Buch ist eine gute Einführung in die beiden Sachgebiete und kann durch seine kritische Haltung die Grundlage eines vertieften Studiums bieten. (1971. 196 Seiten DIN A 5, kartoniert DM 14,80)

Jürgen Thomas: Einführung in das Recht. Dieser Band wendet sich an den Jurastudenten im ersten Semester, der sich erst einmal einen groben Überblick über „seine" Wissenschaft verschaffen möchte. Thomas geht bei seiner Darstellung von aktuellen Rechtsfällen aus (Contergan-Fall und Demonstrantenprozesse), anhand derer er dem einen ersten Einblick in Zivilrecht, Strafrecht und öffentliches Recht gibt. Thomas verzichtet nach Möglichkeit auf knöcherne Juristensprache, bemüht sich aber, grundlegende Begriffe zu erläutern und sie damit dem Leser verständlich zu machen. (1970. 168 Seiten DIN A 5, kartoniert DM 13,80)

Werner-Verlag · Düsseldorf